大地

大地

大地

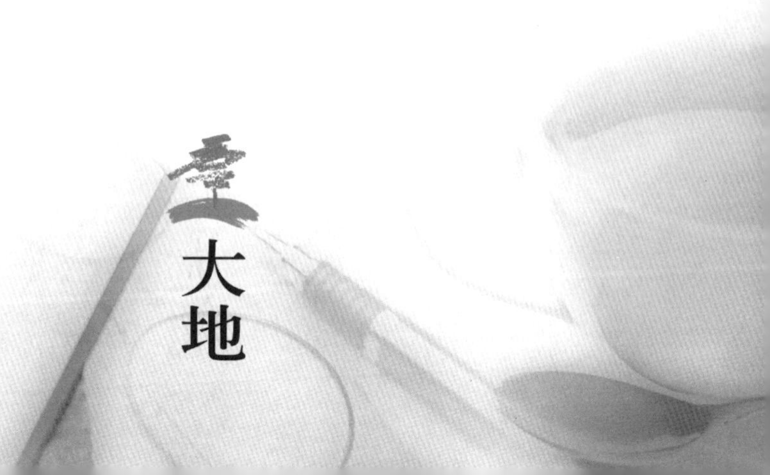

大地

History 06

夏遇南◎著

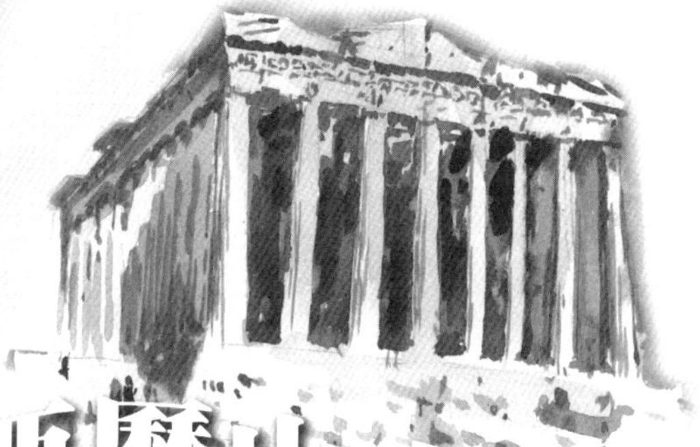

亞歷山大帝國

大地出版社

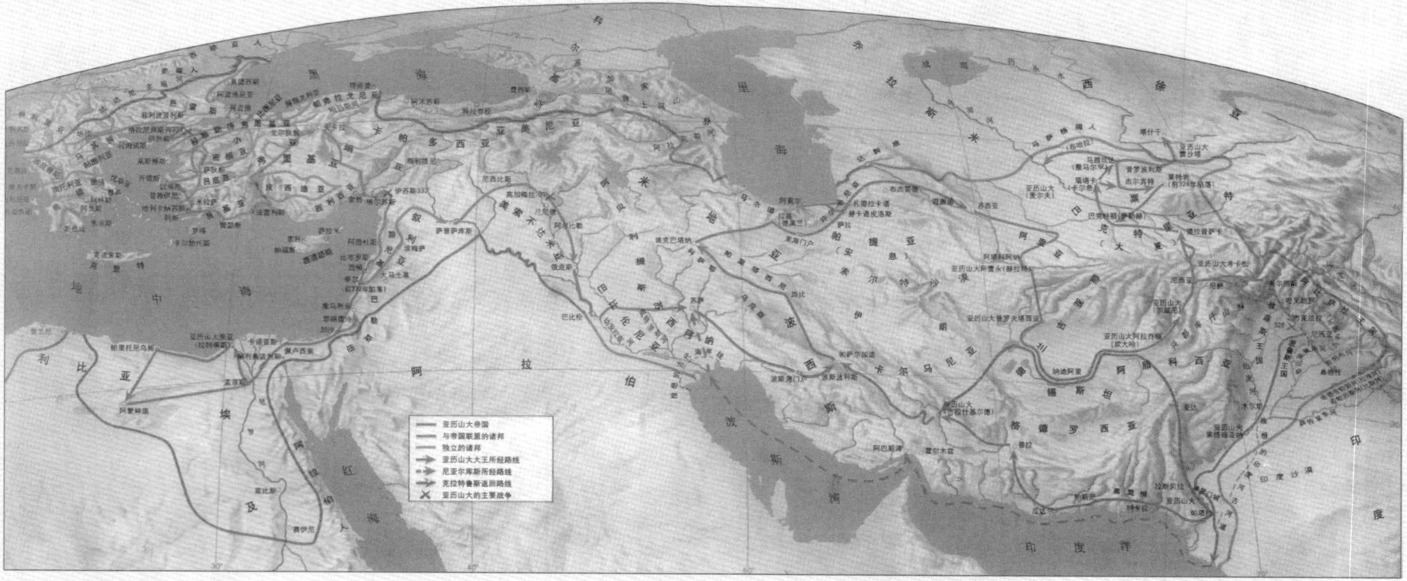
亚历山大帝国
与帝国联盟的诸邦
独立的诸邦
亚历山大大王所经路线
尼亚尔库斯所经路线
克拉特鲁斯返回路线
亚历山大的主要战争
地中海
黑海
里海
红海
波斯湾
印度洋
利比亚
埃及
阿拉伯
巴比伦尼亚
美索不达米亚
叙利亚
卡帕多西亚
亚美尼亚
米地亚
帕提亚
波西斯
卡尔马尼亚
格德罗西亚
阿拉科西亚
巴克特里亚
粟特
锡斯坦
印度

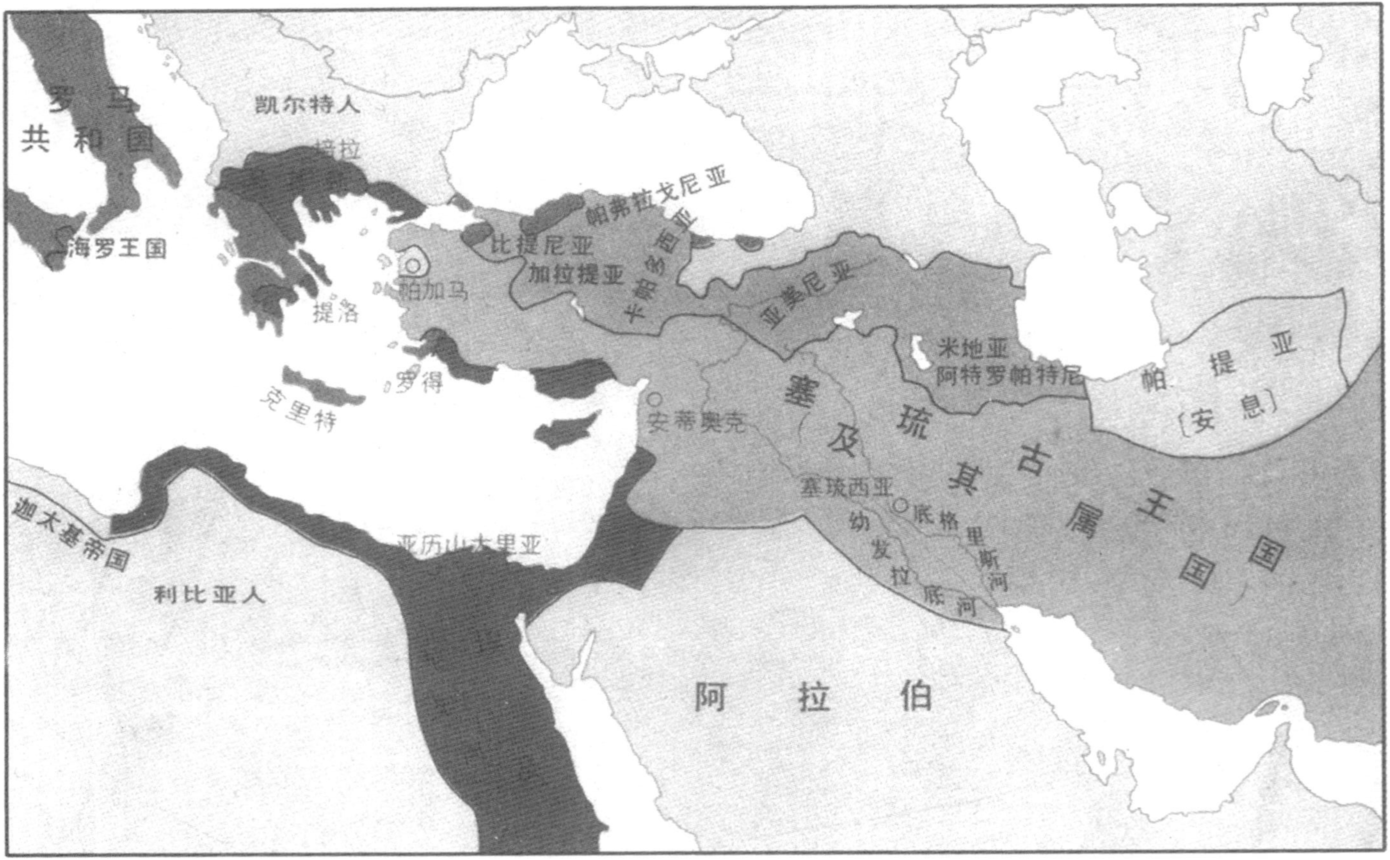
罗马共和国
凯尔特人
海罗王国
帕弗拉戈尼亚
比提尼亚
加拉提亚
卡帕多西亚
帕加马
提洛
罗得
克里特
亚美尼亚
米地亚阿特罗帕特尼
帕提亚
〔安息〕
塞琉古王国及其属国
安蒂奥克
塞琉西亚
底格里斯河
幼发拉底河
亚历山大里亚
迦太基帝国
利比亚人
阿拉伯

前言

亞歷山大帝國是後人取的名稱，因爲這個帝國的興衰和亞歷山大個人的人生歷程緊密地聯繫在一起，亞歷山大的輝煌，就是帝國的輝煌，亞歷山大生命的終結，也就是帝國的終結。

這樣的一個帝國，一個地跨歐、亞、非三大洲的龐大帝國，本身就是一個絕無僅有的奇蹟，歷史上只有一個拿破崙帝國有點類似。不過，拿破崙帝國的滅亡並不是由於拿破崙的死亡，而是由於他在軍事上的失敗。拿破崙是被人趕下皇帝寶座的。和拿破崙不同，亞歷山大在他的那個時代，似乎是位戰神。他在戰場上是攻無不克戰無不勝的。除了西元前三二六年在希法西斯河畔由於士兵的抗命，他放棄了向恆河地區進軍的計劃外，亞歷山大在實現建立他的龐大帝國的過程中，沒有他克服不了的困難，沒有他征服不了的地區，更沒有他打不贏的仗。

他征服世界計劃的中斷，不是由於在軍事上或政治、經濟上的失敗，而是由於他的生命突然終止了。如果他不是英年早逝，他的帝國會發展成什麼樣子？這是一個令人感興趣的，也是令人產生無盡的遐想的問題，當然，這也是個無法找到答案的歷史之謎。

不過，亞歷山大帝國雖和亞歷山大連在一起，我們仍然力圖把本書寫成帝國的興亡史，而不是亞歷山大個人的傳記。對於亞歷山大帝國興起的歷史背景我們作了較爲縱深的敘述。我們沒有把亞歷山大帝國僅僅看成是亞歷山大或馬其頓人軍事征服的結果，而把它作爲希臘史的一個階段，正像馬克思所說的，亞歷山大時代是希臘外部極盛時期。世界上的古代文明，如果不是被外來力量毀滅，都發展成帝國。埃及、兩河流域、印度和中國無不如此。偉大的希臘文明如果沒有孕育出一個亞歷山大帝國，希臘文明可能就無法和其他偉大的古文明並列，它的影響也可能不會像它後來那麼大。亞歷山大和他的父親腓力都深受希臘文化的影響，腓力曾受教於希臘最偉大的軍事天才伊巴密濃達，而亞歷山大則是希臘最偉大的學者亞里士多德的學生。他們父子倆都是在希臘文明的哺育下成長的人物。可以說，沒有希臘文明，就沒有亞歷山大。儘管許多希臘人仍把馬其頓人看成是野蠻人，近代西方有些歷史學家也認爲馬其頓只有一些希臘的皮毛，基本上還是野蠻人，野蠻的馬其頓卻是希臘的希望。

許多希臘人也把在希臘建立和平和秩序的希望寄託在馬其頓的國王身上。落後的接受了先進的文明，就會產生超越老師的巨大活力。馬其頓就是這樣的，中國春秋戰國時代的秦也是如此。和其他文明不同，希臘是由城邦而最終走上帝國之路的，是由君主制的馬其頓統一全希臘而成就帝國之業的。希臘是在城邦制的衰落中不得不走上帝國之路的。亞歷山大帝國的興起正說明希臘城邦制已不適應時代的要求，它被歷史所淘汰是必然的。後來的羅馬帝國也是由城邦發展而來的，不過，羅馬走的是和希臘完全不同的路。羅馬是透過不斷擴大公民權、以致完全拋棄城邦制而發展爲帝國的。而腓力和亞歷山大統一希臘是採取結盟的方式，希臘各城邦在形式上仍保持城邦制。過程和途徑雖不同，最終都是走向帝國。

其實，亞歷山大帝國的興起不僅是希臘文明發展的結果，也是和埃及和兩河流域文明的影響分不開的。在某種程度上，亞歷山大帝國是步波斯帝國的後塵，波斯帝國的創立者居魯士就是亞歷山大所力圖模仿者之一，當然，亞歷山大不只是追隨他，而且要超越他。亞歷山大就是要占領整個波斯帝國。希臘文明和希臘的衰落造就了亞歷山大和亞歷山大帝國，也可以說，波斯文明和波斯帝國的衰落爲亞歷山大帝國的興起創造了條件。就像沒有希臘就不會有亞歷山大帝國一樣，沒有波斯帝國，可能也沒有亞歷山大帝國。腓力和亞歷山大統一了希臘，使希臘產生新的活力，使希臘文明得到更廣泛的傳播；亞歷山大征服了波斯，使東西方文明進一步交匯融合，從而使歷史進入一個新時代，希臘化時代。亞歷山大的征服滅亡了波斯帝國，卻沒有摧毀波斯政治制度，沒有摧毀波斯的經濟文化，亞歷山大帝國在一定程度上是波斯的繼承者。在埃及、在原波斯帝國的亞洲地區，由於亞歷山大的征服和亞歷山大帝國的建立，經濟文化得到進一步的發展。甚至亞歷山大帝國崩潰後，由亞歷山大的部將托勒密和塞琉古建立的托勒密王朝和塞琉古王朝都曾繁榮昌盛一時。這些政權與其說是馬其頓的或希臘的，還不如說是埃及的或波斯的。他們其實是亞歷山大所倡導的東西方融合的繼續。

當然，一本講述亞歷山大帝國的書主要還是要講述亞歷山大。而一提到亞歷山大首先想到的就是他的無與倫比的軍事天才和無比輝煌的軍事成就。這方面是舉世公認的。拿破崙讚譽他爲「歷史上最偉大的軍事天才」。恩格斯也說「亞歷山大是世界上最偉大的軍事家、傑出的天才將領」。本書將透過一系列的具體而生動的戰鬥場面的敘述來展現亞歷山大作爲偉大統帥的眞實形象。對於亞歷山大的軍事成就也有人持否定態度，認爲亞歷山大殺戮太重，亞歷山大所進行的戰爭是侵略戰爭。其實古人對戰爭的看法是和今人不同的，在戰爭中奪取敵人的一切，包括人和物，是理所當然的。沒有一個帝國不是透過一系列的兼併、擴張戰爭形成的，沒有侵略，就沒有帝國，中國的秦帝國也是透過滅亡東方的六國形成的。亞歷山大正是在他的擴張戰爭中，顯示了他的無比的軍事才能和軍事成就的，正是透過他的擴張戰爭，才使希臘迎來了它的外部極盛時期，才使希臘文明和波斯境內的古文明在衰落中又出現了一個文化、經濟都達到更高水準的偉大的希臘化時代。

有人認爲亞歷山大的天才僅是軍事策略和組織能力方面的，其實亞歷山大的才能是多方面的，拿破崙就曾表示他特別羨慕亞歷山大的地方，不是那些戰役，而是亞歷山大的政治意識，他認爲亞歷山大具有一種贏得人民好感的藝術。他既是個戰爭藝術大師，也是一位聰穎智慧、具有非凡勇氣和魅力的人，他精力旺盛，抱負不凡，他征戰一生，是要建立一個統一和諧的世界帝國。他對人類歷史的貢獻既是巨大的，也是多方面的。

亞歷山大是個傳奇人物，他的許多傳奇故事流傳很廣，深入人心。有不少地區的人尊他爲自己的祖先，甚至一些地區的良馬都被說成是亞歷山大的坐騎布斯法魯斯傳下來的純種。在《古蘭經》中他是雙角王，在衣索比亞是基督的聖徒，在中世紀的法國他是騎士。到處都流傳他的神奇故事。這反映了他的影響的巨大和人民對他的熱愛。但本書是本歷史書，書中敘述的一切都盡力做到有根有據，眞實地再現亞歷山大和他的帝國的原貌。

目錄

第一章 希臘城邦何處去

希臘城邦的誕生

亞歷山大是馬其頓人。馬其頓在希臘北邊。就像中國古代把邊境的一些民族稱做蠻夷一樣，馬其頓也被希臘人看作是蠻族人。其實馬其頓人和希臘人同族，宗教信仰一樣。除文化上落後外，沒什麼不同。馬其頓人也自認是希臘人。歷史學界一般都把古馬其頓史放在希臘史中。

正如馬克思所說的：「希臘的內部極盛時期是伯里克利時代，外部極盛時期是亞歷山大時代。」在馬克思看來，亞歷山大時代是古代希臘史的一個階段，一個重要階段。伯里克利時代是希臘城邦發展的頂峰，亞歷山大時代雖是希臘城邦的終結，卻也是希臘城邦發展的必然結果，是希臘歷史的一個新階段。沒有希臘城邦就沒有亞歷山大帝國，因此，我們敘述亞歷山大帝國時必須從希臘城邦開始。

希臘城邦是人類歷史的奇蹟，它的出現，不僅極大地影響了人類歷史的進程，也使人類社會更加豐富多彩。希臘城邦是獨特的人文地理環境的特殊產物，在人類歷史上是獨一無二的。

古希臘由伸入地中海的巴爾幹半島南端的希臘半島、愛琴海諸島和愛奧尼亞群島組成，小亞細亞西部海岸和義大利南部也是希臘移民建立城邦之地。古希臘得天獨厚地處於埃及和兩河流域兩個古文明之間，通過小亞細亞和兩河流域連在一起，而愛琴海諸島又和埃及面面相望。這裡爲希臘地區的人民和埃及、兩河地區的人民相互學習、交流提供了優異的條件，而中國和印度就沒有這樣的條件。希臘三面環海，擁有世界最長的平均海岸線。境內多山少河，更沒有大河，這和埃及、兩河流域、印度、中國等地大不相同。埃及、兩河流域、印度、中國等古文明都和大河分不開，而希臘文明則和大河無關。希臘文明和大海連在一起。

希臘也沒有大的平原，境內被衆多的山脈分割成相對獨立的山地、山谷和小塊平原，這爲建立小國寡民的城邦創造了條件。希臘的城邦一般都有山地和小塊平原，山坡地可以放牧，平原可以種莊稼，這有利於城邦自給自足。希臘多良港，爲交通海外提供了方便。希臘的氣候爲典型的地中海型，夏季乾燥，很少下雨，冬季溫和。希臘人喜歡室外活動是和這樣的氣候條件分不開的。

希臘人是從西元前十五世紀開始陸續來到希臘地區的。在希臘人來到之前，希臘地區已經有高度發達的文明。歷史學家稱之爲克里特文明，因爲它的中心在地中海的克里特島。創造這一文明的是愛琴人。西元前十六世紀克里特文明進入全盛時期，手工業發達，商業繁榮，沿海興起許多城市，有百城之稱。荷馬史詩是這樣描述克里特的：

「有個地方叫做克里特，在酒綠色的海中央，
美麗又富裕，四面是汪洋，那裡居民稠密，
有數不清的數量，九十個城市林立在島上。」

克里特實行君主制，克諾索斯建有巨大的王宮，內部有巨大廊柱的大廳，有很好的樓梯，有琳琅滿目的壁畫，有武庫糧倉。王宮裡的數不清的宮室，層次相連，組成一個令人撲朔迷離的「迷宮」。居住在這「迷宮」裡的克諾索斯王，據希羅多德說：「是一個征服了許多土地並且是一個在戰爭中經常獲得成功的國王。」不僅愛琴諸島，而且希臘大陸也深受克里特的影響。克里特成了除埃及和兩河流域之外東地中海地區的第三個文明中心。

希羅多德說克里特國王後來遠征西西里，兵敗身死。克里特衰落了。西元前十四世

紀，位於伯羅奔尼撒半島上的邁錫尼興盛起來了，邁錫尼取代克里特成了這一地區的文明中心。邁錫尼王朝是早期希臘移民亞加亞人建立的。邁錫尼的崛起和克里特的衰落，反映了希臘人對非希臘人的勝利。荷馬史詩中攻打特洛伊城的希臘主帥阿加曼農，就是邁錫尼的國王。考古學家在邁錫尼發掘出用長三公尺寬一公尺的巨石壘成的城牆和「獅子門」，發掘出規模極大的陵墓，有坑塚，有圓塚，圓塚作蜂巢形，高十八公尺，直徑也是十八公尺，還有寬廣的長達三十五公尺的墓中廊道，發現了精良的武器、金質面具、金質的巨型精美酒杯等等。邁錫尼統治著整個伯羅奔尼撒半島、阿提卡（雅典）、彼奧提亞、優卑亞島和愛琴那島，特薩利亞、愛奧尼亞諸島和埃托利亞等地也受邁錫尼控制。

在新的希臘人來到之前，以克里特、邁錫尼爲代表，創造了燦爛的愛琴文明，並與古老的東方文明，特別是尼羅河文明進行了幾個世紀的交匯，爲人類歷史作出了不可磨滅的貢獻。

但是，亞加亞人的邁錫尼王朝爲時不長，就被從北方綿綿不斷南下的多利安人摧毀了。多利安人是北方的希臘人，早在西元前十五世紀就開始小股地移居希臘，後來成了最後、最野蠻也最強大的一股移民浪潮。這些後來的希臘人征服了和摧毀了這裡原有的愛琴文明，繁華的城市、宏偉的宮殿都化爲灰燼。手工業、商業衰落了，文字消失了。

多利安人等希臘人的侵入，中斷了原來希臘地區文明的發展，並在其廢墟上重新發展新的文明。希臘人後來稱其他民族爲野蠻人，其實，他們來到希臘時，才是不折不扣的野蠻人，是文明的破壞者。這種發展軌跡和中國完全不同。中國的發展從來沒有中斷過，中國的文字的發展便是一例。發展的中斷是西方文明發展的一個特點。

隨著多利安人的入侵，形成了幾個世紀的大移民。開始是希臘人南下希臘半島和愛琴海諸島，還有一些希臘人侵入小亞細亞。一些愛琴人則被迫逃亡他鄉，有些愛琴人甚至在巴勒斯坦建立自己的國家。隨後希臘人又大肆向海外移民，東北到黑海沿岸，西到義大利半島、西西里島、西班牙的東南岸，南到尼羅河、利比亞，都成了希臘移民之地。

原來過著游牧生活的希臘人，在遷徙過程中逐漸定居下來。多利安人在希臘南部定居，愛奧尼亞人在中部，伊奧利亞人在北部。希臘的東北是和希臘人同種的馬其頓人和色臘基人。進入小亞細亞的是弗里吉亞人。

定居下來的希臘人同時從游牧轉向農耕，終止了流浪生活，建造起房屋，過起穩定的居家生活來。不過游牧生活的習性仍長期保存著，戰爭和放牧仍是男子的職業，種田起初只是婦女的活。在從事農業生產好幾個世紀以後，希臘人仍然把牲畜和家禽當作主要財產。

游牧的部落就這樣定居下來，成爲一群村落，周圍的土地按家族分配。由於定居生活和占有土地，社會分化加劇，富人和窮人的差別日益擴大，社會階級產生了，出現了貴族和平民兩個階級。

一些村落聯合起來，最後合併爲城市。希臘城邦國家就這樣產生了。由於希臘境內多山，平原與高山相交錯，一個城市和與它連在一起的耕地、牧場就是一個城邦。每一個城邦都是獨立的，自給自足的。希臘本土有許多這樣的城邦。同時，由於海外移民，從西元前八至前六世紀，希臘人在愛琴海、黑海和地中海沿岸以及海上的島嶼建立了數以百計的城邦。

希臘城邦都是寡民小國，有的只有幾平方公里，最大的也只有中國一個大縣大。人口很少有超過五萬的，其中的一半或一大半是奴隸和異邦人，自由人中還有三分之二是婦女和兒童。希臘最大的城市之一——雅典，全盛時期也只有大約三十幾萬人口。中國也有小國寡民時期，據老子說，當時，國與國之間，雞犬之聲相聞，卻老死不相往來。不過，在中國，這樣的小國，很快就被兼併成大國了。而希臘諸城邦卻始終沒有統一過。這種情況的產生，除地理因素外，希臘的城邦制度是一個重要原因。

希臘的城邦制度相當複雜，有貴族統治的，有民主的，也有寡頭統治的，有由選舉產生或世襲的國王管理的，也有由非法手段奪權的僭主統治的。一般來說，開始時，受愛琴文明影響，實行國王統治，當然，這裡的國王並不是專制君主，他的權力受到很大的限制，他和他的家屬有時還參加生產勞動。到西元前六世紀，大多數城邦便都早已成爲貴族共和國了。不過，斯巴達卻仍實行一種特殊的雙王制，有兩個國王，這讓我們想起羅馬共和國的兩個執政官。兩個國王權力相等，這種二元性顯然是爲了限制權力過分集中。國王每年一選，可能是用抽籤的方式從不同的家族中選出。國王的權力受到很大的限制，只有一定的審判權、主持祭祀權和領兵打仗的統帥權，他們還要受選舉出來的監察官的監督。

斯巴達的最高權力機關是元老院，元老是從有勢力的斯巴達氏族中選舉出來的。斯巴達還有全體公民（不包括女性，婦女沒有公民權）參加的公民大會，但大會不能爭論，表決不是投票，而是歡呼，哪個動議獲得的歡呼聲最響亮就通過那個動議。宣戰媾和等重大決定要由公民大會通過。

斯巴達是多利安人建立的城邦，是一個非常特殊的城邦。它曾兩次發動兼併戰爭，占領了伯羅奔尼撒大部分地區。它的面積比一般城邦要大得多。斯巴達有三種人，或者說，有三個階層，頂層是「斯巴提亞人」，他們是多利安人，是眞正的斯巴達人；第二層是邊民，他們是早期被征服地區的人，是自由民，但沒有政治權利；最下層是希洛人，他們是最後被征服的美塞尼亞地區的人民，他們不是斯巴達人個人的奴隸，而是整個斯巴達城邦的奴僕。斯巴提亞人不從事任何生產勞動，他們是職業軍人，完全靠希洛人供養，希洛人耕種份地，要將收成的一半交給指定的公民，即指定的斯巴提亞人。斯巴提亞人的成年男子，也就是說，斯巴達的全權公民，只有一萬來人，到西元前五世紀時，便只有不到六千人了。以這樣少的人統治人數多得多的、時刻想反叛的希洛人和進行不時發生的對外戰爭，顯然十分困難。但斯巴提亞人辦到了。他們把全國變成了一座兵營，斯巴提亞人是職業軍人，構成了斯巴達的常備軍，這在希臘城邦中是絕無僅有的，邊民也要從軍，組成輔助部隊，希洛人則要在軍中服雜役。

斯巴提亞男人從小就處於嚴峻的軍營生活之中，新生兒要送給長老，經過檢查，如果判定不夠強健，就要被拋到山峽的棄嬰場。男童只能在母親身邊住到七歲，從七歲到三十歲就要過集體生活，在公共食堂吃飯，接受嚴格的軍事教育，從事體育鍛鍊和運動。他們還要奉命做苦工，並且必須絕對服從、絕無怨言地去完成。他們不要文化和藝術，只要服從與勇敢。勇敢是最受讚頌的美德。有一個廣爲流傳的故事，說的是一個斯巴達女人，在送她的兒子上戰場時對他說：「回來時帶上你的盾牌，要不就躺在盾牌上回來。」在戰場上，不獲得勝利，就只能戰死疆場，否則，會受到全民的蔑視。斯巴達的女童也同樣要接受精心安排的體育鍛鍊，以便將來有強壯的身體生育強壯的小孩。

斯巴達是希臘城邦的一個特例，一個變種。它的制度既不是君主制，也不是貴族共和制，更不是民主制。而希臘其他城邦大都先後廢除了王，實行貴族共和制，有的還發展到民主制。雅典是其典型的代表。

雅典在阿提卡半島，阿提卡的面積大約有兩千多平方公里，只相當於我國縱橫百里的一個大縣。但在希臘這已是相當大的一個地區了，它分割成幾塊小平原和幾個山區。據修昔底德記載，阿提卡很早就有人居住，有一個名義上的國王，實際上分成許多獨立的小邦，每一個都有自己的議政廳和長官，每個小邦都自己掌管自己的事務，不到危險時刻，不會找王商量，甚至偶而還向王開戰。後來，由於手工業和商業的發展，各小邦，或者說，各部落的聯繫加強了，出現了一個「聯合運動」。各邦的貴族逐漸集中到雅典，大約在西元前七百年前不久，「聯合運動」結束，阿提卡境內的小邦統一成雅典城邦。阿提卡之所以能和平統一，一方面是由於強敵的威脅，另一方面也反映了雅典人的政治智慧。

這個雅典的新國家，沒有了國王，除奴隸外，公民中分成貴族、農民和手工業者三個階級，其中只有貴族有權擔任公職。三個階級的形成和劃分，打破了按血緣分成各個氏族或部族的傳統，而按財產關係劃分人口。但是，貴族在新國家中占有優越的政治地位，完全由貴族組成的長老會，掌有審判、監察和決定國家大事的權力，國王也被由貴族推薦並從貴族中選出的執政官所取代。執政官開始是終身制，後來規定任期十年，最後變爲一年一任。開始時執政官只有一人，後來增加到九人。執政官任期越來越短，人數越來越多，說明其地位越來越不重要。國家的權力完全掌握在長老會手中，長老會不僅左右執政官，也控制了公民大會，大會的議程由長老會安排。

權力造成腐敗，貴族利用自己手中的權力貪贓枉法，侵占農民的土地，增加自己的財富。西元前七世紀阿提卡的土地兼併達到空前嚴重的地步。據亞里士多德《雅典政制》記載，這時的阿提卡到處都豎立著田產出售的標誌。「（雅典的）貧民本身以及他們的妻子兒女事實上都成爲富人的奴隸；他們被稱爲『被護民』和『六一漢』（必須把收成的六分之五交給地主的分成佃農），因爲他們爲富人耕田，按此比率納租，而全國土地都集中在少數人手裡，如果他們交不起租，那麼他們自身和他們的子女便要被捕；所有借款都用債務人的人身爲擔保，這樣的習慣一直流行到梭倫時代爲止。」土地兼併使農民情況惡化了，平民與貴族的矛盾加劇了，平民憤而反抗了。

但是，希臘的階級鬥爭的進程和結果，和中國的完全不同。中國的階級鬥爭從來也沒有以黨派的形式進行，其結果往往是一個王朝的結束，和一個新王朝的開始。而希臘平民與貴族的鬥爭，常常以黨派鬥爭的形式進行，其結果不是改朝換代，而是平民權利受到尊重，平民的狀況得到改善，政治制度逐漸完善，貴族共和制轉變為民主制。其原因很多，小國寡民可能是最重要的一個原因。正是小國寡民才會有希臘的民主制，而對小國寡民的熱愛又限制了希臘的進一步的發展。

領導平民進行鬥爭的是一個新興的富有階層。西元前七到前六世紀，雅典的手工業和商業有了很大的發展。特別是製陶業，不僅有專門的製陶區，而且製陶規模大，產品精良，馳譽地中海地區。今天，考古學家還能在遠離希臘的小亞細亞地區的墓穴中發現雅典製造的陶器，可見雅典陶器行銷之遠。這和商業的發展是分不開的。商業和手工業的發展，使一些人發了財，一個富裕的工商業中間階級興起了。他們是金錢造就的人，有錢但沒有權，地位不高，因而對貴族獨攬政權十分不滿，要求在政府中有一席之地。他們往往成為平民與貴族鬥爭的領導者。

不過，工商業的發展並沒有使雅典成為現代意義上的大城市，雅典仍然只有二萬五千人，工商業雖然繁榮，農業仍然是雅典人的最大的收入來源。但是，由於商業的刺激，一些地主貴族也開始把原來種糧食的土地，改種收入更多的橄欖和葡萄等供應油酒業的原料。這樣一來，糧食就供不應求，從而促進了糧食貿易，但卻破壞了城邦的自給自足的原則，對雅典今後的發展有重大的影響。

平民鬥爭的第一個成果，是爭取到了一部法典。這部法典是由一個叫德拉古的人編寫的，在西元前六二一年公布。這部法典非常嚴厲，偷竊蔬果這類小過失，也規定判處死刑，但它是第一部法典，對執法的貴族，或多或少起了限制作用。法典廢除了氏族私鬥，規定法律上的爭訟必須由國家機關審理，這是對傳統氏族制度的勝利。

這時，雅典與鄰國的衝突使情況變得複雜了，麥加拉商人占領了俯瞰雅典港的薩拉米斯島。薩拉米斯的失守和貴族收復的失敗，引起了雅典人的強烈的憤怒。在這種情況下，在西元前五九四年，雅典發生了一次革命性的改革——梭倫改革。

梭倫出身一個古老的破落貴族家庭，靠多次海上商業冒險發了財。他用激昂的詩歌喚醒他的同胞，號召他們奮起收復薩拉米斯，結果成功了。梭倫因此獲得極大的威信，受到雅典各階層的廣泛愛戴，被選爲西元前五九四年的執政官。

梭倫是一個代表新興的工商業富有階層利益的有新思想的政治家，他一上任就爲改善農民的惡劣處境、新興的富有階層的政治、經濟要求，進行了改革。他一舉廢除了債務奴役制，宣布不得以土地作抵押，債主的要求不得危害公民的人身自由。他沒有答應重新分配土地，但限定了貴族可以占有土地的數額。不過，梭倫的廢除債務奴役只限於雅典公民，奴役奴隸，實行奴隸制，在當時來說則是天經地義的，這和我們今天要消滅人身奴役是不可同日而語的。

爲了促進雅典的工商業，梭倫採取了一系列的措施。他鼓勵外國的手藝工匠移居雅典，規定父親必須教兒子學會手藝。他限制穀物出口，降低了穀價，減輕城市居民的糧食困難。他頒布法令，促進林木的培植和水利灌溉的改善，這一方面有利於種植橄欖和葡萄等經濟作物的經營，另一方面又可保證油、酒業原料的供應。

在政治方面，梭倫頒布法律，規定所有的自由民在法庭上都有平等的權利。他建立了一個四百人會議和公民陪審法庭。四百人會議的主要職能是為公民大會準備議程，預審提交大會的重要議案。其成員選舉產生，被選的成員只需一定的財產資格，不必一定是貴族，四百人會議也分得了長老會的司法權力。這兩個機構的建立大大削弱了貴族的長老會的權力。梭倫還用憲法形式，按財產的多少，把公民分成四個等級。所有的公民都能參加國家的管理，但只有第一或第二等級才能擔任最高職務，第三等級只能擔任次要職務，貧窮的公民只能參加公民大會和陪審法庭。

梭倫改革獲得了巨大的成功，緩和了階級矛盾，促進了工商業的發展，也使他個人贏得了巨大的威信和眾人的愛戴，他有可能因此而成為「僭主」。「僭主」也就是事實上的專制君主，但卻沒有國王之名。國王是合法的統治者，而僭主卻是不合法的。希臘在西元前六五〇年始出現這種統治者，而西元前六世紀（西元前六〇〇年～前五〇〇年）被稱作僭主時期。在這種情況下，梭倫的朋友們都勸他自立為僭主，建立僭政。但梭倫卻不為所動，毫不猶豫地辭去已超過期限的執政官之職，離開雅典，到海外漫遊去了。在僭主盛行的時代，有機會建立僭政，而主動放棄權力的，並不只有梭倫。他們都受到人們的稱讚，梭倫就被列爲「希臘七賢」之一。

梭倫改革雖取得了極大的成功，問題仍依然存在，不僅貴族不滿，平民也不滿。梭倫離職後，雅典長時期陷入黨爭之中。占有平原土地的貴族組成了「平原派」，以工商業者爲主組成了「海濱派」，無地少地的山居平民則組成了「山地派」。各派都提出了自己的要求。平原派要求恢復傳統制度，海濱派希望維持梭倫改革，山地派要求重分土地。有意思的是三派的領袖都是貴族份子。經過反覆鬥爭，山地派領袖、貴族庇西特拉圖，得到海濱派的支持，在西元前五四一年發動政變，獲得成功，控制了雅典城邦，建立起僭主政治。庇西特拉圖成了雅典歷史上的第一個僭主。

庇西特拉圖的僭主政治，遭到回國的梭倫的反對。但庇西特拉圖的僭政，實際上貫徹了梭倫改革的主要精神。除了取得政權的方式不合法外，庇西特拉圖的統治明智而又成功。他沒收逃亡貴族的土地，分給貧苦公民，部分滿足了農民的土地要求；他實施農貸制度，資助貧苦農民發展橄欖和葡萄種植；他組織巡迴法庭到農村去處理訴訟事宜，節省了農民的時間和精力。他特別致力於工商業的發展。在他統治期間，雅典的手工業和商業達到了空前未有的繁榮。他大力發展造船業，並建造了一支約有四十八艘船的海軍艦隊，奪取了赫勒斯滂海峽，控制了黑海門戶，這對雅典的發展大有裨益。他對雅典的許多公益事業進行了改進，把農民在春季舉行的酒神節引進城市，由此而帶來了劇院和精采的戲劇。

庇西特拉圖的統治，得到許多雅典人特別是工商業者的眞誠的支持，爲雅典今後的發展壯大奠定了基礎。

西元前五二八年，庇西特拉圖死了。繼任的是他的兒子，既沒有他的才能，也沒有他的威信，而更爲重要的是雅典人不能長期容忍不是由自己授權的統治者。因此，西元前五一四年，兩個青年刺殺了僭主庇西特拉圖的次子。這一行動受到希臘人的稱讚，被譽爲愛國之舉。庇西特拉圖的長子心懷疑懼，大肆迫害政敵，成了眞正的暴君。爲了維持搖搖欲墜的統治，他又與波斯勾結，更激起了雅典人的憤怒，爲時不久，他就被迫逃亡國外。雅典的僭主統治結束了。不久，代表新興力量的克里斯提尼走上了雅典的政治舞臺，並在西元前五〇八年進行了意義深遠的改革，克里斯提尼也因此被譽爲雅典的民主之父。

克里斯提尼改革是雅典民主政治的開始。他的改革擴大了人民的權力，進一步削弱了貴族的勢力。他把原來按血緣關係劃分的四個部落，改分成完全按地區劃分的十個部落，每個部落又設有三個「三一區」，每個區都包括一個平原地區、一個山區、一個濱海區。這樣就使貴族分了開來，並在每一區都是少數，從而瓦解了他們的勢力。他又把各個區分成許多自治的村社，村社有政治和軍事職能，其中包括登記本村社的公民，據亞里士多德說，他把「許多曾是外人和奴隸的外來居民登記在他自己的部落之內」，這樣就增加了許多新的公民，從而使舊的血緣關係更加失去意義。

克里斯提尼創立了一個新的五百人會議，取代過去的四百人會議。五百人會議的成員由新設立的區選舉產生，每區五十人，共五百人。後來形成會議成員分成十組分期管理國事之制，並由每一部落選出一個司令官的十司令官制。

爲了防止新的僭主產生，克里斯提尼創立了所謂「陶片流放制」，規定在每年的春季的公民大會上，人民可以經過投票，宣布任何突出的公民爲危害城邦安全的人，並把他放逐十年。一個公民要投票反對某人時，只要拾起一片散布在市場上的碎陶片，在上面寫上所要放逐的人的名字，再把陶片投入投票罐裡就行了。如果得到大多數人的票選，這個人就要被放逐十年，期滿才能回來。陶片流放制的實行，表明雅典人都識字，對於防止僭主政治的再現，起了極大的作用。

克里斯提尼的改革，使雅典的民主制最終確立下來，也是希臘城邦制度最後完成的標誌。雅典民主制有兩個鮮明的特色，一是「主權在民」，儘管高級職務仍只能由貴族擔任，其他公民卻也享有重要的政治權利。當然，這裡說的民是有公民權的公民，不包括大量的奴隸和外國人。主權在民的制度在伯里克利時代發展到頂峰，雅典的全體公民都要出席「公民大會」，公民大會每月舉行兩至四次，解決城邦的一切重大事件：宣戰與媾和，解決城邦的糧食，聽取負責人員的報告，掌握國家的最高監督權，審查終審法庭的訟事等等。每個公民在公民大會中都有選舉權，每個公民都有可能選爲五百人會議成員，每個公民都要輪流參加陪審法庭。陪審法庭的成員多達六千人，而當時的雅典公民最多也不會超過六萬人。最高官員離任時要接受審查，有諸如叛國等重大問題的，法庭和公民大會可沒收其財產、放逐或處死等。二是「輪番爲治」，也就是說，「公民是輪流統治或被統治」，官吏由公民輪流當。這樣的民主制，只有在希臘雅典這樣的領土狹小的城市國家中才有可能。中國從來沒有、也不可能有這樣的民主制。不過，希臘的民主制是完全把婦女排除在外的，婦女的唯一任務就是生兒育女。

希臘對婦女的卑視，和東方民族相比，有過之而無不及。亞里士多德就認爲，男人天生比女人高一等，因此，男人治人，而女人治於人。

克里斯提尼之後不久，爆發了希波戰爭。戰後，雅典在經濟實力和軍事實力上都居希臘首位，它事實上成了全希臘的楷模，它的民主制度也成爲各城邦效法的榜樣。例如，雅典的陶片放逐制就有好幾個城邦仿行。希臘諸城邦的政制五花八門，而「主權在民」和「輪番爲治」卻是它們的共同特點。希臘城邦的民主制還有一個鮮明的特點，法律高於一切，人人都尊重法律，按法辦事。古希臘最著名的歷史學家希羅多德在他的《歷史》一書中，用一位希臘人對波斯國王說的一段話來讚揚希臘人的，或者說，希臘城邦的這一特點。這位希臘人在說起自己的同胞時說：「雖然他們是自由人，但並非在各個方面都是自由的；法律是他們的主人，他們畏懼這位主人甚於你的臣民害怕你。法律規定他們做什麼，他們就做什麼；法律的條文始終如一。法律禁止他們臨陣脫逃，不管遇到的敵人有多少；要求他們作戰時堅如磐石，或者戰勝敵人，或者死於敵手。」這種把法律看得高於一切的精神是城邦民主政體得以建立的必不可少的條件，沒有這種精神、這種傳統，民主是根本不可能的。古今中外的民主都離不開這一條件。可以說，沒有法律，沒有把法律看得高於一切的精神或制度，就不會有希臘城邦的民主。當然希臘各城邦的法律是公民自己制定的，而不是別人強加於他們身上的。希羅多德這裡雖說的是希波戰爭時的希臘人的情況，其實是希臘城邦的普遍特點。

希臘城邦的產生及其城邦制度的最終完成，是人類社會的一個特殊現象，是一種變態，而不是常態。人類社會從軍事民主制發展到君主制是普遍規律。中國、埃及和兩河流域的古文明都是如此。希臘城邦的產生有其獨特的條件和原因。地理條件的獨特是一個不可忽視的原因。希臘如果不是被群山分割成一塊一塊彼此分離的既有平原又有山地的相對獨立的地域單位，城邦的建立是不可能的。在希臘城邦建立的幾個世紀，沒有足以威脅希臘生存的強大外敵，也是一個原因。埃及和赫梯王國都衰落了，歐洲大陸還是蠻荒之地。當然，最重要的原因還是希臘內部的階級鬥爭的獨特形式和走向。雅典的平民與貴族的鬥爭以黨派鬥爭的形式進行，這在中國等古文明地區是不可能的。

希臘雖分割成許多獨立的城邦，卻是一個種族，有共同的宗教信仰，有共同的風俗和傳統，有共同的源於腓尼基字母的希臘文字，還有顯示了希臘人的精神面貌的體育比賽——奧林匹克運動會。這是一種爲神的榮譽而舉辦的體育競賽，早在西元前七七六年就開始舉行。競賽會的地點在奧林匹亞，這裡是希臘最高山峰所在地，四年舉辦一次，它成了全希臘人的共同節日，引起了全希臘人的興趣和參與。被視爲蠻族的馬其頓被榮幸地准許參加這一比賽。這些共同的因素，使希臘人有一種民族聯合的情結，他們逐漸稱自己爲「海拉斯」（hellenes），因爲他們自認爲是赫楞（hellen）的後代，並引以爲榮。他們把非希臘血統的人都稱爲「野蠻人」。

但在政治上希臘完全沒有聯合的傾向。各城邦之間，糾紛不斷，戰爭不斷，每個城邦都有強烈的排他性，其公民權並不輕易授予外來人。沒有一個城市的商人在別的城市擁有合法權力，只要他不是那個城市的公民，甚至他的生命安全也沒有保障。沒有一個城邦制定了保護外來人的法律。商人們爲了在別的城市尋求保護，只有讓那個城市的一位友好公民接收爲客人，如果他找不到「主人」，城邦政府要接受他，就會指定一位公民做他的「主人」。每個城邦都極力保持自己的地方特點。由於這樣的一些原因，希臘各城邦自始至終也沒能聯合成一個包括全希臘的大國。

希波戰爭

西元前六世紀中葉，在希臘諸城邦、特別是雅典蓬勃發展的時候，在東方，在亞洲興起了一個強大的帝國，波斯帝國，成了希臘的強大的競爭對手，成了希臘進一步前進的難以逾越的障礙。

波斯人是伊朗人部落的一支，是山地民族，過著定居的農業生活，西元前六世紀中葉，在其國王居魯士的統治下，強大起來。波斯人是優秀的箭手，波斯軍隊主要由弓箭手組成，密集的箭陣使敵人還沒來得及進行近身搏鬥，就已經中箭倒下了。而波斯騎兵這時才從兩翼發動進攻，給敵人毀滅性的打擊。西元前五四六年，波斯軍隊滅了呂底亞王國，占領了小亞細亞的南部沿岸。過了四年，又占領了沿愛琴海東岸的希臘人的城邦。短短的五年時間，波斯就從埃蘭山區的一個小王國，變成東方世界的一個霸主。西元前五三九年，波斯軍隊不費吹灰之力就占領了名城巴比倫，滅了迦勒底王國。西元前五二八年，居魯士在一次戰鬥中陣亡。居魯士的死亡並沒有使波斯擴張的步伐停下來，西元前五二五年居魯士的兒子岡比西斯征服了埃及。征服埃及是波斯帝國最終建成的標誌。這個僅僅用了二十五年就建立起來的強大帝國，占領了這一地區的所有文明古國，其領土西邊從尼羅河三角洲開始，環繞整個地中海東端直到愛琴海，東邊則幾乎擴展到了印度。

波斯帝國完全不同於希臘城邦。它的廣闊無垠的疆土是希臘城邦無法比擬的，甚至是希臘人無法想像的，在希臘人心中，他們國家的大小才是最合適的。波斯帝國的統治方式也完全不同於希臘。波斯帝國實行專制君主制，全國都要聽命於國王一人，正如波斯國王大流士（西元前五二一年～前四八五年）所說：「憑藉胡臘瑪達神的慈悲，這些土地聽命於我的法令；當我向他們發令時，他們將遵從。」國王的話就是法令。這和中國古代是一樣的，是一人統治全國，而和希臘的由公民集體統治或由貴族寡頭統治完全不同。大流士被稱為「偉大的國王」。他把全國分成二十個行省，行省由他所任命的總督管理。這種行省制和中國古代的郡縣制有點類似，不同的是中國的郡縣完全受皇帝控制，而波斯的行省則有較大的獨立性，只要按期交納貢物和為「偉大的國王」的軍隊提供士兵，總督就可自行其是。但是，如同中國漢代派刺史監督地方官員，波斯國王也派出一些被稱為「國王的耳朵」或「國王的眼睛」的官吏，監督總督的言行，向國王彙報他們的一切反對國王的行爲。

波斯的首都設在蘇薩，以首都爲中心，在廣大的帝國境內修建了許多大道，大道設有保證訊息傳遞的連綿不斷的驛站，以便帝國軍隊能及時趕赴戰場，包抄敵人。

波斯帝國的興起，對希臘、特別是對雅典的威脅是致命的。西元前五二〇年，大流士就曾率軍橫渡赫勒斯滂海峽，向黑海北岸的斯基台人部落進攻。這是波斯帝國的軍隊第一次襲擊歐洲地區。儘管這一次侵略沒有取得預期的勝利，卻奪取了愛琴海北岸的色雷斯和馬其頓。雅典通向黑海的商路遭到嚴重威脅。在當時，黑海沿岸不僅已經是雅典手工業品的重要市場，而且是雅典的糧食供應地。威脅這條商路，就是威脅雅典的生命線。因此，爭奪赫勒斯滂海峽就成了希臘和波斯兩大勢力的前哨戰。

西元前四九九年，趁大流士進攻斯基台人失利之機，小亞細亞的希臘城邦，不甘心失去自由、淪爲波斯這一東方專制國家的臣民，在米利都的領導下，舉行了反抗他們的波斯主人的起義。起義過程中，米利都曾派使者到希臘本土的兩個強國，斯巴達和雅典去求援。斯巴達對海外發展毫無興趣，一聽說波斯的首都離愛琴海東岸還有三個多月的路程，便立即謝絕了來使。

雅典的態度和斯巴達不同，出於自己海外貿易的利益的考慮，它關心小亞細亞沿海希臘城邦的命運，因此雅典人派出了二十艘戰船去援助他們的同胞，對威脅他們的商路的波斯，公開採取敵對行動。這次戰爭延續了五、六年，最後以希臘各起義城邦的失敗而告終。

這次戰爭招致了一場更大的戰爭。西元前四九二年，大流士以雅典人幫助了起義者爲由，親帥大軍入侵歐洲。其實，希波戰爭是一定會發生的。大流士號稱「萬王之王」，「從日出處到日落處之王」，好大喜功，他是不會容忍希臘處在他統治之外的，必欲侵占而後快，而且，占領希臘既可擴大領土，增加財富，又可起威懾作用，使希臘人不敢再反抗他的統治。

對於雅典人來說，如果不對波斯的侵略奮起反抗，就會失去愛琴海的商路，失去通向黑海的生命線，就不可能保持和擴大經濟的繁榮，甚至會失去自己的獨立和自由。

因此，對於雙方來說，戰爭都是不可避免的。

但是，大流士對希臘的第一次進攻，半途而廢，夭折了。打敗他的不是希臘軍隊，而是愛琴海上的險惡風暴和所選進軍路線的艱難險阻。他的陸軍在穿越赫勒斯滂和色雷斯時，人員損失嚴重，而他的海軍艦隊又在試圖繞過阿陀斯山的高大海角時遇到了颶風，被打得七零八落。就這樣，他的水陸並進的計劃落空了，不得不在半途撤兵回國。

西元前四九〇年初夏，大流士發動了第二次進攻。這次他改變了進軍路線，率領一支由運輸船和戰艦運載的波斯大軍，駛過愛琴海中路，直撲雅典。出發前，他派使臣傳檄希臘，要求各個城邦進貢當地的水和土，表示對他降服。他想用這種辦法使敵人不戰而降。然而，希臘人雖然對波斯征服和屠殺他們的小亞細亞同胞，心存恐懼，卻具有高昂的愛國心和自豪感，熱愛獨立和自由。他們是不會被波斯人嚇倒的。雅典的回答是把使者投進了洞坑，斯巴達則把使者推下了水井。九月，波斯軍隊從雅典東北的馬拉松海灣登上了阿提卡的海岸，並在距雅典不遠的地方安營紮寨。在這生死關頭，雅典人一面派出信使向外求救，一面在一個富有謀略、通曉波斯戰術的將軍——米爾提亞斯的率領下，武裝起來。米爾提亞斯針對波斯軍隊利於平地作戰，並慣於中央突破的特點，率領雅典軍隊前往馬拉松山坡上紮營，阻止波斯軍前進。但是，雅典軍的人數還不到波斯的一半，這時，有一支普拉提亞的數千人的援軍及時趕到，大大提高了雅典人的士氣。米爾提亞斯把重兵布置在兩翼，而把較弱的部隊放在中央。

戰鬥一開始，雅典中央一路且戰且退，引誘敵人深入，等敵人追遠時，兩翼的精銳部隊才從後包抄猛攻。波斯軍隊陷入兩支雅典部隊的夾攻中，一片混亂，潰不成軍。波斯的弓箭在這種近身搏鬥中，毫無用處，而希臘人的長矛卻大顯神威。波斯人留下了六千具屍體，逃回船上，而希臘只損失了一百九十二人。波斯人雖想再戰，但在雅典軍隊嚴陣以待下，無法在雅典的海港登陸，大流士只好下令撤軍。波斯人的第二次入侵又失敗了。馬拉松戰役獲勝後，雅典將領立即派了一名戰士去雅典城報捷，這個戰士一口氣從馬拉松跑到雅典城內，說了句「雅典得救了」，就倒地而死。今天的馬拉松賽跑，就是爲了紀念這一歷史事件，其距離就是馬拉松到雅典的距離。

但是，戰爭並沒有結束，希臘人的勝利帶有一定的偶然性，波斯人不會就此罷休，他們會再來，更大的考驗在等待希臘人。這次戰爭給了雅典人一個教訓，由於沒有一支強大的海軍，無法阻擋波斯人渡海而來。因此，建立強大的海軍就成了雅典的當務之急。幸運的是，埃及的反叛和大流士的死亡（西元前四八五年），延緩了波斯人再次入侵的時間。同時，在雅典境內發現了一條儲量豐富的銀礦脈，這爲雅典建立海軍艦隊提供了必需的資金。雅典的艦隊建立起來了，大約有一百八十艘三列槳戰艦，這既是爲了對付波斯人的威脅，也是稱霸愛琴海的需要。

在雅典建立艦隊的過程中，一個叫地米托克利的雅典人起了很大的作用。他曾擔任執政官，主張雅典必須向海外擴張，必須建立一支艦隊。他認爲雅典只有增強海軍的力量，才能抵擋波斯人的入侵，才能保證雅典的經濟不斷發展。

西元前四八〇年，大流士的兒子薛西斯再一次發動了對希臘的入侵。這是一次全面的入侵，薛西斯動員了波斯帝國的全部兵力，據說有各色兵種共五百二十八萬三千二百人，兵艦一千二百零七艘，其他附屬船隻三千艘，志在必得。這一次薛西斯採取了大流士的第一次進兵路線，取道赫勒斯滂，水陸並進。與此同時，希臘人也在爲迎擊波斯人的入侵做準備。希臘各城邦在科林斯召開了泛希臘的會議，決定以在軍事上負有盛名的斯巴達做聯軍的首領，聯軍的陸軍以斯巴達爲主，海軍以雅典爲主，分別在通向中部希臘的要道德摩比勒和附近的海面設防。

西元前四八〇年夏天，波斯軍隊抵達溫泉關隘口。波斯軍隊的人數大約超過二十萬，而隨軍家屬也有這樣多，有一千艘船，其中三分之二是戰船，但被海上的風暴毀壞了數百艘，只有大約五百艘可以作戰。斯巴達國王李奧尼達率領大約五千人在溫泉關阻擊波斯陸軍，同時，有不足三百艘三列槳戰艦的希臘艦隊，其中三分之二是雅典的，在優卑亞北海岸阿特米斯烏姆附近水域阻擊波斯海軍。

戰爭一開始，希臘人處於守勢。波斯人從陸上和海上同時發動進攻。斯巴達國王李奧尼達在人數上處於絕對劣勢的情況下，英勇奮戰了一整天，守住了溫泉關。第二天，一支波斯軍隊翻過山脈從後面進攻，由於腹背受敵，溫泉關失守，李奧尼達和他所率領的五千戰士全都戰死疆場，用鮮血寫下了悲壯的一頁。海上的戰鬥，開始時，希臘艦隊靈活而又有效地抗擊人數和船數占優勢的敵人。波斯人派出另一支有二百艘戰船的艦隊，繞過優卑亞，從背後進攻希臘艦隊。但這支艦隊遭到風暴的襲擊，損失很大，波斯人在海上前後夾擊的計劃落空了。不過，由於陸軍的失敗，希臘海軍也遭受了嚴重的損失，不得不撤退到薩拉米斯灣。雅典人被迫放棄阿提卡並把不參戰的人員和所能轉移的財產運送到薩拉米斯島。雅典人在島上看著自己的城市被波斯人焚燒，悲憤塡膺。不過，雅典人此舉是明智的，他們雖放棄了城市，艦隊並沒有受到多少損失，可以更機動靈活地繼續和波斯人戰鬥到底。這時，斯巴達的主力部隊和其盟軍退到了科林斯地峽，準備在這裡阻擊波斯人，保衛伯羅奔尼撒半島。斯巴達還主張把在薩拉米斯的聯合艦隊也調到科林斯地峽來。斯巴達的主張遭到雅典的反對，雅典的統帥地米托克利認爲，被動防守只會招致失敗，「後發者無賞」，必須主動出擊，薩拉米斯水域狹窄，不利於波斯的龐大艦隊活動，而有利於較靈活的希臘艦隊。在地米托克利的堅持下，希臘艦隊留下了，而且經過整修，戰艦數超過三百艘，力量得到加強。

地米托克利的主張可能是當時唯一可以使希臘反敗爲勝的策略。他巧妙地設計了一個圈套讓薛西斯來鑽。就像中國古代周瑜騙曹操那樣，他派他的私人奴隸到波斯人的營地去詐降薛西斯，傳遞一個假情報，說他從地米托克利處來，地米托克利私下是站在波斯人一邊的，希臘艦隊將要偷偷地奪路溜出海灣，讓波斯人及時阻截。薛西斯果然中了地米托克利的誘敵之計，不顧薩拉米斯海灣是否有利於波斯艦隊作戰，就貿然下令出擊。九月二十日，波斯海軍開進薩拉米斯海灣，攔截希臘海軍。正如地米托克利所料，波斯艦隊由於船大數量多，擠在狹窄的水域，互相碰撞，根本無法調動，希臘人還沒發動攻擊，就已經亂成一團。而雅典艦隊行動自如。這樣一來，波斯艦隊只有挨打的份，連逃跑的空隙都沒有。薛西斯坐在可以俯瞰薩拉米斯灣的山頂上，看著他的艦隊被希臘人摧毀，束手無策。戰鬥持續了一整天，當夜幕降臨薩拉米斯灣時，波斯艦隊幾乎被全殲。這是一次令人震驚的決定性的勝利，波斯人失去了制海權，雅典成了海上的霸主，可以說，雅典的海軍拯救了希臘，地米托克利也使自己成爲希臘最偉大的政治家。

薩拉米斯戰役的結果，實際上也顯示了希波戰爭的結局，失去制海權的波斯人已無法打贏這場戰爭。但波斯人仍不甘心，雖然由於給養不足和疾病，薛西斯被迫撤退到赫勒斯滂，接著又退回亞洲，卻把他的大將馬都尼斯和一支約五萬人的軍隊留在希臘境內，仍對希臘各城邦造成很大的威脅。馬都尼斯知戰爭無望，便想用外交手段獲取勝利，他向雅典提議，波斯交還雅典原有的土地，重修廟宇，免除懲罰，並接納雅典爲波斯帝國的一個自由盟邦。有個雅典人表示贊成這個提議，結果，不僅他本人被憤怒的群眾殺死，他的一家人也被大家用石頭砸死了。西元前四七九年，在普拉提亞希臘聯軍和波斯軍隊在陸地進行了決戰，波斯軍大敗，統帥馬都尼斯陣亡，靠騎兵的掩護，才有一些殘餘部隊逃出了希臘，回到亞洲。同時，希臘海軍在米利都的麥加拉半島摧毀了波斯的殘餘艦隊，波斯的威脅徹底消除了。

西元前四七八年，雅典海軍獨力奪取並占領了赫勒斯滂海峽的重鎮塞斯圖斯，從而控制了歐洲到黑海的通道。對於雅典來說，塞斯圖斯戰役的勝利的意義不亞於薩拉米斯戰役，因爲占領塞斯圖斯，爲雅典的對外擴張鋪平了道路。被西塞羅譽爲「歷史之父」的希羅多德的名著《歷史》一書，正是以雅典人攻陷塞斯圖斯作爲全書的結尾的。至此，希波戰爭實際上結束了，希臘人不僅解放了全希臘，徹底解除了波斯的威脅，而且把小亞細亞的希臘城邦也從波斯人的統治下解放出來了。但是，直到西元前四四九年，雅典及其同盟的軍隊在塞浦路斯大敗波斯軍，波斯才與希臘締結了和約，承認小亞細亞各希臘城邦的獨立，希波戰爭才正式結束。

希波戰爭可能是歷史上最爲重要的戰爭，其歷史意義怎麼估計也不過分。這是一場兩種制度的較量，是希臘城邦制度和東方的君主制度的較量。古代文明，不管是埃及、兩河流域還是中國和印度，都是在君主制下創造的，城邦制，在希臘興起前，從來沒有成爲歷史的主流，從來沒有，也不可能在歷史上起什麼積極主動的作用。在希臘城邦興起前，城邦國家不是被大國兼併，就是成爲大帝國的附庸。因爲，這樣的國家都是小國寡民的，根本無力抵抗大國的侵略，而他們的「老死不相往來」或自治、自足的特點，又使他們有一種自滿感，無法發展成大國。中國的老子和希臘的亞里士多德都把這種小國寡民看成是最理想的國家形式。老子的觀點在中國沒有代表性，而亞里士多德卻反映了希臘大多數人的觀點。這正是中國與希臘的不同處。希臘城邦的興起，得力於天時、地利和人和。獨特的地理環境，使希臘地區既適合城邦又便於向東方的古老文明學習，希臘周圍地區幾個世紀都沒有大國和強國，更給希臘城邦的發展提供了絕無僅有的天賜良機。但是，如果沒有希波戰爭的勝利，希臘城邦的歷史就會終結，希臘以至人類歷史都要重寫。正是希波戰爭的勝利，才顯示出希臘城邦的優越性，才激發了希臘人的更大的自豪感，希臘城邦才會發展到它的頂峰，希臘人才能繼續創造他們令人驚嘆的文明。

希波戰爭的結果證明，新興的希臘城邦制要優於古老的君主制，希臘文明正在發展，而以埃及兩河流域爲代表的東方古文明，到波斯帝國時已停滯不前。

希臘人一直認爲，只有他們才是文明人，其他民族都是「野蠻人」，他們要比「野蠻人」強得多，他們的自由民主制度，要比亞洲的君主制好，亞洲的君主靠專制權力、靠折磨和鞭笞迫使人們服從，而他們卻靠辯論和勸說來作出決定。希波戰爭強化了他們的這種觀點，事實也是如此。但是，希波戰爭的勝利卻也正是克服了城邦制的一些固有的缺點，才取得勝利的。如果希臘各城邦在戰時仍互相敵視，彼此爭奪，他們是無法取得勝利的，如果他們仍像在小亞細亞希臘城邦掀起反波斯統治的起義時那樣，除了雅典出兵援助外，其他希臘城邦都認爲事不關己，而置之不理，結果可能是另一個樣子。如果不是在強敵入侵下所激起的高昂的愛國熱情，使全希臘團結起來，結成聯盟，如一人似的協同作戰，希臘人是無法打敗波斯人的。不幸的是，這樣的團結一致，以後再也沒有出現過。希波戰爭一結束，希臘各城邦就捲入互相爭霸的漩渦中，而不能自拔。

希波戰爭中，雅典的作用和貢獻最大，所受的影響也最大。雅典人爲戰爭所激起的愛國熱情和勝利後的自豪感，是任何其他希臘人所無法比擬的。斯巴達一直是希臘最強大的國家，希波戰爭中也一直是希臘聯盟的領袖，聯軍的統帥，但由於斯巴達所固有的傳統保守的特點，由於它是個純粹的自給自足的農業國家，在希臘本土解放後，它對解放小亞細亞的希臘城邦毫無興趣，不願意出兵亞洲，因而自動放棄了對希臘聯軍的領導權。這樣，反波斯、解放亞洲希臘城邦的責任就落在雅典身上。雅典在希波戰爭中贏得了巨大的威信，擁有了強大的海軍，儼然成了可以和斯巴達並列的領袖。因此，爲了完成新的任務，爲了向海外擴張，西元前四七八年，雅典組織了一個新的同盟。由於同盟國家開會、集合的地點設在愛琴海上的提洛島，故稱提洛同盟。參加同盟的有愛琴海上的所有島嶼，和赫勒斯滂海峽以及亞洲的所有希臘城邦。同盟的成員國最多時有將近三百個大大小小的城邦。同盟繼續對波斯作戰，有聯合海軍，有共同的金庫，金庫設在提洛島上的阿波羅神廟中。在形式上，這是一個平等的自由的同盟，所有成員國的地位都是平等的，在同盟的會議上有同等的發言權。參加同盟的城邦按國力的大小爲同盟提供一定數額的船隻和人員，如果願意也可用同等價值的金錢來替代。但實際上，這個同盟是雅典的同盟，雅典在其中占有突出的地位。雅典擁有由三百艘船組成的艦隊，這個艦隊超過同盟中所有盟邦艦隊的總和。雅典的威信和作用是其他城邦無法比擬的。因此，有的史學家認爲，同盟一開始就有雅典帝國的傾向，這是很有見地的。這種帝國傾向不是指雅典在同盟中的突出地位和重要作用，而是指：一，盟約是以雅典爲一方，而以雅典以外的一切盟國爲另一方訂立起來的；二，盟邦的義務是由雅典決定的。也就是說，盟邦爲聯軍提供船隻和人員的多少，或爲免除這項義務所要交金錢的多少，全由雅典決定。而所交的金錢實際上成了向雅典繳納的貢賦。

但是，隨著時間的推移和波斯威脅的解除，有的城邦要求退盟，這就出現了盟邦有沒有退盟權的問題。這本不是問題，參加自願，退出也應自願。第一個要求退盟的是納克索斯島。這是個繁榮富裕的城邦。雅典認爲納克索斯的要求是反叛行爲，出兵鎭壓，強迫它交出艦隊，並交納一筆貢賦。此後，凡要退盟的，一律以同樣方式處理。同時，沒有加入同盟的愛琴海城邦也被強迫加入，理由是它們得到了同盟的保護。這樣一來，同盟已是徒有虛名了，實際上已是實實在在的雅典帝國了。

爲了強化同盟的帝國性，雅典還做了兩件事。一是把同盟的金庫從提洛島轉移到雅典，理由是很冠冕堂皇的，什麼金庫在雅典「管理更方便」「安全」等等，而實際上，這樣做的唯一理由就是利於雅典掌握，使同盟的金庫成爲雅典的金庫。隨著金庫轉移到雅典，金庫司庫也成了雅典國家的官職。二是盟國之間的爭執糾紛交雅典法庭審理。同盟不見了，只有雅典帝國了。這個帝國極盛時，有大小不等的城邦近三百個，人口總數達一千萬至一千五百萬。

但是，我們不能把這個帝國看成是如同中國秦漢帝國那樣的帝國。秦帝國有一個集權於皇帝一身的中央政府，下面是完全受中央政府控制的郡縣地方政府。雅典帝國其實是一個以雅典爲中心的城邦集團，雅典仍是一個城邦，加盟的各個盟邦也仍是自給自足的城邦，它們仍有各自的可以獨立處理內部事務的政府和法律。這些城邦與過去不同的是，它們的對外政策已不能自行決定，而必須聽命於雅典，它們要爲同盟，其實就是爲雅典的艦隊提供船隻、人員或交納錢款，它們的政體要和雅典一樣，實行民主制，而不能實行其他政體，否則就會遭到雅典的干涉。

當然，雅典雖然仍是個城邦，卻也和過去有很大的不同。它現在是帝國的中心，因此，它除了有本城邦的事務外，還有許多帝國範圍內的行政事務與司法事務要由它處理，帝國的這些事務也就成了雅典的事務，這樣它就需要更多的公職人員，其中不少成爲有報酬的。它還有一支主要由雅典公民組成的帝國的龐大武裝部隊，雅典公民服兵役時是領薪餉的，大量雅典公民成了領薪餉的戰士，雅典城邦成了「戰士共和國」。雖然公共開支增大了，雅典的國庫仍很豐裕。因爲希波戰爭後，雅典的工業和農業有很大的發展，商業發展更快，雅典躍升爲世界的首要的商業中心，關稅和其他稅收數額巨大，加上盟邦爲使它們的公民不服兵役而每年交納的貢款，雅典不缺錢。雅典之所以成爲帝國的中心，不僅有政治上和軍事上的原因，也因爲它是工商業中心。

然而，雅典對盟邦雖很霸道，在城邦內部，民主制卻發展到了頂峰。和中國與波斯不同，雅典不是靠特權階級或行政官僚來履行它的帝國領導職能的。它的民主制不僅沒有因帝國而削弱，反而更向前發展了。事實上，在帝國存在的不長時間內，正是希臘城邦的極盛時代。

雅典不是靠個人而是靠公民集體來進行統治的，正如雅典人自己所認爲的那樣，他們是靠辯論和勸說作出決定的。個人有再大的功勞和威信，得不到公民的支持，也不能擔任任何官職。公民大會可以流放任何他們不滿意的人。地米托克利在希波戰爭中立有大功，但在他頗有遠見地反對和斯巴達結盟時，因沒有贏得公民大會的贊同，而被流放，後來又被以莫須有的叛徒罪被判有罪，結果，只好逃亡國外。流放地米托克利也許是錯誤，但這是民主制下公民集體的錯誤。繼地米托克利為雅典領袖的奇蒙，因在對斯巴達的政策中犯了錯誤，也在西元前四六一年被公民大會流放了。奇蒙是貴族的代表人物，平民把流放他看成是平民對貴族的勝利。繼奇蒙而成為雅典的領袖的是伯里克利。伯里克利出身貴族，並和工商業有密切的關係。他希望建立一個輝煌的雅典帝國。他自視為進步勢力的領袖，逐步擴大平民的權力。他也因此獲得了平民的信任，連選連任執政官。從西元前四六〇年起，他當政了三十年，直到他突然死去。

伯里克利當政時，雅典的民主達到了它的極盛時代，實際上也是希臘城邦制的極盛時代。

由於平民的鬥爭，到伯里克利時代，雅典由貴族組成的元老院的政治權力已被剝奪殆盡，只保留了審判謀殺案和解決宗教問題的權力。它的原來的職權轉給了五百人議事會、陪審法庭和公民大會。五百人議事會獲得了大部分政府事務的管理權力。它按五十人一組，分成十組，每個組的服務時間每年有一個月多一點。議事會成員不得連選連任，因此，雅典公民的三分之一，在一生中有機會擔當議事會的成員。陪審法庭的人數增加到六千人，六千人被分成更小的陪審法庭，有陪審法官五百零一人，為了有利於貧窮公民參加陪審法庭，法律規定為陪審工作提供報酬。公民法庭的權力愈來愈大，最終成為國家的最高立法機構，在公民大會的協作下，開始頒布法律。公民會議是雅典的最高權力機關。公民會議的開會地點在雅典衛城以西的廣場上，希臘人喜愛室外活動，在廣場開會正投其所好。這是一片微微傾斜的廣場，坐在最後面的人，也可以看到講臺上的發言人。公民會議大約在每三十六天中開四次。開會的通知一般會前五天就在市場公布。參加會議的公民都可上臺發言，但任何人都只能發言一次。表決多半用舉手方式，選舉官員或要放逐誰，則多用投票方式。公民會議負責表決五百人會議提出的議案，選舉國家官吏，制定法律，決定戰爭與和平。

同時，擔任官職的財產資格的限制已大大縮小，除完全沒有財產的勞動階層外，所有公民都可擔任執政官。高層官員不再經過選舉產生，而是從所有合格的公民中抽籤推舉。結果，過去地位顯赫的國家官員，現在變成了輪流坐莊的「貴族」，因而也就沒什麼大影響。但是，有一個重要的職務是不能透過抽籤產生的，那就是統率軍隊的將軍。這樣的將軍共有十位，每年選舉一次，可以連選連任。伯里克利就多次連任。但是，一個雅典人在這次戰役中是將軍，而在下一場中卻是普通士兵的事，是毫不奇怪的。這是城邦的「輪番爲治」民主觀念的突出反映。不過，由於是雅典唯一推選出來的官員，是唯一要考慮其才能能否勝任的官員，由於這些職務如此重要，將軍們在城邦的作用和影響力是巨大的。伯里克利正是透過長期擔任將軍一職來領導雅典的。

雅典人不僅政治上享有較大的民主，能直接參加國事活動，他們的文化生活也具有廣泛的民主性，豐富多彩。每個公民都享受國家提供的娛樂活動。雅典人最具民主性的、也是雅典人最喜歡的文化活動是祀神慶典和看戲。和在政治上沒有君臨一切的專制君主一樣，在宗教上希臘也沒有代表最高道義的宇宙主宰。希臘的神和凡人沒有太大的不同，他們有和凡人一樣的喜怒哀樂。名爲最高神的宙斯，也常常鍾情人間的美女，犯凡人所犯的錯誤。由於希臘神具有這種人性化的特徵，雅典的祀神活動就和世俗的娛樂活動結合在一起。例如，四年一度的雅典娜女神祀祝大節，全雅典公民都可參加，一連幾天都要舉行賽車、競走、合唱、舞蹈、音樂比賽和朗誦比賽，這樣的祀神活動，與其說是一個莊嚴的宗教儀式，不如說是一種世俗性的公民群眾的娛樂。每年春季舉行的酒神慶典，在國家建造的規模宏大的劇場上演出各種悲劇和喜劇，國家給每個公民發「觀劇津貼」，讓每個公民節日都有錢去看戲。雅典的學術文化也十分活躍繁榮，在雅典全盛時期，在公民群眾經常聚集的運動場附近，經常舉行各種哲學、社會和人生問題的討論。雅典公民在公開的政治生活和廣泛的文化生活中獲得廣泛的知識，受到其他城邦人民得不到的教育，從而產生了許多傑出的人物，希臘各地的知識份子也紛紛來到雅典。在很長一段時間裡，雅典一直是希臘文明的代表和中心。

當然，雅典的昌盛和繁榮是離不開奴隸的，沒有奴隸的勞動，也就不會有雅典的文明。據希臘史的權威戈麥（A.W.Gomme）教授估計，伯羅奔尼撒戰爭之前阿提卡約有十二萬五千個奴隸，其中有六萬五千個用於家務勞動，有五萬個被用於手工業。有一萬名用於採礦，同一時期雅典的十八歲以上的男子人數約爲四萬五千人，由此推斷，當時雅典的總人口是十萬人多一點。奴隸在創造雅典文明中的作用是不可低估的。

雅典的強盛和繁榮招致了斯巴達的嫉恨。斯巴達本是希臘最強大的國家，希波戰爭中，它是希臘聯盟的領袖，盟軍的統帥。但在希臘本土全部解放後，它不願出兵海外，放棄了對盟軍的領導，退出了戰爭。是雅典領導希臘人民把希波戰爭進行到最後勝利，雅典的勢力和威望有壓倒斯巴達之勢。一山不容二虎，斯巴達是不容許有雅典這樣的對手威脅它的，而雅典也早有稱霸希臘甚至稱霸世界的野心，要稱霸就必須打敗斯巴達，從地米托克利到伯里克利都有這樣的願望。當然，雅典也有主張與斯巴達友好的人。貴族派的代表人物奇蒙就主張雅典和斯巴達友好相處，雅典稱霸海上，斯巴達則在陸地稱雄，從而在希臘世界平分秋色，兩不相悖。奇蒙的主張既背離了實際局勢的發展，也不合大多數雅典人的心意。誰也無法把雅典的霸權限制在海上，而斯巴達和它的盟國也不容許雅典獨霸海上。

其實，雅典和斯巴達的矛盾和衝突是多種多樣的，是全方位的。既有利益上的，也有制度上的，甚至還有感情上的、觀念上的。斯巴達雖對海外商業不感興趣，但它所領導的伯羅奔尼撒同盟也有科林斯、邁加那這樣的注意向海外發展的城邦，它們在愛琴海北岸卡爾克底半島、在西西里島都有殖民和商業利益。提洛同盟成立後，雅典不僅把科林斯在卡爾克底的殖民城市納入同盟，控制了東北愛琴海的航線，而且要向中部地中海地區擴張其勢力，並力圖控制科林斯海腰上的西部港口。這樣一來，雅典的擴張就嚴重地侵犯了科林斯等城邦的利益。作爲伯羅奔尼撒同盟的首領，斯巴達自己雖對海外發展沒有興趣，但理所當然地要維護其盟國的利益。事實上，正是科林斯勸說斯巴達向雅典挑戰的。

在制度上，雅典和斯巴達也是水火不容的。雅典愛好民主制，要它的所有盟國都以它爲榜樣，實行民主制，而不容許其他政體存在。這種霸道作風引起了一些盟邦的不滿。斯巴達和它所領導的伯羅奔尼撒同盟則對寡頭政體情有獨鍾，或至多能容忍有限的民主制度。希臘的民主分子紛紛投靠雅典，而貴族寡頭政體的擁護者則向斯巴達求援。

在感情、觀念和生活方式上，雅典人和斯巴達人也是格格不入的。他們是完全不同的兩種人，正如科林斯人在勸斯巴達向雅典宣戰時所說的：「你們從來沒有想到過，這些雅典人是怎樣的一種人，他們與你們完全不同。他們是革新者，他們敢於制定新的計劃並付諸實施；而你們滿足於現有的一切，甚至不願做那必須去做的事情。他們大膽、樂觀、富有冒險精神；你們謹小愼微，無論對自己的力量還是自己的判斷力都缺乏信心。他們喜歡去海外冒險，而你們討厭這樣；因爲他們認爲離家愈遠，所得愈多，而你們認爲任何動遷會使你們已有的東西喪失。」科林斯人說的這段話，反映出他們對雅典人是既佩服又嫉恨的。讓這樣的人繼續擴張他們的勢力，對於伯羅奔尼撒同盟來說，是可怕的。雅典施加於它的盟國身上的「暴政」就是顯明的例子。

伯羅奔尼撒同盟諸國和所謂雅典帝國在人種上也是不同的，雖然他們都是希臘人，但伯羅奔尼撒同盟諸國是多利安人，而雅典帝國多爲伊奧尼亞人。當然，這種區別不是很重要的，因爲，作爲希臘人，他們曾經聯合起來和波斯人作戰。導致伯羅奔尼撒同盟和提洛同盟打起來的根本原因，是兩大同盟之間的利益衝突，是斯巴達和雅典爭霸。

西元前四三一年，兩大同盟之間的戰爭爆發了，史稱這場戰爭爲伯羅奔尼撒戰爭。這是一場和希波戰爭完全不同的戰爭，希波戰爭是希臘人聯合起來反擊波斯侵略的戰爭，戰爭的進程和結果都顯示出希臘城邦的向上發展的生命力，顯示出它比東方的君主制優秀的一面。而這場戰爭卻暴露了希臘城邦無法克服的缺陷。希波戰爭導致希臘城邦發展到頂峰，而這場戰爭實際上使希臘城邦走到了終點。這場戰爭從西元前四三一年開始，斷斷續續一直打到西元前四〇四年，前後持續了二十七年之久。戰火幾乎燃遍了希臘的每一個角落，雙方的人力、財力都消耗殆盡，特別是雅典遭到毀滅性的打擊。戰爭以雅典的全面失敗和斯巴達霸權的確立而告結束。

戰爭的結果是完全出乎雅典人意料的，他們之所以不惜和斯巴達人一戰，一個很重要的原因就是他們認爲，他們的財力、物力都是斯巴達所不及的，他們有一支強大的海軍，控制了海上，他們在精神上也優於斯巴達人。伯里克利就十分看不起斯巴達人，他說：「我們的敵人爲了備戰，從小就受到非常艱苦的訓練；我們過我們的安逸生活，但面對危險我們信心百倍。事實上，沒有其同盟的幫助，斯巴達從不敢單獨地向我們進攻。我們的勇敢來自於天然的氣質，而不是法律的強迫，因而，我們擁有兩方面的好處，一則我們無須基本的艱苦訓練，二則當考驗來臨時，我們做得跟他們一樣好。」伯里克利的這種觀點是得到大多數雅典人贊同的。

由於雅典擁有強大的海軍，因此伯里克利爲雅典制定的戰略是，把自己當成是海上居民，放棄土地和房屋，保衛海疆和城市，而不要爲守衛阿提卡作無謂的冒險。這樣，雅典就是不可戰勝的。伯里克利的戰略在理論上是可行的，但這是建立在過高估計雅典人的犧牲精神和忍耐性和對丟失阿提卡的嚴重性估計不足的基礎上。在戰爭開始後，在斯巴達軍隊侵入阿提卡，蹂躪那裡的重要的鄉村和市鎮時，雅典人的態度改變了，他們對伯里克利不作正面抵抗，而是按兵不動，等待時機的做法不滿了，他們忍無可忍了，強烈要求伯里克利領導他們出擊。他們甚至因丟失阿提卡而責怪伯里克利，伯里克利的領導權威開始受到懷疑。

伯里克利看到雅典人陷入憤怒和非理智的狀態中，害怕召開公民大會會導致作出錯誤的決定，便沒有召開大會來討論大家的要求。但雅典的事情是不能由個人決定的，威信再高，意見絕對正確，沒有得到大家的贊同，還是不行。戰爭期間，城邦生活、特別是政治生活仍和過去一樣，所有重要的事情無一例外都要由公民大會決定。選舉將軍、開闢新戰場、討論和平條件、審核和分析來自前線的報告等等都是公民大會的事。雅典人這樣做，反映了他們對城邦制度的堅定性，說明他們把個人的權利、把民主看得比什麼都重要。這是令人欽佩的，但也是十分幼稚的。戰爭期間把一切重大事情的決定權交給人數眾多的、人人都有發言權的公民大會，是非常可怕的。現在所有的國家，在面臨國家生死存亡的戰爭期間都會宣布國家處於緊急狀態，取消或限制人民的某些權利。戰爭需要集權，而不是民主。只有美國戰爭期間仍堅持總統選舉，但這是在戰爭沒有威脅本土安全的情況下。事實上，雅典後來犯的一系列錯誤，不能說和雅典堅持城邦民主沒有關係。

戰爭的第二年，一場可怕的瘟疫席捲雅典，人口大量死亡，甚至出現了屍骸遍地、無人收葬的慘象。瘟疫激發了雅典的內部矛盾，農民把戰爭所帶來的災難都歸罪於伯里克利，不滿的貴族乘機煽風點火，一些人甚至提出了停戰議和的要求。伯里克利雖然在公民大會上說服了大家，並被繼續授權領導雅典人民堅持戰鬥，但威信受到很大的損害。不幸的是，伯里克利本人不久也死於瘟疫。伯里克利的突然死亡，是雅典的巨大損失，雅典再也沒有出現他這樣的領導人物。修昔底德認爲，他的繼任者都無法和他相比，「出於個人野心和爲了個人利益，他們在處理雅典和同盟兩方面的事務時，都遵循了有害的政策，做了不少對贏得戰爭毫無益處的事情。即使這些事情成功了，那也不過是給某些個人帶來榮譽和利益；而如果失敗了，這對城邦贏得戰爭是有害的。」

由於沒有了伯里克利這樣的領導，雅典的民主政體無法形成強有力的領導和影響，管理陷入一片混亂。領導者都是些工商業主，他們既沒有很高的社會地位，又沒有政治家的才華，更沒有贏得平民的信任和尊敬的領導特質。同時，他們也缺少伯里克利那樣的指揮軍隊和艦隊的經驗和能力。他們今天一個政策，明天一個政策，結果卻是一個比一個更糟。一些不滿雅典的盟邦也趁機發動叛亂，轉而投靠斯巴達，雅典不得不分兵鎮壓。這樣，雅典雖有海上優勢，陸地上卻受制於斯巴達，戰爭成爲相持不下的局面。西元前四二一年，雅典在一個叫尼西亞斯的貴族領導下，和斯巴達簽訂了一個爲期五十年的停戰和約，雙方都同意放棄新近占領的領土，而只保留原來的屬地。

但是，由於和約並沒有解決引起戰爭的矛盾，和平僅僅維持了五年，戰爭又起。新戰事的起因，是雅典對西西里島的遠征。這次遠征充分暴露了雅典體制的缺陷和領導人的無能。遠征軍的指揮權被毫不負責地授於了亞西比德和尼西亞斯，亞西比德本要接受審判，公民大會決定讓他遠征回來再審判，但在遠征軍到達西西里後，卻又突然傳令他回來接受審判。亞西比德得知後，投奔了斯巴達。雅典公民大會出爾反爾的決定，使雅典的遠征剛開始就失去了一位指揮官，而使敵人得到一位極有價值的參謀人員。當雅典的龐大艦隊來到西西里的敘拉古時，又沒能乘敘拉古沒作好防禦準備之機，立即發動進攻，從而貽誤戰機。在敘拉古得到斯巴達的支援，遠征軍已無法攻陷該城時，雅典的領導人又不准遠征軍撤退，並派了一支新艦隊和一支龐大的陸軍去增援。由於指揮無方，得到增援的雅典軍隊還是一敗塗地，全軍覆沒，幾乎沒有生還者，有七千人做了俘虜。敘拉古人對俘虜極其殘酷，他們或把俘虜作爲奴隸賣掉，或趕進敘拉古的採石場當苦力，多數人就死在那裡。雅典的遠征就這樣悲慘地徹底失敗了（西元前四一三年）。這次失敗和西元前四三〇年的瘟疫一樣，對雅典的打擊是致命的，大量年輕人的被俘和戰死，使雅典陷入了人才匱乏的困境。

在雅典全力遠征西西里時，斯巴達乘機再次侵入阿提卡，雅典的農業地區全在敵人控制下，糧食只能靠進口。隨後，雅典又發生了數萬奴隸逃亡，工商業遭到嚴重打擊。在這樣的接二連三的打擊下，雅典幾乎瀕臨崩潰的邊沿。不滿的貴族卻找到了攻擊平民統治的藉口，並乘機發動政變，奪取政權，建立寡頭統治。爲時不久，民主派又以政變的方法推翻了貴族的統治。而這時雅典的敵人卻廣泛地聯合起來，曾經和雅典結成同盟共同反波斯的小亞細亞的希臘城邦和島嶼，現在又與斯巴達和波斯結盟，對抗雅典。歷史的發展眞是千變萬化，過去的敵人，現在卻成了千方百計乞求其支持的盟國，而過去的戰友，卻成了敵人。這是雅典的悲劇，是希臘城邦的悲劇，但這並不是斯巴達的成功，而是波斯人的成功，是波斯君主制對希臘城邦制的勝利。斯巴達人在波斯的幫助下，建立了海軍，雅典唯一可以依靠制勝的優勢也失去了。雅典雖仍有一支由一百八十艘戰船組成的艦隊，卻由於缺乏指揮人才，也由於雅典固有的民主習慣，而由一批人輪流指揮，每人一天。在這樣荒唐的安排下，這支艦隊的命運可想而知。西元前四○五年雅典艦隊被斯巴達人全殲。雅典沒有了海軍，失去了制海權，斷絕了糧食的供應，已無法再打下去了。西元前四○四年，雅典向斯巴達投降了。雅典的城牆和要塞被拆除，殘存的戰船交給斯巴達，放棄全部屬地，加入斯巴達聯盟。這樣，領導希臘人民打敗並趕走了波斯人，建立了古代最完善的城邦民主政體，創造了古代最美好、最高尚的生活，獲得了希臘世界的領導地位的雅典，仍無法避免徹底失敗和雅典帝國的滅亡結果。

希臘何處去

伯羅奔尼撒戰爭後，斯巴達成了希臘世界的霸主。但是，斯巴達的霸主地位的獲得，並不是它本身有什麼高於雅典的才能，而是由於雅典人犯了太多的錯誤，是由於它獲得了過去的敵人波斯的幫助。斯巴達除了以軍事力量著稱外，不論在經濟、政治上，還是在文化上，它都不能領導希臘。斯巴達雖打著把處於雅典「暴政」下的人民解救出來，還他們「自由」的旗號，而實際上卻幾乎在每個被它解救的地方都強制實行寡頭政治，並安排一個斯巴達統治者來維持秩序，以致許多希臘人寧願回到雅典的「暴政」時代。斯巴達人都是戰士，除了打仗，不知其他。他們過著節儉、艱苦的生活，從來沒有學會如何在海外行事。他們沒有能力也不想把全希臘聯合起來，雅典人沒有辦到的事，他們更辦不到。斯巴達人滿足於他們能在各城邦扶立一個個寡頭政府，滿足於他們能持強凌弱的霸主地位。這時的希臘各城邦完全沒有聯合的要求，它們只希望保持完全自治，斯巴達也是這樣。波斯人重新控制了小亞細亞的希臘各城邦，當然更希望希臘永遠處於分裂狀態中。

斯巴達的霸主地位沒有維持多久。它在雅典扶立的寡頭統治，不得人心，爲時不長，就被推翻了，恢復了民主政治。西元前三九五年，一些不滿斯巴達的專橫行爲的城邦結成聯盟，反抗斯巴達。史稱這場戰爭爲科林斯戰爭（西元前三九五年～西元前三八七年）。雅典人這時已有能力重新建立一支艦隊，並用這支艦隊去摧毀斯巴達的艦隊。西元前三八七年，交戰雙方在波斯人的干預下，以波斯國王的名義公布了一個停戰條約。對於希臘人來說，這樣獲得和平，是種恥辱。希臘人不僅自己無法解決自己的問題，要靠敵人來幫助，甚至把自己的同胞，小亞細亞的希臘城邦，拱手讓給了波斯人，而問題並沒有解決，希臘城邦名義上都有了完全的自治，斯巴達卻仍保持其霸主地位。

但是，斯巴達的霸權實際上已走到了終點。雅典開始復興，另一城邦底比斯正在崛起，希臘正在形成三強鼎立之勢。西元前三七八年，雅典又組織起一個新的聯盟，新的海上同盟，這說明，愛琴海諸國多麼需要一個中心，一個領導。當然，這個同盟不能和提洛同盟相提並論，但也足以和斯巴達對抗。

在這種情況下，斯巴達把所有的城邦召集到斯巴達，共商和平大計，企圖透過這樣的集會，最終把希臘聯合成一個國家。斯巴達希望未來的希臘國家由它說了算，但由於遭到底比斯的抵制，計劃落空。底比斯和斯巴達仍處於戰爭狀態。

底比斯之所以敢和斯巴達一戰，不僅是因爲底比斯推翻了寡頭統治，趕走了斯巴達人，建立了民主政體，而且底比斯人找到了在戰場上打敗斯巴達人的方法。斯巴達長期稱雄希臘，靠的是它令敵人喪膽的加強方隊。斯巴達的指揮官總是把方隊布置在右路，由於兵力集中，這個訓練有素的方隊往往能首先突破敵人的防線，長驅直入。底比斯的民主派領袖伊巴密濃達（Epaminondas）是個天才人物，未來的亞歷山大帝國的創立者亞歷山大小時候就曾受教於他，他深入研究了斯巴達人作戰時的布兵排陣，創造了一種嶄新而大膽的軍事戰術，這種戰術不僅可以抵禦而且可以重擊斯巴達方隊的進攻。伊巴密濃達的新戰術採用斜形陣勢，或稱楔形陣勢，它放棄了原來將一個戰鬥編隊的重甲步兵排列成縱向八人（騎兵和散兵安排在側翼）的陣勢，而把陣型的一翼和中間部分的人數減少，把另一翼的縱向人數增加到超常規的十五人。

西元前三七一年，伊巴密濃達率領這支新組織的軍隊，在中希臘的留克特拉城，以新的斜形陣勢大敗斯巴達軍。戰鬥開始時，底比斯軍隊的加強的一翼，也就是左翼，首先發動，猛攻斯巴達軍的右翼，打得敵人潰不成軍。斯巴達軍最強的右翼被打敗，其餘部隊便在底比斯軍隊的中路和右路軍的攻擊下，聞風而逃。戰鬥結束，斯巴達國王和過半的戰士戰死了。不可一世的常勝不敗的斯巴達陸軍被打敗了，斯巴達的顯赫聲譽也隨之一落千丈。隨後，伊巴密濃達率軍深入伯羅奔尼撒半島，給斯巴達更大的打擊。斯巴達的霸權全面崩潰，它的盟邦紛紛背離，久被征服的美塞尼亞宣布獨立，希洛人和沒落的公民也到處起義。從西元前四〇四年開始的長達三十多年的斯巴達統治結束了。

希臘的兩大領袖，雅典和斯巴達，互相競爭，都曾想努力把希臘團結起來組成一個國家，但它們的努力先後都失敗了。雅典是民主政體的典範，想把它的這種民主制推廣到全希臘，斯巴達實行寡頭政治，也想把它所愛好的政體強行加於全希臘，結果都是一場空。現在希臘又出現了一個新霸主——底比斯，它在伊巴密濃達的領導下，不僅打敗了斯巴達，而且建立了一支海軍，在海上和雅典爭雄，並取得了優勢。但是，底比斯是無法也無力完成雅典和斯巴達的未竟之業的，它的霸權就像曇花一現，很快就結束了，因爲底比斯的崛起，不是靠它的政治、經濟實力，而是靠伊巴密濃達個人的天才。西元前三六二年，伊巴密濃達在一次進攻斯巴達的戰鬥中戰死，底比斯的霸權也就隨著他的死去而煙消雲散了。

希臘人聯合成一個國家的努力徹底失敗了。

希臘人在政治、經濟和文化各個領域都取得了令人驚嘆的成就。政治上，他們創造了從君主制到民主制的各種政體，特別是城邦民主制，發展到頂峰；經濟上，達到了當時的最高水準，雅典成了地中海地區的工商業中心；文化上，他們，特別是雅典人，所取得的成就是無與倫比的，他們在藝術、建築、文學和思想等各方面都給人類留下了最寶貴的遺產。希臘文明不僅是獨一無二的，也是至高無上的。然而，這一文明已開始衰落，特別是其政治衰敗已是無可挽回的了。

世界各古文明幾乎都經歷過一個群雄並起、競相爭霸的歷史階段，中國的春秋戰國就是這樣的一個時期。但中國的群雄爭霸戰爭是兼併戰爭，最終的結果是大一統帝國的建立，而希臘的爭霸，雖也有把希臘聯合成一個國家的要求，卻除了激化各城邦之間和城邦內部階級、階層之間的矛盾外，沒有任何積極意義。希臘的爭霸是城邦的爭霸。城邦是由愛好城邦生活的人組成，城邦生活的理想境界是城邦的每一個公民都應該參與城邦的所有行動和事務，這只有在公民的人數不多的情況下才能辦到，因此，一般地說，城邦的公民集團是個封閉的集團，它拒絕其他城邦的人加入。雅典是最有可能把希臘聯合成一個國家的國家，卻又是一個最典型的實行民主制的城邦，雅典人把城邦看成是自己的，他們以自己親自參加國家管理而自豪。雅典要使每一公民都參與國家管理和使他們都有政治責任感，就不可能把公民權擴大到它的盟邦。雅典的公民權是只授與其父是雅典公民的人。這種情況並不是雅典特有的，而是希臘城邦的共同性，斯巴達比雅典有過之而無不及。不把公民權擴大到盟邦，就不可能把盟邦納入自己的國家中，而只能是盟邦，這也是爭霸不能成爲兼併的重要原因。後來羅馬人解決了這一問題。羅馬的公民權隨著領土的擴大而逐漸擴大，因此，羅馬透過不斷地兼併其他國家和地區而成爲疆域遼闊的帝國。但是，羅馬不是希臘，羅馬人沒有希臘人那樣的城邦觀念，沒有希臘人那樣深的對城邦的感情。對於羅馬人來說，只要城邦能保護他，參不參加城邦的日常政治活動無所謂；而對於希臘人來說，不參與是不行的，因爲那樣的生活不是一個眞正希臘人的生活。在中國古代這根本不是一個問題，因爲中國沒有公民權的問題，政治事務始終是少數特權者的事，老百姓根本無權過問。

對於希臘人來說，不幸的是，爭霸不能把希臘聯合或兼併成一個國家，卻又使希臘無法保持原樣。長期的爭霸戰爭使貧富兩極分化，出現了前所未有的大商人和大奴隸主，而許多公民則淪爲赤貧者，成爲無業的流浪者，甚至成爲乞丐。西元前五世紀末期，雅典的可自備裝備服兵役的公民已減少到只有五千人，公民軍的制度已無法維持，城邦也已無法保障公民的切身利益。社會矛盾激化，不少城邦都出現了貧民擊殺富人的暴動。同時，國家事務愈來愈複雜，如軍隊的指揮、外交等都必須由有專門才能的人充任，「輪番爲治」已無法繼續，伯里克利長期擔任將軍一職就是例證。工商業的發達，經濟的繁榮，也使「自給自足」的城邦特點被破壞，雅典的糧食就要靠進口，因此，它不得不保持一支強大的海軍來保障糧路的暢通。

國際環境這時也出現了新的情況，就像中國古代北方的「蠻族」時常威脅中原漢族一樣，被希臘人視爲「蠻族」的馬其頓人的國家日益強大起來，有南下吞併希臘之勢。

在這種情況下，希臘向何處去、希臘出路何在就成了擺在希臘人面前的一個急需解決的問題。實際上，這就是如何解決希臘所面臨的危機。仁者見仁，智者見智。不同的人提出了不同的答案。蘇格拉底，希臘最富智慧的天才的代表，是雅典民主制的嚴厲批評者，他認爲可以透過教育挽救雅典，成功的教育可以使人明辨善良與正義，因此，他主張國家應當由那些受過良好教育的、素質很高的人來淨化和管理。蘇格拉底看到了雅典民主制的缺陷，但他的由智者來管理國家的主張卻是行不通的，是種空想，同時，他的這一主張也和雅典人的傳統觀念大相逕庭。西元前三九九年，因他的不合時宜的言行和他的學生亞西比德（遠征西西里的統帥之一，後投靠斯巴達）和克里提亞（斯巴達扶持的寡頭統治集團的領袖）的罪行而被雅典法庭判處死刑。蘇格拉底的學生柏拉圖繼承和發展了他的政治主張，他認識到雅典的民主已無希望，但他卻認爲可以透過教育培養有智慧的人並讓這些人管理國家來改變這種狀況。他在雅典的阿卡德米園建立了自己的學院，集中精力於教學傳道。他寫了一本偉大的著作《理想國》。這本書所描述的他的理想之國是這樣的：智慧的人正直而正義地管理社會，他們不從事其他工作，手工工匠和奴隸從事所有卑下的勞動，工業和商業的產品爲他們在希臘城市裡過舒適和閒暇的生活提供了條件。柏拉圖卑視勞動，看不起勞動者，認爲統治術是「政治方面的技藝」，是所有技藝中最重要、最艱深的，誰掌握了這種技藝，誰就應當是統治者。他的這種觀點和中國孟子的「勞心者治人，勞力者治於人」的觀點如出一轍。他的理想國不過是一個自給自足、自我管理的城邦，這是一種要求回到過去的復古思想。在政治上，柏拉圖並沒有提出什麼新東西，而且，他的理想的城邦不是民主的，它是由智慧者管理的，是變相的君主制。他最推崇的國家是斯巴達，由賢哲統治，武士保衛，奴隸勞動生產。他看不出希臘所面臨的最嚴重問題是各國之間的關係，是如何聯合成一個國家來對抗外來的威脅。他和中國的老子一樣，迷戀過去那種「小國寡民」的生活，而看不見新的形勢、新的社會要求，因此，他的理想國只能是空想。

希臘最偉大的學者、柏拉圖的再傳弟子亞里士多德（西元前三八四～前三二二年）和正在崛起的馬其頓有很深的關係，他的父親是馬其頓國王的御醫，他自己後來也做了亞歷山大的老師，面對馬其頓日益嚴重的威脅，他沒有提出什麼辦法。他贊成君主制，這可能是因爲，在社會嚴重分化的情況下，不可能形成集體意志，君主制就成了最好的選擇。他也贊成奴隸制，認爲奴隸只是活的工具。他輕視婦女，認爲男人天生就比女人高一等，因此，男人治人而女人治於人。

從蘇格拉底到亞里士多德，他們在思想上、科學上的成就是無與倫比的，但卻沒有提出任何解決希臘危機的辦法。他們的思想沒有跳出城邦的局限性，他們所設想的理想國家都是小國寡民的。柏拉圖認爲，一個完善的城邦的人數應是在一千人～五千零四十人左右。亞里士多德也認爲城邦的人數不應太多，人數太多就無法彼此熟悉，就會在運用權威及執行司法兩方面都會造成惡果，因爲在人口過多的情況下，作出的決定是不公正的。

希臘人實在太驕傲了，在危機重重的情況下，他們仍不把外族人看在眼裡，仍然沒有認眞考慮聯合起來以便對付希臘世界以外的強國。但形勢的發展已不允許他們繼續這樣下去了。馬其頓的威脅很快就成了火燒眉毛，急不可待了。或被馬其頓兼併成爲它的附庸，或聯合起來進行抵抗，沒有第三條路。希臘人當時分成了兩派，一派竭力反對馬其頓的擴張，主張消除各城邦以及城邦內部的不和，維護獨立和自由。代表人物是雅典的政治家德摩斯梯尼。他宣稱：「雅典人從不向專橫無義的政權卑恭屈膝，以求安逸。……他們具有生而不得自由毋寧死去的精神。」他認爲，雅典人牢固於心底的原則是，人生來就屬於國家，因此寧願赴死，也不願看到自己的國家淪爲附庸。國家處於奴役的地位時他會感到所蒙受的侮辱與羞恥比死亡更難忍受。另一派是親馬其頓派，代表人物是另一位雅典人伊索克拉底。伊索克拉底是位雄辯家，他認爲，希臘各城邦的聯合乃是當務之急，主張雅典和斯巴達捐棄前嫌，共同領導希臘人對波斯作戰。他希望有某個強有力的人物出來建立穩固的社會秩序，馬其頓崛起後，他把希望寄託在馬其頓國王腓力二世的身上，西元前三四六年，他給腓力寫了一封信《致腓力書》，呼籲馬其頓國王在希臘人中建立和平和秩序，領導希臘人與波斯人作戰。他建議腓力摒棄王家傳統的分化陰謀，厚待希臘各邦，將馬其頓的權威施於非希臘的蠻族。伊索克拉底的觀點已超出了城邦的局限性，著眼於更大的世界，反映了一部分希臘人的要求，他們認爲，即使在腓力的統治下，和平和聯合總比連續不斷的戰爭好。面對強敵的威脅，竟出現兩種互相對立的觀點和主張，這在過去是沒有過的。在波斯人入侵時，他們曾聯合起來同心協力，共禦強敵。這種情況已一去不復返了。他們已無法團結起來一致對外了。當然，他們對馬其頓的態度和對波斯的不同，還因爲馬其頓人和他們關係密切，不僅馬其頓人自認是希臘人，希臘人雖看不起他們，把他們當作蠻族，其實和他們同族，又近在咫尺，相互的來往聯繫較多，希臘最大的、所有城邦都參加的體育運動會，奧林匹克運動會，也讓馬其頓人參加。因此，可以說，在某種程度上，希臘人，或者說有些希臘人，也把馬其頓人看作是希臘人。伊索克拉底就因爲把馬其頓人看成是希臘人，才會呼籲馬其頓國王腓力領導希臘人和波斯作戰。不過，由於馬其頓落後，又實行希臘人厭惡的君主制，大多數希臘人並不把他們當作希臘人。然而，時間已不容許希臘人去考慮了，沒等希臘人自己作出選擇，馬其頓人便把希臘人作了。

第二章 馬其頓的崛起

腓力二世登基

馬其頓興起之快是世界歷史上少有的，它從一個沒沒無聞的蠻族小邦成爲一個令人生畏的大國，只用了二十多年的時間。這一方面是由於希臘文明的培育，另一方面也是由於馬其頓出了個偉大人物，他就是腓力二世（Philip II）。沒有腓力二世就沒有馬其頓的強大，就不會有後來的亞歷山大帝國。有的史學家認爲，腓力二世是有史以來最偉大的君主之一。

馬其頓人原是多利安人的一支，大約在西元前一千年左右來到巴爾幹半島中部，並和當地的原居民混居。西元前七〇〇年，他們開始自稱馬其頓人。他們在國王佩爾迪卡斯一世及其後繼者的領導下，逐漸向東向南發展，並形成了一個西鄰阿爾巴尼亞山脈，東接羅多比山地，北靠歐亞山脈，東南濱臨愛琴海的君主制國家。西北是山地和丘陵，被稱爲上馬其頓，東南濱愛琴海的地區爲下馬其頓。由於雅典控制了沿海地區，馬其頓的力量還無法與雅典抗衡，只能先集中力量統一高地和平原，西元前四九五～前四五〇年當政的亞歷山大一世國王統一了整個下馬其頓。馬其頓人和希臘人的最初接觸，見於史書的就是在亞歷山大一世統治時。希羅多德在其《歷史》一書中，記述了希波戰爭中，亞歷山大一世曾不顧個人的安危，把波斯軍事情報偷偷地告知希臘人，他說，他爲希臘做了這樣一件不顧性命的事情是「因爲我本人的遠祖是希臘人，而我也絕不願意看見自由的希臘受到奴役。」

亞歷山大一世所說的他的遠祖，按照馬其頓人的說法，就是希臘神話傳說中的最偉大的英雄赫拉克勒斯。赫拉克勒斯是天神宙斯和底比斯王后阿爾克墨涅的兒子。馬其頓人把這樣一位英雄說成是自己的祖先，不僅表明他們是希臘人，而且說明他們有高貴的血統。

亞歷山大一世統治時，經濟有所發展，國內出現了地主式的貴族（「王之戰友」）和農民自由民，開始參與希臘事務，並派運動員參加全希臘最大的體育運動會——奧林匹克競技會。伯羅奔尼撒戰爭初期，馬其頓國王直接統治的地方還只有下馬其頓（沿海平原地區），上馬其頓（內陸山區）雖在名義上也屬於馬其頓，各部落卻都有自己的「王」。隨後，馬其頓和希臘的往來日益增多，受希臘文明的影響，逐漸文明起來。

西元前四一三～前三九九年，阿爾赫拉奧斯國王在位，實行軍事和幣制改革，加強了王權，促進了馬其頓的政治和經濟的發展，首都也從阿伊格遷到靠海更近的培拉。

在希臘各邦爭霸中，馬其頓受希臘各種勢力的左右，由於和雅典有沿岸土地的爭奪，它和底比斯較接近。同時，它還有後方「蠻族」和波斯的壓力。正當馬其頓逐步發展時，發生了一場不正常的權力轉移。西元前三六四年，老國王阿契拉宣布退位，並把國家一分為二，授權長子為下馬其頓國王，稱佩爾迪卡斯三世，次子為上馬其頓國王，稱阿明塔斯二世。有人說，阿契拉退位不是自願，而是被大兒子逼迫的，這當然不是空穴來風，佩爾迪卡斯對父親長期占據王位，早就心存不滿，害怕夜長夢多，而且佩爾迪卡斯還行為不檢點，和父王的愛妃偷情，引起阿契拉的憤怒，在這種情況下，發生宮廷政變是理所當然的。中國歷史上這樣的事就屢見不鮮。這是君主制的通病。無論如何，阿契拉的退位，使好不容易統一起來的馬其頓又重新陷入分裂中。

佩爾迪卡斯如願以償，成了下馬其頓國王。下馬其頓處於沿海平原地區，自然條件優越，佩爾迪卡斯運用靈活的外交手段，加強和希臘人的往來，贏得了發展的機會，逐漸強盛起來。這時，他把父親要他們兄弟友愛相處的囑咐已拋之腦後，想吞併弟弟統治的上馬其頓，重新實現統一。阿明塔斯治理的上馬其頓，盡是山地，閉塞落後，阿明塔斯本人又軟弱無能，爲了求得安寧，他把自己的小兒子腓力送到當時正稱霸希臘的底比斯去當人質，雖知他的哥哥要吞併他的國土，卻毫無對付之法。他的大將萊克爾在這困難之時，背主求榮，投靠了佩爾迪卡斯。在佩爾迪卡斯兵臨城下時，萊克爾打開了城門，結果，阿明塔斯二世作了俘虜，他的太子、腓力的哥哥逃到色雷斯。佩爾迪卡斯心滿意足，宣布新統一的馬其頓王國成立，首都設在奧林修斯的培拉。然而，馬其頓並沒有眞正統一，阿明塔斯的餘部仍在上馬其頓各地組織山地居民繼續反抗，下馬其頓的局勢也不穩定，外面還有伊利里亞人和卡俄尼亞人的不斷侵襲。馬其頓仍在動亂中。

這時，腓力，阿明塔斯的小兒子，未來的亞歷山大帝國的奠基者，還在底比斯當人質，對國內的變故一無所知。腓力雖貴爲王子，卻並不是王位繼承人，可能也不被父王寵愛，因此，十五歲就被送到異國他鄉當人質。但是，因禍得福，三年的人質生活對腓力的未來事業，對他後來成爲一個偉大的君主，起了不可低估的巨大作用。腓力當人質的三年，正是底比斯稱霸希臘的全盛時期。這給正處在學習的黃金時期的腓力提供了極好的學習環境和條件，對於一個來自山地國家的孩子來說，希臘文明的吸引力是不可抗拒的。當然，腓力接觸希臘文化不是從底比斯開始，馬其頓宮廷也已重視學習和培育希臘文化，但無可否認的是，就學習希臘文化而言，在底比斯和在馬其頓是不可同日而言的。更爲重要的是，腓力在底比斯有幸得到一位偉大人物的關愛和教導，這個人就是底比斯民主派的領袖、希臘最富天才的軍事家伊巴密濃達。伊巴密濃達在戰術上所作的革新，他的不同於傳統的希臘的排兵布陣方式，他的集中兵力打擊敵人最強一翼的戰略思想，爲腓力和他的兒子亞歷山大的一系列軍事勝利開闢了道路。腓力雖來自山區，卻十分聰明伶俐，又有強烈的好奇心和求知欲，因此得到伊巴密濃達的喜愛，讓他住在自己家裡，做自己的貼身護衛。有伊巴密濃達的關照和教導，腓力迅速成長起來，他不僅學到了許多希臘文化知識，了解和熟悉了希臘各城邦的情況以及它們之間的矛盾和鬥爭，而且學到了當時最先進的戰略戰術。三年人質生活讓他從一個山區小孩成長爲一個眼光遠大、滿腹韜略的人物。離開祖國三年了，底比斯並不是他久留之地，他時時刻刻都在想方設法回去，伊巴密濃達十分清楚腓力的心思，他理解他的這個特殊的護衛，並設法幫助他逃回馬其頓。

腓力匹馬單騎回到馬其頓，從鄉民口中得知，他的祖國正處於動亂中，上馬其頓已被下馬其頓呑併。這個消息對他的打擊太大了，他貴爲王子，卻突然無家可歸了。他的父母親的安全也令他擔心，驚慌不安中，又被鄉民懷疑爲奸細而遭到追打。無路可走時，被一隊士兵包圍，幸好領兵的指揮官認出了他是腓力王子，才解了圍。這是一隊上馬其頓的士兵，領兵的叫安提柯，是腓力的童年朋友。安提柯告訴他，他的父王阿明塔斯二世被擄到下馬其頓首都培拉，作了他伯父的階下囚，他的哥哥、王太子則逃到了色雷斯，他父王的手下大將萊克爾投靠了他伯父佩爾迪卡斯，安提柯的父親也因護衛他父親而犧牲了。當時，安提柯正在外執行任務，事變後，他召集了一些不願歸順下馬其頓的士兵，又招募了一些山民，組織了一支一百多人的隊伍，避開敵方軍隊，從北到南，深入下馬其頓腹地，探聽敵方的兵力布置情況，以便將來兵力壯大時，伺機進行攻擊，沒想到碰上了腓力王子。

腓力巧遇安提柯，好像是萬能的神靈在幫忙，激起了二人決心恢復上馬其頓的豪情壯志，年輕有爲的王子使安提柯和他的不到二百名士兵看到了希望，而腓力則從這支小小的隊伍看到了將來的千軍萬馬。

腓力這時雖只有十八歲，卻老謀深算，他知道，現在首先要做的最重要的事，就是要尋找一塊合適的地方，安營紮寨，建立根據地，以便招兵買馬，擴大隊伍，訓練新兵。經過幾天的跋涉，他們來到一處重山環繞的山谷地，這裡不僅風景優美，而且地勢險要，易守難攻，正是建立根據地的好地方。腓力大喜過望，決定在這裡建立大本營。這塊地方就是希臘北部的薩洛尼亞，腓力稱之爲「明珠」。腓力一面令人搭起簡易的住房、開荒種地；一面加緊訓練。同時，派人四下招兵買馬，聘請能工巧匠，打製武器。

腓力王子回到馬其頓的消息很快就傳遍了各地，引起了很大的震動，不少年輕人聞風而來，阿明塔斯國王的舊部也紛紛來投靠小主人，商人自願出錢爲腓力的隊伍購置武器，不到半年，腓力的隊伍就發展成一支有四千人的裝備精良、有騎兵、有重裝步兵、有輕裝步兵的兵種齊全的軍隊。一個過去既無任何功勞，又沒什麼影響的十八歲的年輕人，竟有如此大的號召力，原因就是因爲他是王子。這在希臘城邦是不可想像的，是絕不可能的。這就是城邦制度與君主制的區別，城邦制、特別是城邦民主制下的人民的愛國主義的最高境界，是爲國犧牲個人的生命，但這種犧牲卻不是爲某個個人，而是爲國、爲自由、爲民主。君主制下的愛國主義的最高境界，也是爲國犧牲個人生命，但這裡的爲國是和爲君主結合在一起的，忠君是君主制國家的最高道德要求。中國就是如此。馬其頓雖受希臘影響，君主制卻是東方的。從腓力的不同尋常的號召力來看，君主制是頗爲深入人心的。

腓力既是王子也是戰士，他用從伊巴密濃達那裡學來的先進的軍事知識訓練他的士兵，使他的士兵成爲一支騎兵、重裝步兵和輕裝步兵互相配合作戰的隊伍，他特別重視騎兵，這既是因爲山區人民善於騎射，更重要的是他看出了騎兵在未來戰爭中的重要作用，用騎兵衝鋒陷陣是腓力的創造，後來令人生畏的馬其頓方陣，這時可能在腓力的思想中已有了初步的構想。佩爾迪卡斯發現腓力招兵買馬、集聚力量的動向，他雖看不起腓力，認爲大局已定，毫無經驗的腓力帶領一些烏合之眾，成不了什麼氣候，卻仍然發兵去圍剿薩洛尼亞。面對即將來到的敵人大軍，腓力顯示了他的軍事家的謀略，他深知，敵我力量懸殊，不能和敵人正面硬拼。同時，也不能讓敵人知道自己的虛實。他沒有在薩洛尼亞等待敵軍的到來，只留下小部分部隊，由安提柯統率，負責守衛「明珠」，自己則親自率領大部分部隊南下開闢新的根據地。這樣既可吸引佩爾迪卡斯軍隊的注意力，解薩洛尼亞之危，又可壯大自己的力量。果然如腓力所料，腓力的軍隊的活動吸引了佩爾迪卡斯，他已無心去圍攻薩洛尼亞了。

腓力率兵翻山越嶺，一路南下，沿途不斷吸收新成員，壯大隊伍。這次，腓力選擇的新根據地，是在與色雷斯接壤的塞新尼替斯湖畔，這裡靠近愛琴海，西接希臘，東臨小亞細亞，水陸交通便利，氣候溫和，物產豐富。快到塞新尼替斯湖時，腓力的部隊已是一支萬人大軍了，而且，由於士兵大都是山地青年，個個剽悍敏捷，人人精於騎射，部隊的戰馬都是有名的色雷斯馬，矯健異常。這支萬人大軍，在腓力的訓練下，已是一支戰鬥力很強的隊伍了，其中有五千重裝兵、三千輕裝兵和二千騎兵，部隊士氣高昂，但毫無作戰經驗。因此，要用這樣的隊伍對付佩爾迪卡斯訓練有素、作戰經驗豐富的數萬軍隊還是十分困難的。臨近塞新尼替斯湖時，腓力格外小心。一路順利，沒有受到敵軍的阻擊，他害怕老奸巨滑的佩爾迪卡斯在搞什麼陰謀詭計。腓力沒有貿然進入湖區，而是在湖區外紮營，修築工事，以防不測，同時，派人到湖區探聽虛實。

腓力的擔心是正確的。第二天，佩爾迪卡斯的三十四萬大軍從四面八方壓過來，把腓力的軍隊團團圍住。面對強敵的圍攻，腓力雖是第一次指揮作戰，卻鎮定自若，從容布置，主帥的無畏精神感染了士兵，慌亂情緒一掃而空。腓力安排二千名射手在新修的工事中，準備隨時向敵人投擲標槍；二千名重裝步兵全副武裝，隨時向敵人衝殺；二千名輕裝步兵作好準備，隨時進行接應和援助；包括騎兵在內的剩下的二千人作為預備隊。

然而，敵人卻突然停止了進攻，而在腓力營寨周圍修建工事，安營紮寨，好像要不費一兵一卒困死腓力的軍隊。這是很厲害的一著。腓力看出形勢對他很不利，他一面嚴陣以待，一面安排幾個戰士作好突圍的準備，抓住機會衝出去，以腓力的名義向色雷斯或附近的其他城邦求援。

果然，佩爾迪卡斯是要不戰而屈腓力之兵，他派人給腓力送來了勸降信，被腓力一口拒絕。腓力決定主動出擊，打擊一下敵人的氣焰。黃昏時，腓力的重裝步兵像下山猛虎似的衝向敵陣，和敵人展開近身肉搏。由於腓力軍隊的攻擊迅速、突然而又凶猛，敵軍被打了個措手不及，傷亡慘重，但這樣的靠個人勇敢的拼殺，不能持久，腓力見目的達到，立即下令收兵。

第二天清晨，佩爾迪卡斯又派人送來勸降信。腓力趕走送信人，全副武裝，跨上戰馬，來到陣前，只見對方陣營裡也擁出一人，正是自己的伯父佩爾迪卡斯。仇人見面，分外眼紅，腓力舉槍就要向他投去，卻見他身旁又出現一人，繩捆索綁在馬上，嘴也被堵塞。腓力一見此人，大吃一驚，大叫：「父王」，舉起的手也放了下來。阿明塔斯看見自己的兒子，不能說話，老淚縱橫，徒然地在馬上掙扎。佩爾迪卡斯得意地揚聲大笑。三人本是一家人，如果是普通人，自然會和睦相處，不幸的是，他們是王家成員，爲了權力，只能在戰場上死命相搏。腓力明知，佩爾迪卡斯是用自己的父親來擾亂自己的神志，卻仍忍不住領兵衝向敵陣。這正中敵人之計，佩爾迪卡斯的數萬重裝步兵立即衝上阻擊。腓力見敵軍壓過來，立即清醒了，知道硬拼不是敵人對手，他一面拼命抵抗敵人的衝擊，一面命令騎兵隊長帕米尼歐率領建立不久的二千騎兵，從側面向敵軍發動進攻。佩爾迪卡斯沒有想到，腓力會有這樣一支訓練有素的騎兵隊伍，被打了個措手不及，不得不分兵抵抗。腓力隨即下令收兵，佩爾迪卡斯感到自己低估了腓力的兵力，也沒敢追擊。這一仗算打了個平手。

這一仗使雙方都感到對方不好對付。腓力深感自己的力量還太單薄，無法和敵人對抗。佩爾迪卡斯則覺得自己對腓力估計不足，沒想到腓力的這支剛集合起來的烏合之眾，如此勇猛善戰。不過，佩爾迪卡斯相信，只要堅持圍困下去，餓也會把敵人餓垮了。但是，一件意外的事破壞了他的如意算盤。在夜色的掩護下，一個被俘的腓力的士兵趁敵人看守不嚴，在佩爾迪卡斯的糧倉放火，大火沖天而起，軍營中一片混亂。腓力乘機率兵衝殺。佩爾迪卡斯不僅糧倉全部被大火燒毀，兵員也傷亡不少，不得不下令拔營撤退。這樣一來，腓力剛剛建立的軍隊才得以避免大的傷亡，保存下來。

但是，腓力派出去求援的人帶回來的卻都是壞消息。流亡到色雷斯的阿明塔斯王子害怕求援會引起色雷斯人的不快，影響他的清靜生活；伊庇魯斯國王答應出兵，但不是現在，而要耐心地等一段時間，因爲伊庇魯斯距培拉不遠，他害怕佩爾迪卡斯報復。求援不成堅定了腓力靠自己來挽救上馬其頓的決心。不過，也有一個好消息，駐守薩洛尼亞的安提柯派一隊士兵給他送來了糧餉。

腓力知道，他現在的首要任務還是積聚力量、擴大和訓練隊伍。他率領部隊在塞新尼替斯湖湖區駐紮下來，一面招兵買馬，一面加緊訓練。隊伍在不斷壯大，下馬其頓人和附近的色雷斯人紛紛來投奔，安提柯在北方也以腓力的名義擴大隊伍，並不斷把新兵送到湖區來，以便接受統一的正規訓練。經過兩年的努力，湖區的部隊人數已增加到四萬，加上駐守薩洛尼亞的隊伍，共有八萬人。根據地也不斷擴大，湖區西北方的培加城也被腓力控制。特別重要的是，腓力的士兵已不是單純靠個人的勇敢作戰，而是一支經嚴格訓練、軍紀嚴謹、兵種俱全（還沒有海軍）、能按當時最先進的方陣配合作戰的戰鬥力極強的部隊了。在腓力的力量日益壯大、蒸蒸日上之時，佩爾迪卡斯的勢力卻有江河日下之勢，由於他朝秦暮楚不守信義，希臘各城邦已沒有肯爲他出力的了，馬其頓人也心向腓力，而對他不懷好感，他已很不得人心了。他自己雖剛過五十歲，卻由於縱情酒色，也已身老力虛，感到力不從心了。現在，他對付腓力的唯一籌碼，就是腓力的父母在他手裡，他要利用這一籌碼來挽回不利的局面，逼腓力就範。他一改對腓力父母的態度，處處關心起他們來了，他想用這種辦法來軟化他們，並透過他們來勸誘腓力。他的這一手，對他的軟弱無能的兄弟阿明塔斯還眞起了作用，阿明塔斯眞有些樂不思蜀了，但對阿明塔斯的妻子、王后雷蒂毫無作用。雷蒂性格堅強，對腓力十分疼愛，知道佩爾迪卡斯要用他們夫妻來對付腓力，根本沒有什麼兄弟之情。佩爾迪卡斯還迷戀上了雷蒂的美色，心懷不軌，想一箭雙鵰，既要挾腓力，又霸占雷蒂。

一個新的陰謀在佩爾迪卡斯心中形成了。他要帶阿明塔斯夫婦去塞新替尼斯湖見他們的兒子。雷蒂想兒心切，想到不久就可見到心愛的已有五年沒見的兒子，十分高興，答應見面時會勸勸兒子。佩爾迪卡斯發此善心，一方面是想讓雷蒂去感化她兒子，另一方面是要在腓力不聽勸告時，乘機殺死他。後者是佩爾迪卡斯發兵塞新替尼斯湖的主要目的。他讓賣主求榮的上馬其頓降將萊克爾負責埋伏重兵，在必要時射殺腓力。

佩爾迪卡斯再一次率領大軍來到塞新替尼斯湖，並在湖區外紮下營盤，然後，把阿明塔斯夫婦請進了自己的大帳。第二天，他令人給腓力送去一信，告訴他，他的父母已來到湖區，他在軍中設宴，招待腓力和他的父母，腓力必須單身赴宴，不准帶衛兵。腓力雖知這是個圈套，卻因思母心切，而顧不了那麼多了，他讓人給佩爾迪卡斯傳話，他準備去，但只見父母，和佩爾迪卡斯無話可談。

爲了防止佩爾迪卡斯突然襲擊，腓力作了一些必要的安排，他派了一支隊伍到敵人的後面，在敵人有異動時，從後面發動攻擊，同時，令騎兵隊長帕米尼歐率領騎兵緊隨在自己身後不遠，隨時準備衝上去保護自己。雖然這樣安排並不能完全保證自己的安全，但爲了見到日夜思念的母親，腓力不得不冒險單身匹馬來到雙方營帳之間。萊克爾迎了上來，邀請腓力王子進營，說他的父母和佩爾迪卡斯正在大帳等候。腓力拒不進敵營，表示他不是來見佩爾迪卡斯的，他只想見自己的父母。萊克爾只好回去報告。不一會兒，萊克爾又出來了，後面還跟著兩輛華麗的車。萊克爾驅馬上前，指著身後的車輛說：「腓力王子，國王和你父母都來了，坐在前面車裡的就是你父母。」

腓力立即不顧一切向車奔去，還沒奔到跟前，就從車後聯珠般射過來一陣冷箭，帕米尼歐見勢不妙，立即衝上去救援，用自己的身體擋住了一些冷箭，但事情發生得太快、太突然了，腓力的胸口和腿上都中了箭，埋伏的敵兵一衝而上，帕米尼歐急忙把腓力抱上馬背，衝出了包圍。雷蒂見兒子中箭，跳下車撲向腓力，結果中箭身亡，阿明塔斯好像嚇昏了，竟坐在車裡，一動未動。

這一次，佩爾迪卡斯仍一無所獲。他的軍隊在帕米尼歐的騎兵和埋伏在他後面的腓力的輕裝步兵的攻擊下，並沒得到什麼便宜。他原以爲百無一失的計劃完全落空了，既沒活捉或殺死腓力，又失去了想霸占的雷蒂，打下去也不會有好結果，只好下令撤兵回培拉。

腓力箭傷雖無大礙，但心愛的母親的身亡，卻使他痛徹心骨，一病不起，在床上躺了兩個多月。病好後，腓力進一步加緊建設根據地和訓練部隊。他的心愛的謀士阿底曼圖斯這時提出來，要到雅典去求訪名師，學習天文地理。他在佩爾迪卡斯大軍來時，曾說腓力去見父母時，會颳大風，結果，沒有颳風，差一點誤事。他感到自己的知識不足，因此要求去學習，以便將來更好地爲腓力效力。腓力深知人才對他的事業的重要性，他不僅答應了阿底曼圖斯，而且派人四處發招賢告示，招納人才。到這一年的冬天，腓力已控制了馬其頓三分之一的地區，而且從東北山區到東南部的塞新尼替斯湖區連成了一片。但佩爾迪卡斯仍控制了馬其頓大部分地區，特別是重要的沿海地區，他雖累戰累敗，損失慘重，卻仍有數萬精兵，還有一支海軍，控制了沿海一帶。腓力要徹底打敗佩爾迪卡斯，就必須有一支海軍，才能切斷其海上交通線，奪取其首府培拉。

正在腓力苦於沒有海軍無法進一步發展之際，腓力在底比斯結交的生死之交尼阿丘斯，得知腓力已在馬其頓建立了根據地，擁有一支相當大的軍隊，估計腓力要取得最後勝利，非得海軍不可，爲了助老朋友一臂之力，他變賣了在小亞細亞做生意賺下的全部家產，在開俄斯島上用重金招募了五百多名水兵，建造了十多艘戰船，稍加訓練，就啓航向腓力根據地開來，到距斯特賴夢灣不遠的雷姆諾斯島時，尼阿丘斯決定在這裡駐紮一段時間，訓練休息一下，再繼續航行。

位於馬其頓和色雷斯沿海地區的斯特賴夢灣，曾一度由雅典控制，現在成了各種勢力都想奪取的兵家必爭之地。波斯、雅典、色雷斯、馬其頓的佩爾迪卡斯和腓力都十分垂涎這塊連接東西方的軍事要地，必欲得之而後快。這裡戰雲密布，有一觸即發之勢。

伊庇魯斯也想染指斯特賴夢灣。伊庇魯斯是一山國，西靠愛奧尼亞海，東南與希臘相連，東北與馬其頓和伊利里亞接壤，首都設在近海城市安布景喜阿。國王布多隆姆由於遭到北部山區部落的聯合反抗，很想和一個強大可靠的外部勢力結盟，統一全國，並向外發展。希臘各城邦內戰不斷，自顧不暇。下馬其頓的佩爾迪卡斯不講信義，又野心太大。只有馬其頓的腓力雖仍羽毛未豐，卻已是一股不可小看的勢力，而且腓力曾派人來伊庇魯斯求援，布多隆姆雖沒有答應出兵，卻也沒拒絕，因此，布多隆姆決定和腓力聯合。爲了向腓力表示自己的誠意，他決定出兵幫助腓力奪取下馬其頓北部重鎮、首都培拉的北邊的屏障美敦尼城，並派人通知腓力，請求腓力出兵援助，共同對付佩爾迪卡斯。

布隆多姆親自率領一萬大軍，離開安布景喜阿，向東北方向進發，繞過平都山再折向東，經十天跋涉，到達下馬其頓北部的奧林匹斯山。與此同時，色雷斯的奧德里西人的國王西塔爾西斯也率領大軍，前來攻打佩爾迪卡斯和歸附於佩爾迪卡斯的色雷斯的卡爾西斯人。西塔爾西斯向佩爾迪卡斯發出了最後通牒，要他放棄對卡爾西斯人的支持，否則，奧德里西人將立阿明塔斯王子爲馬其頓國王，並派兵支持他打回馬其頓。佩爾迪卡斯陷入了四面楚歌的境地，雅典已轉而支持色雷斯，腓力的勢力正在日益壯大，現在又有兩支大軍壓境。在這種情況下，心灰意冷、憂心忡忡的佩爾迪卡斯，叫來了兒子阿基拉斯，讓他繼承王位，率軍去抵抗各路敵人。但是，阿基拉斯並沒率兵出征，而是在培拉大搞登基慶賀活動。

腓力見到布隆多姆的信使後，十分高興，奪取美敦尼，是他求之不得的。只要攻下了美敦尼，培拉就唾手可得。腓力雖對布隆多姆的誠意還有所懷疑，但感到雖有風險，卻機不可失，毅然決定親自率領一支包括有重裝步兵、弓箭手、騎兵等兵種的大軍，前去援助布多隆姆。爲了不誤戰機，腓力率軍日夜兼程趕往美敦尼。

但是，腓力的軍隊還是來晚了一步。布多隆姆率領的軍隊已到達美敦尼附近的山谷多日，卻不見腓力的軍隊到來，也沒有腓力方面的消息，長此等下去，暴露了行蹤就危險了。因此，布多隆姆決定不等腓力，自己單獨攻城。

美敦尼地勢險要，背靠奧林匹斯山，東臨德密灣，修建了堅固的城牆，城牆四角有四個塔樓，環城還有深深的壕溝，壕溝裡被引進了海水。整座城市固若金湯。負責守城的是佩爾迪卡斯的心腹大將桑達西斯，在老國王退位後，他沒有把新國王阿基拉斯放在眼裡，在美敦尼爲所欲爲，自認爲美敦尼有一萬駐防大軍，城池堅固，萬無一失，因此，放鬆了警衛，城牆上的塔樓有時夜間竟空無一人。這給了布多隆姆可乘之機。

布多隆姆沒有在白天進行強攻，而是在夜晚偷襲。他的軍隊在夜色的掩護下，來到城西隱蔽起來，城內毫無動靜，塔樓裡也沒有發現站崗放哨的士兵。布多隆姆立即派一百多人帶著軟梯和繩索，悄悄地衝過去。他們利用軟梯爬過了城壕，接著又攀登上了城牆。城內仍然沒有動靜，進入城內的士兵很快就把西城門打開了。布多隆姆一見城門打開了，便帶領部隊越過壕溝，衝進城裡。這時，守城的士兵才被喊殺聲從睡夢中驚醒過來，不知發生了什麼事，赤身裸體，抱頭鼠竄，布多隆姆的軍隊輕易地就占領了城牆上的塔樓和西城門。但是，由於天黑，也不知敵人虛實，布多隆姆不敢深入城內。在布多隆姆集合隊伍時，桑達西斯便已組織好士兵反攻過來。布多隆姆見敵人人多勢大，便令一部分士兵堅守塔樓，自己帶領大部分部隊往西門撤退。誰知桑達西斯已派人在城外阻擊，封死了西城門的出路。布多隆姆知撤退無望，便令部隊堅守塔樓和西門城牆，雙方形成對峙局面。

但是，這種局面是暫時的，布多隆姆的軍隊被圍在城的一角，如果沒有及時的外援，是無法堅持下去的。

在這種危急關頭，布多隆姆的年方二十八的愛女奧林匹婭斯挺身而出，自告奮勇，帶兩名士兵衝出去求援。奧林匹婭斯和兩名士兵在夜色和滂沱大雨的掩護下，用軟梯滑下城牆，依靠幾根木頭，從壕溝裡游到海邊，找到了趕來的腓力的隊伍。

天亮後，桑達西斯不斷發動猛烈的進攻，布多隆姆一面利用居高臨下的地理優勢，身先士卒率軍堅守，一面用公主已衝出城，援兵很快就會到來來鼓舞士氣。戰鬥持續到第二天深夜，塔樓和西城門雖沒失守，但布多隆姆的士兵已傷亡過半，形勢萬分危急。這時，腓力的大軍趕到了，和布多隆姆會合後，讓布多隆姆用帶火的箭頭射擊城裡的房屋，使城裡大火瀰漫，人心恐慌；腓力自己則率領他訓練的重裝步兵和騎兵，以堅不可摧的方陣向敵軍衝擊。桑達西斯在腓力方陣的攻擊下，節節敗退，只有招架之功，毫無還手之力，軍心大亂，一些人放下武器，投降了，一些人逃跑了，桑達西斯也只好放棄美敦尼城，狼狽地率兵撤退了。

戰鬥結束後，腓力和布多隆姆進行了親切友好的會談，兩人除互表敬意和聯合的誠意外，還商討了重建美敦尼的計劃，他們決定先爲房屋被燒毀的居民蓋一些簡易房，並發放糧食。布多隆姆給腓力引見了他既機智勇敢又美麗動人的女兒奧林匹婭斯，腓力雖見過她，卻不知她是個女孩，現在一見，既爲她的美貌心動，也因她的勇敢而生敬佩之情。後來，這個伊庇魯斯國的公主成了馬其頓王國的王后、腓力的妻子、亞歷山大的母親。

腓力雖心儀奧林匹婭斯公主，卻無暇在這裡和她談情說愛，也沒有時間在這裡主持重建美敦尼和安撫這裡的居民，他必須趕往斯特賴夢灣，因爲那裡戰雲密布，戰爭一觸即發。腓力要盡一切能力，掌握戰爭的主動權。他留下了一萬五千名士兵，由自己的貼身侍衛率領，負責美敦尼的城防和建設，自己率領五千騎兵奔向斯特賴夢灣。

斯特賴夢灣的愛昂城曾是提洛同盟成員，現在是下馬其頓的重鎭，有五萬士兵駐守，但士兵成分複雜，除馬其頓人外，有來自希臘的雇傭軍，還有不少色雷斯的山民和沿海的卡爾西人，駐軍統帥是來自希臘的雇傭軍首領托力斯斐尼。托力斯斐尼十分清楚，各種勢力都在力圖搶先奪取愛昂城，以便控制斯特賴夢灣，若無外援，他是無力獨守孤城的。他先是向他的母邦雅典發出了求援信，後來又派人去培拉求援。去培拉的信使被腓力堵截了。雅典應托力斯斐尼的請求，派海軍將領泰蘇尼德率領一支由三十艘戰艦和一萬名重裝步兵組成的海軍，前來支援，但開到斯特賴夢灣，便停了下來。泰蘇尼德害怕孤軍深入，會遭不測。因爲色雷斯國王西塔爾西斯以保護他的同胞卡爾西斯人爲名，率領八萬大軍，已搶先占領了塞新尼替斯湖東南的入海口安菲玻里。腓力則兵分兩路，一路由帕米尼歐率領，有二萬名騎兵和輕裝步兵，從塞新尼替斯湖西南的培加城出發，大搖大擺地直奔斯特賴夢河。這是腓力的疑兵，用以迷惑敵人，掩蓋自己的眞正實力。另一路由腓力親自率領。他從美敦尼率五千騎兵趕來時，占領了博爾布湖波密斯卡和奧隆等地，隨後，他在波密斯卡聚集了一支有三萬名士兵的軍隊，其中包括二萬名重裝步兵、不多的騎兵和剛剛建立起來的五千名海軍。腓力的計劃是，以帕米尼歐的軍隊吸引敵人注意力，等待時機，上下夾攻，奪取愛昂城。

然而，百密必有一疏，腓力剛建立的海軍被雅典人發現了，泰蘇尼德未費吹灰之力就把腓力的這支艦隊摧毀了，大部分士兵不是被俘，就是被亂箭射死，沒被擊毀的十多艘滿載給養的船隻，被雅典的大型戰船作爲戰利品帶走了。這是腓力帶兵以來遭受的第一次沉重打擊，眼看著自己辛辛苦苦建立起來的海軍，就這樣毀於一旦，腓力十分痛心，同時，也深感雅典海軍力量的強大。沒有海軍，就無法接近愛昂城，腓力爲此非常苦惱，想不出對策。

就在腓力的海軍被雅典人殲滅之時，色雷斯國王西塔爾西斯開始攻打愛昂城。他想搶先攻占愛昂城，然後扶立正在自己營中的阿明塔斯王子爲馬其頓的國王，自己就可名正言順地控制馬其頓。他認爲，愛昂城只有五萬守軍，而且成分複雜，還有不少自己的同胞在內，說不定自己攻城時，他們還可能倒戈，做自己的內應，自己以八萬大軍，攻打這樣一個城市，還不是手到擒來，易如反掌。但是，完全出乎他意料，他的色雷斯戰士的一次又一次凶猛的進攻，卻一次又一次地被托力斯斐尼打退。托力斯斐尼是個老奸巨猾、經驗豐富的統帥，並不是那麼不堪一擊的。第二天，濃霧遮天蔽日，托力斯斐尼心生一計，派出一支隊伍，佯裝是城內的色雷斯人，來投靠西塔爾西斯。色雷斯戰士信以爲眞，撲上前去迎接，卻被迎面而來的飛箭射中，紛紛倒地，軍隊亂成一團。隨後，當一批眞的對托力斯斐尼有異心的色雷斯人來投奔時，卻被色雷斯戰士殺得片甲不存。色雷斯人發現殺錯了時，已是屍體遍野了。這使色雷斯人的士氣受到極大的打擊，西塔爾西斯氣急敗壞，後悔自己太低估敵人了，自己太冒失了。

這時，腓力的三萬大軍也利用濃霧的掩護，來到了斯特賴夢河河口，愛昂城就在對岸，但由於腓力的船隻大都被雅典人毀掉了，只有幾隻小船，很難一下子把腓力的軍隊渡過河去。正在爲難之際，腓力的老朋友尼阿丘斯率領他的不大的艦隊，也跟蹤到了這裡。腓力又多了一位好助手，又有了一支海軍，一批戰船。腓力來不及和老友敘談離別之情，抓緊時間利用這天賜的船隊運兵過河。有了這支船隊，一切順利，不一會兒，腓力的大軍就全都過河，集中到了愛昂城下。

城中對托力斯斐尼不滿的色雷斯人，見有機可乘，放火燒了糧倉，破壞了軍械庫。腓力見城中火起，立即下令攻城。同時，派人通知帕米尼歐，讓他採取行動，吸引西塔爾西斯的注意力，牽制他的兵力。正當腓力的士兵爭先恐後、冒死向城牆上攀登時，托力斯斐尼一面指揮軍隊拼死抵抗，一面令人開閘放水。這是托力斯斐尼救命的一招，也是腓力沒有預見到的一招。原來，愛昂城的壕溝又深又寬，海水引入多少可由閘門調節。閘門一打開，滔滔海水洶湧而來，頃刻間，愛昂城成了海水四面環繞的孤島，攻城的士兵都陷於齊腰深的大水中，爬上城牆的士兵紛紛中箭落水。腓力和尼阿丘斯急忙用船隻和戰馬把士兵轉移到地勢較高的山坡上，人和馬都累得筋疲力盡。幸好托力斯斐尼忙於撲滅城內大火，無法抽出兵力來反攻，否則，腓力的損失可就大了。但是，腓力卻並沒因這一挫折而削弱攻城的決心，他知道，不能給敵人喘息機會，必須一鼓作氣才能攻占這座城市。因此，在城內士兵剛撲滅大火、人困馬乏、夜深人靜、正在休息之際，腓力果斷地派一隊輕裝步兵再次出擊，由於敵人疏於防範，這隊士兵順利地攀登上了城牆，打開了西城門，腓力大軍隨即一湧而入，順利地占領了城垛，控制了西門。這時，托力斯斐尼正在東門和西塔爾西斯的大軍展開激戰。原來，愛昂城被困多日，糧倉又被燒毀，給養斷絕，一些士兵靠夜色的掩護，從東門出來搶糧，碰到正來攻城的西塔爾西斯大軍，被殺得落荒而逃，只有一小部分逃回了城，西塔爾西斯一直追到東門，開始從這裡攻城。托力斯斐尼陷入腹背受敵的境地，他知道，以他現在的力量無法再支持下去了，母邦雅典派來的援軍至今不見蹤影，培拉方面毫無消息，再打下去，只有死路一條，唯一的出路就是投降。投降誰呢？當然不能投降色雷斯人，腓力是馬其頓王子，年輕有爲，向腓力投降是最好的選擇。托力斯斐尼在得到部下將領的同意後，率領三萬多人的殘部，來到西門，投降了腓力。

這時，西塔爾西斯已攻占了東門，腓力立即和托力斯斐尼率部趕往東門堵擊，雙方在這裡形成了對峙局面。腓力不願在城內混戰，造成居民生命財產的重大損失，而西塔爾西斯則是因他的大部隊還在城外，對腓力和托力斯斐尼的兵力也心存畏懼。正在腓力考慮下一步如何行動時，西塔爾西斯把隨軍帶來的阿明塔斯王太子推到陣前，讓他勸腓力退兵，放棄愛昂城，交換條件是把王位讓給腓力。腓力看著自己軟弱無能的哥哥，又心痛又惱恨，想到自己剛開始的事業，便堅決地回答說：「哥哥，你爲什麼這樣軟弱，聽西塔爾西斯擺布。我不但要奪取愛昂，還要奪取培拉。」西塔爾西斯急忙站出來威脅說：「你不要你哥哥的命了？他是死是活，就看你一句話。」腓力氣得說不出話來。他也無話可說，因爲他既不願自己的哥哥死在自己的面前，也不能放棄愛昂城。阿明塔斯見腓力不語，知道弟弟不會屈服，轉身拔出了西塔爾西斯的寶劍，自刎而死。腓力想不到軟弱的哥哥會有如此剛烈的行動，悲痛欲絕，放聲痛哭。西塔爾西斯也沒料到阿明塔斯會有這樣一招，自己在他身上所做的一切全都白費了。

惱怒中，西塔爾西斯不顧一切地下令進攻。腓力忍住悲痛，組織反擊。由於敵人的主要兵力還在城外，腓力採納了托力斯斐尼的建議，開閘放水，西塔爾西斯在城外正集結待命的部隊，突然陷入齊腰深的大水中，亂作一團，城門上的士兵看見城外的情況，也軍心大亂，無心作戰。西塔爾西斯見大勢不妙，只好下令撤退。

在西塔爾西斯撤退時，腓力一面在後緊追不捨，一面令人通知帕米尼歐在前面堵截。在腓力方陣軍的攻擊下，西塔爾西斯的軍隊被打得潰不成軍，八萬大軍只有四萬人逃回了色雷斯。

其實，腓力並沒有對西塔爾西斯窮追猛打，而是聽任他逃回去，因爲腓力的目的只是把他趕回色雷斯，不讓他干涉馬其頓的事務。腓力現在要集中力量對付下馬其頓國王阿基拉斯，奪取培拉城，統一馬其頓。

爲了早日完成統一大業，腓力把他的大本營從培加搬到了愛昂，並把各路大軍都調集到這裡，進行冬訓，同時，讓尼阿丘斯負責建設海軍，不惜用重金建造大型戰船，並在沿海地區招募海軍士兵。他深知海軍的重要，只有擁有一支強大的海軍，才能有更大的發展。強大的雅典海軍殲滅自己的海軍的一幕給他留下的印象太深刻了。

一切都準備好了，腓力決定打破慣例，在冬季攻打培拉城，以便盡快地統一馬其頓。

下馬其頓國王阿基拉斯登基以來，除了享樂外，沒有爲危急中的國家做任何事，在腓力大軍兵臨城下時，他既無力抵抗，也不願棄城逃亡。他過慣了花天酒地的生活，寄人籬下的生活是無法忍受的。於是，他向臣民發表了他的第一次也是最後一次講話，他讓臣下打開城門，去投奔新主人。眾人紛紛離開他，去打開城門，迎接腓力進城。只有一位侍奉了他父子兩代國王的老僕人站在他身邊，這個老僕悲傷地看著這個不爭氣的主人，拔出匕首，刺入了他的喉管，然後自刎而死。

培拉城就這樣不戰而下了，馬其頓也沒有可與腓力爭奪王位的人了，阿明塔斯王子死了，阿基拉斯現在也死了，腓力成了無可爭議的唯一王位繼承人。這裡顯示了世襲君主制的一個特點，人民習慣於在君主後裔統治下生活，因此只要是君主後裔，保持政權是比較容易的，不是君主後裔的人是很難篡位的。

馬其頓統一了，腓力成爲新的馬其頓國王已是眾望所歸、理所當然的了。西元前三五九年，二十三歲的腓力正式登基爲王，稱腓力二世，首都設在下馬其頓的培拉。腓力雖是上馬其頓人，但他的目光早就超出了上馬其頓，甚至超出了馬其頓，因此，他沒有把首都設在他的落後閉塞的故鄉上馬其頓。登基大典十分隆重，有許多國家的使節和王公貴族應邀參加，其中有小亞細亞城邦伊薩斯、特洛耶、開俄斯島、以弗所、米利都等的代表，有來自希臘城邦凱洛尼亞、特斯匹伊、西息溫、科林斯和麥加拉的貴賓，還有來自馬其頓鄰國色雷斯、伊利里亞、伊庇魯斯、色薩利的客人，甚至波斯帝國也派來了祝賀的使節。腓力手下的敗將色雷斯南部的國王西塔爾西斯，也派人送來了賀禮——一百匹色雷斯良種馬。培拉城賓客雲集，熱鬧非凡，舉行典禮的廣場上，坐無虛席，秩序井然。培拉城萬人空巷，齊集廣場，參加這一空前盛典，目睹一下他們的國王腓力二世的風采。

這是一次國際性盛會，來賓數量之多和其代表的國家的廣泛都是空前的，顯示了新的馬其頓國家的不可忽視的地位和影響。但也有一些國家拒絕參加，希臘的最主要的國家雅典、斯巴達和底比斯就沒派人來。這種不友好態度，是這些國家輕視或仇視馬其頓的反映。它們仍抱著過去的觀點，認爲馬其頓是蠻夷之邦，不願意它強大起來。

它們將爲此付出慘重的代價，腓力是不會忘記他所受到的輕視的。

馬其頓的強大

腓力登基爲王時，馬其頓還不是個強國，它的西北邊境還受到野蠻的伊利里亞部落的威脅，它也還沒有一支像樣的海軍，海上的通道完全控制在雅典人的手中。爲了討好雅典，它甚至把安菲波利斯割讓給了雅典。在希臘人眼中，它仍然是個落後野蠻的國家，這也是雅典等國家拒絕參加腓力登基大典的一個重要原因。

但是，希臘人低估了馬其頓，低估了腓力，低估了一個世襲君主國的臣民在一個雄心勃勃的傑出的國王領導下，所擁有的能量。

韋爾斯認爲腓力「是個有雄才大略的人物，他的思想境界大大超過了他的時代的範圍」。韋爾斯是對的。我們所要說的是，腓力的成功是特殊環境的產物。腓力出身於國王家，是個王子，這是他成功的前提條件，如果他不是王子，無論他有多大的能耐，他都不可能有那麼大的凝聚力和號召力，不可能成爲國王，最多成爲一個統帥、一個軍師、一個諸葛亮式的人物。他的坎坷遭遇和他所受希臘文化的影響是他成功的基礎。個人的成功是和個人的才能分不開的，而個人的才能又是和他所受的教育密切相連的。腓力年幼時就被送到異國他鄉當人質，一個受父母疼愛的小孩，一個日夜被奴僕侍奉的小王子，突然遠離父母，成爲被人輕視的、失去人身自由的下人，成爲別人的侍從，所受的打擊是可怕的，心靈的創傷是常人難以忍受的。但就是這一人生的重大轉折才造就了腓力這樣一個人，這不僅因爲，做人質的這段生活鍛鍊了他的意志，使他成爲一個堅忍不拔、發憤向上的人，而且因爲在底比斯有更好的學習希臘文明的條件和環境，這對一個山區來的孩子來說，是非常難得的。更爲重要的是，他在底比斯遇到了一個偉大人物、一個好導師伊巴密濃達。在某種程度上，可以說，腓力是伊巴密濃達戰術思想的繼承者。中國也有一個從人質到國王的偉大人物，這個人就是秦始皇。不同的是，秦始皇一出生就是人質，因爲他父親是人質。秦始皇也有個好老師——呂不韋，沒有呂不韋就不會有秦始皇。這說明，艱苦的環境對人的成長有極其重要的作用。腓力在底比斯的經歷，使他既有馬其頓人的豪放，又有希臘人的機智，既有王家子弟的氣質，又有普通平民的意識。從底比斯逃回馬其頓的意外遭遇和變故，幾乎又一次使他陷入絕境，但同時又給了他一個機遇。他不得不走上一條武裝復國的道路。正是在他從一個無家可歸的落魄王子到馬其頓國王的傳奇經歷中，在艱苦卓絕的大小戰役的錘鍊下，在發動和爭取國人的支持中，在處理和外邦的複雜的關係中，逐漸成爲一位傑出的軍事統帥，一位眼光遠大、足智多謀的政治家。

當然，腓力的最初目的，只是爲報家破國亡之仇，只是爲恢復上馬其頓國家。但是，隨著時間的推移，他的力量越來越大，他的欲望也越來越大。從他統一馬其頓開始，從他登基成了腓力二世國王開始，他的目的就不僅僅是當馬其頓的統治者，他要當巴爾幹半島的統治者，甚至要征服波斯，建立大帝國，做世界的統治者。他有幾個希臘城邦沒有的優越條件，其中最重要的一條是，他是一個世襲君主國的國王，這使他擁有巨大的控制一切的權力和絕對的行動自由，正如他的希臘對手德摩斯梯尼在他死後所評價的：「首先，他對他的部下是至高無上的指揮官，這對於取得戰爭的勝利是至關重要的；其次，他可以隨意支配無數金錢而不必經過任何討論或公布，任何反對意見都無濟於事。他實行絕對的專制而不對任何人負責，任何人都要服從他。」君主制戰勝並最終取代民主制，這是個很重要的原因。作爲一個偉大的民主鬥士的德摩斯梯尼十分無奈地說：「而我作爲他的對手，究竟有多少特權呢？根本沒有！」馬其頓還有充足的人力資源並發現了一個金礦，這也是腓力實現他的理想必不可少的條件，只有人力資源充足，腓力才能組織起一支職業大軍，專門從事征戰，而不必讓士兵回去種田放牧。金礦的發現則可解決經費的困難。還有一個非常有利的外部條件，馬其頓興起時，周圍沒有十分強大的力量。希臘被爭霸戰爭搞得筋疲力盡、四分五裂。波斯從希波戰爭後就衰落了，一直沒恢復過來。

但是，僅有實現理想的條件是不夠的，如果沒有腓力本人的過人才能和不知疲倦的努力，他的理想仍是無法實現的。腓力在統一馬其頓後，爲實現他的理想，在軍事、行政和財政等方面進行了一系列重大改革。他首先進行了行政改革。原來馬其頓除國王外，還有貴族會議和公民大會，經過改革，雖仍保留了這兩個組織，卻成了有名無實的點綴，成爲國王手中沒什麼權力的工具。貴族的權力被削弱了，王權進一步加強了。這只有在馬其頓這樣的，剛從野蠻狀態邁進文明社會的世襲君主國才能辦到。然後，他進行了財政改革。他針對當時希臘各邦用銀幣和波斯用金幣的情況，採用金銀複本位制。鑄金幣與銀幣並用，規定了金銀幣的兌換率。實行金銀複本位，有利於與希臘、波斯之間的貿易和商業競爭。幣制改革後，又進行了金銀礦的開發，並發展傳統的林業和農業，滿足了軍隊對資金、裝備和各種物資的需要。同時，進行了軍事改革，建立常備兵制，組織起一支由職業戰士組成的永久性軍隊，這支軍隊由重裝騎兵（由貴族組成）、重裝步兵（由農民組成）和輕裝步兵組成，並在底比斯方陣的基礎上，在總結過去的作戰經驗上，創造了馬其頓方陣。這種方陣由重裝步兵組成，比希臘方陣更縱深、更龐大，士兵用的矛更長，方陣的兩翼有輕裝步兵和騎兵配合、掩護。這種方陣把步兵和騎兵完整地結合在一起，成爲一個運動和作戰都互相配合、整齊劃一的整體，就像一臺不可抵抗的機器，重裝步兵、輕裝步兵和騎兵都是它的必不可缺的組成部分。騎兵的作用被發揮到空前的地步，這一方面是由於馬其頓人喜愛騎馬，貴族習慣於在馬背上作戰，另一方面是由於騎兵有步兵達不到的機動靈活性，騎兵縱隊的衝擊力幾乎是不可阻擋的。腓力的軍事改革不僅使馬其頓擁有當時最強大的武裝力量，而且把作戰藝術提高到一個新的階段。

經過這一系列改革，馬其頓的國力極大地增強了，和希臘各邦不同的是，它的一切財力、物力，它的全部軍事力量，都是處於國王腓力二世一人控制下，因此，它的強大就更可怕、更具威脅性。它的各鄰邦都憂心忡忡，不知腓力的下一步行動會不會損害自己國家的利益和安全。馬其頓已不是被人輕視的蠻夷小國，而是令人畏懼的強國了。

腓力雖把權力都集中在自己手中，卻也給他的幾個得力助手一定的權力，讓他們充分發揮自己的才能，盡力爲他工作。他們中最重要的有安提柯、尼阿丘斯、阿底曼圖斯、帕米尼歐和托力斯斐尼。安提柯是他兒時的夥伴、起兵時的得力助手和軍需官，現在成了他的財政總監，尼阿丘斯是希臘人，是他在底比斯結交的生死朋友，現在是他的侍衛長，阿底曼圖斯是占卜師，是他的軍師，帕米尼歐是先王時代的老臣，是他的陸軍大將，托力斯斐尼是雅典人，是愛昂城的降將，是位經驗豐富的將才。這些人都是難得的人才，特別重要的是他們對腓力都非常忠誠。正是有了他們的鼎力合作，腓力控制的這架國家機器，才能有效地運轉。

腓力進行改革的目的不只是使國家富強，而是稱霸世界，他建立強大的軍隊，也不只是爲了保家衛國。單純的保家衛國是用不著馬其頓這樣龐大的軍隊的，腓力是要用這支軍隊去進行擴張，去打敗不可一世的希臘，進而打敗波斯，做世界的主人。

腓力的對外擴張從鞏固北方的邊界開始。西元前三五八年，腓力派帕米尼歐率領以騎兵爲主的二萬人北征培奧尼亞，利用培奧尼亞人與伊利里亞人爭奪王位的機會，以重金收買培奧尼亞人，然後集中兵力進攻伊利里亞人，大敗自立爲王的伊利里亞人阿爾高斯，俘虜了許多戰俘，其中有一些是雅典人。爲了麻痹雅典人，腓力無條件地釋放了全部雅典籍戰俘。這樣，腓力二世第一次出兵就輕而易舉地解決了北部邊界的威脅，鞏固了後方，爲南下征服希臘解除了後顧之憂。

西元前三五七年，腓力與伊庇魯斯的莫洛西亞人公主、年僅十六歲的奧林匹婭斯結婚。奧林匹婭斯在美敦尼一戰中的出色表現，曾使腓力十分驚奇，她的美貌也使腓力心動，奧林匹婭斯肯定也對腓力這位年輕有爲的國王非常仰慕。兩人的結合有互相愛戀的因素，但王家的婚姻向來以達到一定的政治目的爲主，腓力的婚姻也不例外。在一定程度上，這次婚姻也是一次政治結盟，馬其頓的西部邊界得到鞏固。不過，腓力的這一婚姻對他產生了他沒有預料到的巨大影響，這不僅是因爲奧林匹婭斯爲他生了個接班人亞歷山大，而且因爲這次婚姻的隱患成爲後來家庭不和和腓力英年早逝的重要原因。奧林匹婭斯性格剛毅，有很大的控制欲和權力欲。作爲王后，她雖不能要求腓力不接觸其他女人，卻希望腓力能萬千寵愛集於自己一身，奧林匹婭斯甚至想干預政務、控制腓力；而腓力也是個性格剛毅的人，他當然不會受妻子支配，而且，腓力所深愛的人並不是奧林匹婭斯，而是在底比斯一見鍾情的一個商人的女兒杜波菲婭，雖很長時間沒見了，卻仍時刻都放在心上。也許因爲杜波菲婭是腓力困難中的初戀情人，在腓力的心目中，她是完美的化身，美如天仙而又氣質高雅、儀態端莊。不過，那僅僅是一個少年的暗戀，腓力並沒有向杜波菲婭表白，這麼多年了，說不定杜波菲婭已嫁人了。但是，好像是老天有意要使腓力的婚姻出現問題，有一天，腓力竟意外地遇見了杜波菲婭的父親。腓力眞是喜出望外，急不可耐地向老人詢問杜波菲婭的情況。原來老人的妻子已死，爲了不使女兒受委屈，老人一直未另娶，同時給女兒請了當時希臘最有文化的詩人、哲學家做她的老師。由於杜波菲婭才貌出眾，求婚的官宦子弟絡繹不絕，但她心高氣傲，對那些不學無術的紈袴子弟根本就不屑一顧，結果得罪了很多在當地有權勢地位的人，生意無法做了，也住不下去了，父女倆只好離開底比斯，移居小亞細亞。由於擔驚受怕和旅途勞累，弱不禁風的杜波菲婭病了，而船上又缺醫少藥，沒有得到及時的治療。船隊在海上漂泊了一個多月，才到達小亞，杜波菲婭竟病得雙腿癱瘓，再也站不起來了。腓力聽得心如刀割，忙問姑娘現在哪裡，老人說，他這次是從小亞細亞米利都到這裡來做生意，害怕杜波菲婭一人留在家裡寂寞，所以把她帶在船上。腓力立即要老人帶他去見杜波菲婭，坦率地告訴老人他對姑娘的鍾情，他一定要找最好的醫生治好她的病。腓力的眞情表白感動了老人，老人十分高興地把女兒託付給他。腓力的眞情也贏得了杜波菲婭的愛。腓力在美敦尼城海邊給杜波菲婭造了一座別墅，經常一整天都待在她身邊，對她關懷備至。杜波菲婭是個才女，有很高的希臘文化修養，腓力也酷愛希臘文化，兩人在一起討論詩歌、哲學問題，有說不完的情話，使腓力感到這是一種前所未有的享受，是一種和奧林匹婭斯在一起得不到的享受。腓力對杜波菲婭的寵愛，引來了奧林匹婭斯的嫉妒，給她和腓力的關係留下了不和的隱患。

腓力鞏固了北部和西部的邊界後，現在他要集中力量對付希臘了。馬其頓的力量本來還不足以和整個希臘對抗，但如一盤散沙的希臘各城邦已無法聯合起來，這給了腓力以各個擊破的可乘之機。腓力親自率領四萬大軍南下進攻希臘的屬地卡爾息狄斯半島，藉口是腓力統一馬其頓時，卡爾息狄斯半島曾出兵反對腓力。卡爾息狄斯半島上的安菲波利斯是個戰略要地，是進入著名的潘高斯山金礦區的門戶，是馬其頓南下必取之地，原是雅典的殖民地，伯羅奔尼撒戰爭時被斯巴達奪取，後又被佩爾迪卡斯占領，但雅典一直沒有放棄對它的主權要求。腓力在自己力量還不夠強大和要集中力量鞏固北部邊界時，曾爲了安撫雅典人，故意表示放棄對安菲波利斯的主權要求，並與雅典人簽定了一個秘密協定：雅典不干涉馬其頓攻占獨立的皮德那城，馬其頓爲雅典奪取安菲波利斯城。這是腓力的欲擒故縱、先予後取之計。

腓力果然在奪取安菲波利斯後，又把它移交給雅典，但腓力在城中扶植起一股親馬其頓勢力。現在是重新奪取安菲波利斯的時候了。腓力兵臨城下時，希臘沒有任何城邦派兵支援，安菲波利斯人民雖進行了英勇的抵抗，腓力仍在城內親馬其頓勢力的配合下，很快就攻陷了該城。隨後，馬其頓大軍又進而攻占了皮德那和波提狄亞。爲了不把阿林提亞人推到雅典一邊，腓力又把波提狄亞移交給他們。就這樣，腓力用強大的武力和靈活的外交，把希臘北部、色雷斯沿海地區和卡爾息狄斯半島西南部的狹長地帶，牢牢地控制在自己手中。

希臘的霸主

馬其頓的強大和它的對外擴張，在鄰國引起了一片驚慌，雅典組織了一個反馬其頓同盟，但這個同盟毫無作用，雅典雖有一支強大的海軍，卻動不了馬其頓陸軍的一根毫毛，甚至無法使自己的盟國免遭腓力的攻擊，安菲波利斯的陷落就是例子。

馬其頓大軍進入卡爾息狄斯半島，雖在希臘引起軒然大波，議論紛紛，卻沒有哪個城邦有具體的行動，一盤散沙的希臘已沒有對付馬其頓之策。中部希臘在馬其頓大軍節節南下時，仍在內部紛爭不已，根本無暇顧及馬其頓的威脅。

這時，在中希臘開始了一場被稱爲「神聖戰爭」的戰爭。戰爭的起因形式上是宗教糾紛，其實是利益衝突。西元前三五五年，中希臘的弗西亞的貴族以武力占有了特爾斐神廟的土地和金庫，特爾斐是希臘最重要的聖地，是太陽神阿波羅的奉祀地，這裡的神諭非常有名，希臘的許多事情都要由這裡的阿波羅神諭決定。中希臘各城邦，特別是底比斯，認爲這是對阿波羅神的不敬行爲，要求弗西亞人繳納罰金，否則就要向他們宣戰。以底比斯爲首的、包括有十二個城邦的「鄰近同盟」認爲同盟有保護特爾斐神廟的責任。底比斯人沒有忘記，弗西亞人曾在西元前三七一年的留克特拉戰爭中站在斯巴達人一邊，現在有機會懲罰他們一下了。弗西亞拒絕繳納罰金，中希臘聯軍便對他們宣戰。戰爭就這樣打起來了。「鄰近同盟」除底比斯外，有波俄提亞、羅克里斯和帖薩利亞等幾個較大的國家，弗西亞人則有一支強大的雇傭軍隊伍，並得到了雅典、斯巴達和厄拉忒亞的支持。開始時，弗西亞人打敗了中希臘聯軍中的帖薩利亞人，但隨後卻被波俄提亞人打敗。西元前三五二年，腓力插手這場戰爭。他應底比斯人之請，利用帖薩利亞人內部的分化，打敗了該國的暴君，占領了帖薩利亞。接著，又打敗了弗西亞人，並乘勝占領了整個中希臘，隨即又揮兵直奔中部希臘的門戶提爾莫皮萊。腓力的擴張引起了雅典人的恐懼，雅典派出了一支遠征軍，占據溫泉關。腓力不想立即和雅典發生衝突，率兵退回馬其頓。

腓力的擴張政策，遭到雅典人德摩斯梯尼的猛烈抨擊。德摩斯梯尼是雅典的大演說家和政治活動家，他在西元前三五一年發表了他的第一篇反對腓力的演說，指出馬其頓是希臘各邦的大敵。他大聲疾呼：「雅典同胞們請看看，腓力這傢伙已經狂妄到了何等地步！大家幹什麼不幹什麼統統由他批准！」「他永不安於已到了手的，永遠想抓取更多的東西。他正在對我們鋪羅設網，四面合圍，而我們卻還呆坐著不求應付！同胞們，你們究竟要到什麼時候才能採取行動？」德摩斯梯尼的話，反映了一部分希臘人對腓力的態度和看法，有一點是對的，腓力的確「永不安於已到手的，永遠想抓取更多的東西」。但是他攻擊腓力狂妄也出於雅典人所固有的狹隘的民族自豪感，有一種根深蒂固的認爲其他民族都是沒有開化的蠻夷的觀點。世界只能由希臘人、特別是由雅典人作主。而現實已證明這是不可能的。德摩斯梯尼一生都在與腓力鬥爭，他前後發表了八篇反對腓力的演說，通稱「痛斥腓力」。其中不少篇幅顯示出德摩斯梯尼敏銳的洞察力和高昂的愛國主義精神，但也在不少地方暴露出他的狹隘性。

在他的一篇演說中，他是這樣抨擊腓力的：「腓力——這個人不但不是希臘人，不但和希臘人毫無同種關係，甚至也不是一個來自體面國家的野蠻人——不，他是馬其頓的一個無法無天的人，在這個國家，我們連一個像樣的奴隸都找不到。」這裡流露出希臘人那種已不合時宜的傲氣。腓力是不是希臘人並不重要，馬其頓人和希臘人同族，腓力也是個有很高希臘文化修養的人，馬其頓已強大得使許多希臘人寢食難安的地步，有沒有像樣的奴隸又有什麼關係。其實，正是希臘人的這種狹隘性使他們看不清世界的形勢。

希臘人已無法靠自己的力量來解決自己的問題，他們之中不少人寄希望於腓力，寄希望於馬其頓，德摩斯梯尼的政治對手伊索格拉底就是這一部分人的代表，他向腓力呼籲，要腓力把希臘聯合起來。他把腓力看成是可以使混亂的希臘統一的偉大領袖。甚至還有人求助於希臘人的宿敵波斯。西元前三五〇年，底比斯因財政困難而向波斯國王阿爾塔薛西斯三世求援，波斯人本來就想插手希臘事務，因此給了底比斯人幫助。

西元前三四九年，腓力再次出兵卡爾息狄斯半島，進攻半島的重要城市奧林圖斯。奧林圖斯本是一個強大的同盟的領袖，由於斯巴達的不滿，同盟瓦解了，這給腓力打開了方便之門。奧林圖斯派使者向雅典求援並勸雅典人直接攻擊腓力，雅典公民大會在德摩斯梯尼的鼓動下，透過了派兵救援奧林圖斯的建議。但是，腓力策劃了一場優卑亞人與雅典人的戰爭，使雅典人無法及時派出援兵。西元前三四八年，腓力大軍在奧林圖斯的叛徒的配合下，攻陷了奧林圖斯城。腓力在進城後，對奧林圖斯人進行了殘酷的報復，把整個城市夷爲平地，居民則賣爲奴隸，奧林圖斯的人和財產都被作爲戰利品賣了。他因此獲得大量作戰經費，有錢給戰時表現勇敢的士兵金錢獎勵。腓力這樣嚴厲地對待奧林圖斯是在向其他城邦發出警告：這就是反抗馬其頓的下場！

腓力就這樣以迅雷不及掩耳之勢占領了整個卡爾息狄斯半島，極大地震動了整個希臘世界，也震動了波斯。

爲了向雅典表示友好，腓力釋放了攻占奧林圖斯所俘虜的部分雅典人，並向雅典人表示了和談的願望，這是腓力的一種遠交近攻的策略，因爲腓力現在要集中力量加強對色雷斯的控制，養精蓄銳以便進攻中部希臘。雅典公民大會歡迎腓力這一要和談的表示，派出了一個包括德摩斯梯尼、菲洛克拉底和埃斯希涅斯在內的十人代表團去馬其頓議和。代表團中親馬其頓派的人物占多數，菲洛克拉底和埃斯希涅斯都是重要的親馬其頓派份子。西元前三四六年，根據菲洛克拉底提議的條件，雅典與馬其頓簽定了和約，即菲洛克拉底和約。根據這個和約，雅典人保留齊爾松尼斯等在北方的居民點，同意馬其頓占有安菲波利斯和對卡俄尼亞的保護，雅典不得再支持弗西亞人。對於雅典來說，這是個喪權辱國的條約，公開承認了馬其頓對雅典領土的霸占。

和約剛簽定，雅典代表團還在返回途中，馬其頓大軍便再次兵臨中部希臘的門戶提爾莫皮萊。這時，蒙在鼓裡的雅典人還在勸說弗西亞人放下武器，把特爾斐神廟交還「鄰近同盟」。馬其頓人收買了弗西亞人的提爾莫皮萊守將法萊卡斯，法萊卡斯不作任何抵抗便投降了馬其頓，腓力兵不血刃便占領了這個扼守中部希臘的隧道。當雅典人清醒過來時，提爾莫皮萊已在馬其頓人手中，無法挽回了。就這樣，馬其頓成了「鄰近同盟」的盟主，弗西亞人的城市被拆毀，還要按照「鄰近同盟」的決定逐年返還他們奪走的特爾斐神廟的財產。這時，雅典的反馬其頓派得勢，派兵占領了溫泉關。腓力不願現在和雅典發生正面衝突，便暫時停止了南下進軍。

腓力轉而致力於鞏固他在北方的統治。他一面加強對「鄰近同盟」的控制，鞏固他在中部希臘的領導地位；一面用武力鎮壓色雷斯人的反抗，把色雷斯的絕大部分合併爲一個行省。同時，他用金錢廣泛收買希臘各城邦的政客，插手各邦的騷亂，培植親馬其頓勢力，爲以後全面控制希臘創造條件。

面對強大的馬其頓的來勢猛烈的擴張，希臘始終沒能形成統一的意見，不少城邦出現了親馬其頓派。當年面對波斯的侵略，那種同仇敵愾、聯合起來共同對敵的情景已一去不返了。雅典的兩派越來越界限分明，鬥爭也越來越激烈。菲洛克拉底和埃斯希涅斯與腓力訂立了和約，德摩斯梯尼便要求將他們交法庭審判。其實，兩派的出現並不是由於一些政治活動人物的不同觀點和主張，而是反映了各個階層的不同的地位和要求。工商業奴隸主中，那些與海外商業有密切關係者，要求保持雅典在海外的影響，繼續占有通往黑海的重要商路，因此反對馬其頓的擴張，他們成了反馬其頓派的中堅份子；另外一些則認爲，馬其頓的強有力的統治，可保持社會的穩定，有利於工商業的發展，因而擁護腓力，成爲親馬其頓派。

小手工業者和農民的態度是動搖的，他們希望保持國家的獨立和民主制度，但又不願納稅支持戰爭，不願服兵役。無業遊民的態度也是動搖的，他們要國家給予他們更多的津貼，而不希望國家把大量資金用於打仗，但他們又害怕隨著民主制度的喪失，他們會失去一切。除城邦內部，由於嚴重的階級對立和利益衝突而形成對馬其頓的親、反兩派外，希臘各城邦之間的錯綜複雜的矛盾，腓力二世的軟硬兼施、打拉並用的老謀深算手段也是出現對馬其頓的不同態度的原因。親馬其頓派的出現是希臘城邦制衰落的反映，城邦制已無法解決國內的和城邦之間的激烈矛盾了，必須有新的制度和新的力量來取代它。親馬其頓派的領袖之一伊索格拉底就認爲眞正威脅雅典和其他城邦生存的不是馬其頓，而是城邦內部的爲數眾多的無業遊民和奴隸，只有建立一個強有力的政權才能有穩定的社會秩序和持久的和平，而這個強有力的政權的建立只能依靠腓力，依靠強大的馬其頓。伊索格拉底不同於那些收取馬其頓賄賂的親馬其頓派人士，他是個無可非議的愛國者，他的目的是要借馬其頓之力復興希臘，並在馬其頓領導下，東征波斯，奪取東方的土地和財富，爲此，他又一次上書腓力，希望他負起領導全希臘的責任，把希臘團結成一個整體，消除它們彼此的仇恨，領導它們進行對波斯的戰爭。伊索格拉底是想把希臘內部無法解決的矛盾，轉移到對波斯的戰爭中去。

伊索格拉底的希望正合腓力之意，腓力就是要使希臘成爲一個整體，就是要打敗並征服波斯。不過，目的相同，達到目的的手段卻不同。伊索格拉底希望腓力善待希臘，消除各邦之間的仇恨，腓力則是要盡力挑起各邦的矛盾和衝突，好從中謀利，他要用血與火把希臘結合成一整體，奧林圖斯被毀滅就是例證，他要成爲希臘人的專制君主，而這卻是伊索格拉底所不願看到的結果。

腓力的最堅決的反對者德摩斯梯尼看出了馬其頓可能給希臘帶來的危害有多大。他在西元前三四一年發表了第三篇反腓力的演說，他指出：「關於馬其頓人的狡猾陰謀是無庸置疑的，腓力所力求實現的唯一目標是劫掠希臘，奪去天然的財富，商業和戰略據點。腓力利用希臘人中間的分裂和內訌作爲達到他卑劣意圖的手段。」他認爲，雅典的民主憲法和公民政治自由具有巨大的力量。國家之所以衰微是因爲公民關心社會事業和自我犧牲的精神已經消失，取而代之的是不納稅、不服兵役、只是一味希冀國家資助的欲望。」他表達他保衛自由的決心：「即使所有民族同意忍受奴役，就在那個時候我們也應當為自由而戰鬥！」

腓力在見到這篇演說詞時，也禁不住稱讚說：「如果我自己聽德摩斯梯尼演說，我自己也會投票贊成選舉他當我的反對者的領袖。」

德摩斯梯尼的充滿愛國激情的演說有巨大的說服力和感染力，雅典的反馬其頓派占了上風，公民大會接受了德摩斯梯尼的建議，決定派出使者聯絡友邦，共同對付馬其頓。西元前三四〇年，雅典、墨加拉、科林斯等城邦結成了反馬其頓聯盟。聯盟得到了波斯的支持。

在德摩斯梯尼受雅典委派出使拜占庭並得到拜占庭人的支持時，腓力也派人到拜占庭和皮林沙斯要求援助，但卻遭到拒絕，腓力一怒之下，發兵圍攻皮林沙斯，從而造成了對赫勒斯滂海峽和小亞細亞的嚴重威脅。波斯和雅典同時出兵支援皮林沙斯。腓力只好撤兵，轉而圍攻拜占庭。雅典又派海軍支援拜占庭，致使腓力久攻不下，馬其頓人的艦隊又在海戰中被雅典海軍打敗。腓力被迫撤除對拜占庭的包圍，在西元前三三九年返回馬其頓。這是腓力興兵向外擴張以來首次遭受的重大挫折。波斯人公開表明了他們對馬其頓的敵對立場，他們把大軍開到赫勒斯滂海峽，揚言如果馬其頓膽敢進犯，一定讓它有來無回。雅典的反馬其頓派也從這次的勝利中得到鼓舞，德摩斯梯尼和他的朋友為增強雅典的軍事力量而緊張工作，公民大會透過了關於改進公民承擔製造軍艦費用的分攤辦法的決議和把用作觀劇津貼的款項改作軍費的決議。

但是，腓力並沒有放慢他征服希臘的步伐，希臘各城邦之間的接連不斷的衝突給了他入侵的機會和藉口。腓力利用中部希臘的又一次神聖戰爭，出兵占領了進入凱洛尼亞的咽喉厄拉忒亞，並勸說底比斯人一同入侵波俄提亞。

面對馬其頓的勢不可擋的步步進逼，雅典作了巨大而又令人讚賞的努力，停止了和底比斯的爭鬥，和底比斯一起建立了一支反馬其頓的希臘聯軍。聯軍以雅典和底比斯的軍隊爲主，也還有其他一些城邦的軍隊，西元前三三八年，希臘聯軍和馬其頓軍隊在凱洛尼亞城進行了一次決定性的戰鬥。雙方參戰的人數差不多，但缺乏團結一致的希臘聯軍難敵訓練有素、行動如一人的馬其頓軍，希臘方陣也擋不住更強大、更靈活的馬其頓方陣的衝擊，底比斯人本是腓力的軍事課老師，馬其頓方陣就脫胎於底比斯方陣，戰鬥的結果是學生打敗了老師，希臘聯軍慘敗，戰死千餘人，三分之二的人被俘。腓力的年僅十八歲的兒子亞歷山大大出鋒頭，他率領的馬其頓軍隊擊潰了希臘聯軍中最精銳的底比斯神聖軍團。德摩斯梯尼以重裝步兵的身分參加了這次戰鬥，在混亂中逃回了雅典。

凱洛尼亞一役宣告了希臘反馬其頓的失敗，「敲響了獨立城邦的喪鐘」，希臘人的獨立和自由隨之走到了盡頭。「欺詐奏響凱旋之音，在凱洛尼亞，自由竟成泡影。」

不過，腓力對戰敗的各城邦採取了不同的對待方式。對底比斯，他採取了最嚴酷的方式。馬其頓軍隊進駐底比斯城，它的反馬其頓領袖們都被處死或流放，它的被俘的軍人都被出賣爲奴隸。就像他毀滅奧林圖斯一樣，腓力要以此警告希臘人：背叛馬其頓者將被消滅。

對雅典，腓力卻表現得相當仁慈和友好。他沒有進軍波俄提亞，他無條件地釋放了雅典的戰俘，並派了一個使團把在凱洛尼亞戰死的雅典軍人的骨灰送回雅典，他讓雅典繼續保有愛琴海各島嶼。腓力這樣做的目的是要安撫雅典人，使他們感激他，在他將來對波斯的戰爭中用他們的強大海軍支持他。腓力的策略成功了。雅典人對他感激萬分，不但按腓力的要求解散了反馬其頓同盟，加入馬其頓盟國的行列，還在雅典的廣場上建立起一座腓力二世的塑像。

在凱洛尼亞獲勝後，腓力又揮軍南下，除斯巴達外，南希臘各城邦也一一被征服。這時，馬其頓已無可爭議地成了希臘的霸主，但是，爲了使馬其頓的霸主地位合法化，爲了把馬其頓和希臘各邦的關係用法律形式固定下來，西元前三三七年，腓力在率領大軍開進科林斯後，在這裡召開了具有歷史意義的科林斯會議，也稱「泛希臘會議」。大會由腓力親自主持，希臘各城邦除斯巴達外都派代表參加了大會。大會取得了極大的成功，顯示腓力不僅是位傑出的統帥，一位富有創造力的軍事家，也是位傑出的政治家，一位目光遠大、手段靈活的政治家。這本是在馬其頓軍事壓力下召開的會議，卻以「平等協商」的形式進行，會議本是馬其頓侵略的結果，卻以全希臘的和解而告終。腓力征服希臘和希臘統一奇妙地結合在一起。斯巴達雖拒絕參加這次會議，但已孤掌難鳴，無能爲力了，同時，馬其頓大軍駐紮在科林斯，也等於扼住了南希臘的咽喉，斯巴達遲早會聽命於馬其頓的。

會議透過了腓力提出的建議：希臘各城邦組成一個統一的希臘聯盟，各邦根據各自的軍事實力派適當數量的代表參加聯盟理事會，選舉常任理事執行理事會的日常任務。馬其頓是聯盟的盟主，但不是聯盟的成員國，不過問聯盟的日常工作，只擔當聯盟軍隊的統帥。各邦仍然保留自己的憲法，也不必向理事會提供財力上的支持，但有權受到聯盟軍隊的保護。理事會是高居於各邦之上的機構，擁有最高的法律權威，有權對任何違背協定的國家進行制裁。一旦宣戰，盟主有權決定各邦派出的兵力和船隻的數量，並代表聯盟指揮作戰。

大會還透過了下列決議：

停止聯盟各成員國之間的戰爭，建立聯盟各成員之間以及聯盟和馬其頓之間的持久和平；

保護私有財產，禁止沒收私人財產、重分土地、廢除債務、釋放奴隸等；

各成員國保證維護其國內的法律與和平，嚴禁私通外國、反對聯盟和馬其頓人；聯盟保護各國在海上活動的自由與安全。

就這樣，馬其頓對希臘世界的霸主地位被合法地確立下來，希臘實現了統一和和平。但這個統一的希臘已不是原來的希臘了，希臘人引以自豪的、創造了高度文明的城邦制和以雅典爲代表的民主政治在這個聯盟中毫無作用。各邦雖名義上仍保留各自的政府，但這些政府都爲親馬其頓的寡頭政治集團或親馬其頓派所控制，而且它們都要聽命於馬其頓，實際上成了馬其頓專制帝國的一部分。科林斯會議，在某種意義上，可以說是馬其頓帝國形成的標誌。希臘各邦之間的戰爭雖停止了，隨之而來的卻是更大的、無休無止的對外戰爭，腓力把全希臘牢牢地拴在他的戰車上。腓力的最終目的是征服波斯，實現更大的統一。他爲他的征服波斯的戰爭尋找了一個公正而又神聖的理由，波斯人褻瀆了希臘的神廟。西元前三三七年，在科林斯舉行的希臘聯盟理事會第一次會議上，腓力宣布了對波斯的作戰計劃，各國代表全都表示贊同，一致通過，並推舉腓力爲戰爭期間的最高統帥，擁有帝王般的權力。

西元前三三六年，腓力開始實施他征服波斯的計劃，派老將帕米尼歐率領一萬馬其頓軍隊打前陣。帕米尼歐率軍渡過赫勒斯滂海峽，在小亞細亞西部建立了橋頭陣地。

但是，就在腓力準備親率大軍出征時，他被刺殺了。

第三章 王子亞歷山大

亞歷山大的出生

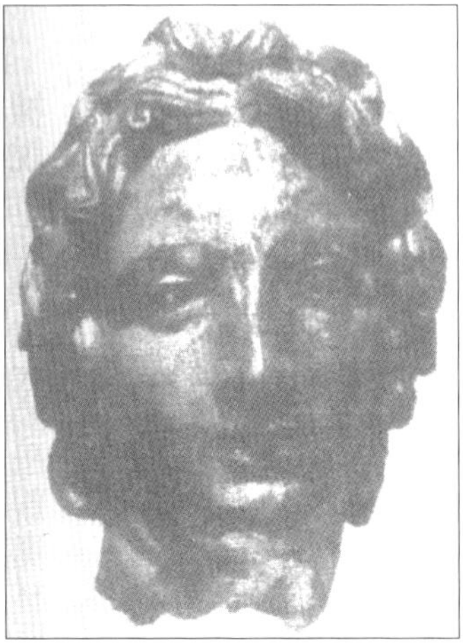

青年亞歷山大的青銅頭像

腓力二世征服波斯的計劃是由他的兒子亞歷山大完成的。

亞歷山大（Alexander 西元前三五六～前三二三年）這位被歷史學家稱爲大帝的人物，這位被拿破崙譽爲歷史上最偉大的天才，亞歷山大帝國的創立者，是腓力二世的長子，他的出生，和許多偉大人物一樣，充滿神秘色彩。

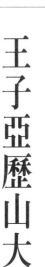

補短，又可享受集體生活的樂趣。同時，這樣做也可避免養成王家子弟所固有的孤僻性格，而有利於形成團結和領導群眾的領袖特質。

腓力從卡爾息狄斯返回培拉後，見到了兒子，高興中又爲兒子的教育作了一個安排。腓力決定讓亞歷山大離開他母親奧林匹婭斯，交給奶媽南尼絲撫養。腓力這樣做可能有他和妻子之間產生隔閡、不願孩子和她太親近的原因，不過，最重要的原因是腓力害怕，妻子潑辣任性、浮躁嫉妒的性格會給兒子不良的影響。腓力的決定是對的，後來人們都認爲，亞歷山大性格上的不良因素可能都源自他母親。奧林匹婭斯已嘗夠了生養孩子的苦頭，也同意了腓力的安排。亞歷山大離開母親並沒感到不快，他在乳母南尼絲的撫養下，並不缺少母愛，亞歷山大懂事後，把南尼絲當作自己的第二個母親。

腓力給亞歷山大找的第一個教師，是自己的情人、品學超群的底比斯的才女杜波菲婭。杜波菲婭不僅有很高的希臘文化的修養，而且性格恬靜溫柔，是位很好的啓蒙教師。她不負腓力的重託，盡心盡力地教育亞歷山大，使他從小就受到希臘文化的良好薰陶，養成健康的心智和追求知識的興趣。

亞歷山大的童年生活是豐富多彩而又充滿樂趣的，不足的是父親長年征戰在外，不能經常在一起，母親和父親不和，兩人在一起時常常吵架，這可能給幼年的亞歷山大的心靈留下了陰影。

亞歷山大成長過程中，他的父母給了他很大的影響。他既繼承了他們的優點，也繼承了他們的一些缺點。他的母親奧林匹婭斯性如烈火、耽於幻想，亞歷山大從母親身上繼承了豐富的想像力、神秘色彩和壞脾氣。他的父親腓力既是個天才的軍事統帥，又是個有雄才大略的、治國有方的君主。亞歷山大從他父親身上繼承了軍事才能和解決實際問題的能力。

奧林匹婭斯對宗教神秘有著一種狂熱，她一定也把這種狂熱向她兒子表述，給他講酒神狄奧尼索斯的故事，告訴他出生的「秘密」，暗示他是神的兒子，要無愧於自己的本原。亞歷山大不一定相信自己眞的是神的兒子，不過卻養成了狂妄自大和唯我獨尊的稟性。他崇拜他母親的祖先阿奇里斯，阿奇里斯是特洛伊戰爭中的英雄，是海中女神的兒子。但是，亞歷山大心中最崇拜的英雄是父親的祖先赫拉克勒斯，赫拉克勒斯是希臘神話傳說中最偉大的英雄，是宙斯和底比斯國王安菲特律翁之妻阿爾克墨涅所生，從小就無所畏懼力大無窮，天后赫拉出於嫉妒，曾在他剛出生時就派兩條大蛇來殺害他，結果大蛇反被他殺死了，長大後一生爲人民造福，完成了十二件大功績，後被人當神崇拜。亞歷山大顯然以有這樣的祖先而自豪。這樣的祖先既使亞歷山大從小就有與眾不同的優越感，也會給他一種激勵，促使他立志去像祖先那樣完成豐功偉業。

亞歷山大就這樣一天一天長大了，從孩提時代起他就野心勃勃，甚至目空一切。因爲他長得身材適中，相貌英俊，有著競技者的體型，而且腿腳敏捷，善於奔跑，有人問他是否打算在奧林匹克競技場上與人較量一番。他回答說：「是的，假如我的對手是國王的話。」他這時還不是國王，只是一個年幼的王子，卻認爲只有國王才有資格和他同場較技，不可一世的傲氣顯露無遺。不知他和他的那些小夥伴是如何相處的。他的一些小夥伴後來成了他的得力助手，從這一點推測，他對待他們應當還是友好的和較爲平等的。

少年亞歷山大也常顯示他勇敢的一面。西元前三四五年，有一天，有人給腓力送來了一匹叫布斯法魯斯的駿馬，索價十三泰倫特（馬其頓貨幣，約二萬三千美元）。腓力帶上家眷、大臣和衛隊到郊外看試馬，這匹叫布斯法魯斯的馬很烈、很野，很難駕馭。衛隊長尼阿丘斯和衛士們一個接一個地被掀下馬背。年僅十二歲的亞歷山大要求父王讓他試試，腓力覺得他兒子是在逞能，年少不知深淺，沒有理睬他，命人將馬牽走。亞歷山大大喊起來：「多好的一匹馬！得不到它是因爲沒有人有本事駕馭它。」腓力問兒子是否認爲自己比大人更有能耐，亞歷山大毫不猶豫地回答說：「是的！」他甚至表示願意以馬價一賭輸贏。腓力無奈，只好讓他去試試。

亞歷山大在眾人的哄笑聲中，沒有絲毫膽怯地奔向布斯法魯斯，把它的頭扭向太陽，因爲他已注意到這匹馬非常害怕自己的影子。當馬安靜下來的一剎那，他立即迅速躍上馬背，身體緊貼馬身，雙手緊握韁繩，任由狂怒的烈馬飛奔而去。

一開始，腓力、奧林匹婭斯和隨從們都嚇得張口結舌、不知所措，但當他們看見烈馬完全被馴服，亞歷山大姿勢優雅地在平川上馳騁，繼而興高采烈地馳到眾人面前時，大家齊聲喝起采來。腓力高興得流下了眼淚，他親吻著兒子說：「我的孩子，去尋找一個配得上你的王國吧，馬其頓這個小池盛不下你啊！」腓力這時已看出亞歷山大將來一定會超過自己。爲了培養兒子的實際能力，他開始讓兒子參與處理政務、接待外賓等工作，當然，這時還只是讓他學習學習，並沒有讓他獨立去承擔什麼任務。腓力希望亞歷山大在參與國事活動中，逐漸學會操持國事。

亞歷山大十三歲時，他所崇拜和熱愛的啓蒙老師杜波菲婭卻向腓力提出，她已爲教導亞歷山大王子盡了全力，她已不能教王子更多的知識了，爲了王子的未來，她建議腓力給王子請一個更高明的、學問更淵博的老師。腓力對杜波菲婭的意見十分讚賞，決定給兒子請一個新老師。

腓力對兒子的教育是深謀遠慮的，杜波菲婭作爲啓蒙老師是稱職的，她不僅給了孩提時期的亞歷山大良好的文化教育，在品德上也給他良好的薰陶。亞歷山大酷愛希臘文化，喜愛《荷馬史詩》，不能說，和杜波菲婭的教育無關。現在要給亞歷山大找個新老師，這個新老師當然不應該是個一般的學者，腓力認爲只有希臘的知識最淵博的人，才配給亞歷山大當老師。他選中了希臘最富盛名的學者、最博學的思想家亞里士多德（Aristotle 西元前三八四～前三二二年）。亞里士多德的家族和腓力家族有很深遠的關係。他生於卡爾息狄斯半島上的希臘城市斯塔吉羅斯，父親尼科馬霍斯是腓力的父親阿明塔斯二世的侍醫。他比腓力年長兩歲，兩人幼年就在阿明塔斯的王宮中相識。亞里士多德幼年喪父，十七歲時，到雅典，就讀於柏拉圖開辦的「學園」，刻苦鑽研各科知識達二十年之久，成爲同儕中之出類拔萃者，柏拉圖稱讚他是「學園的精英」。西元前三四七年柏拉圖去世後，亞里士多德到小亞的阿索斯城，在城主赫爾麥伊阿斯宮廷作客。赫爾麥伊阿斯愛好哲學，政治上也較開明，他爲亞里士多德的學術活動提供了很多方便。他和馬其頓一直保持著良好的關係，希望借助馬其頓的力量擺脫波斯的控制，實行獨立。亞里士多德在阿索斯住了三年，後因赫爾麥伊阿斯被波斯國王殺害，移居列斯博斯島的米提列涅城。

亞歷山大的老師亞里士多德

西元前三四三年，亞里士多德應腓力二世之聘，來到馬其頓王國的首都培拉，擔任時年十三歲的王子亞歷山大的老師。亞里士多德之所以來馬其頓，一是他考慮到自己父親曾是馬其頓宮廷的御醫，與馬其頓的先王有很深的情誼；二是考慮到腓力答應爲他提供進行學術研究工作所需的一切條件。他信任腓力，就像雅典的伊索克拉底一樣，把腓力看成是唯一可依賴的人。他的這一決定不僅是對的，而且是意義重大的。這不僅因爲一位古希臘的最偉大的學者成了一位最偉大的軍事天才的老師；而且因爲亞里士多德以後的學術研究工作都是在亞歷山大和他父親的幫助關懷下完成的。

對於腓力來說，請來亞里士多德作兒子的老師，也是意義重大的。腓力喜愛並尊重希臘文化，而希臘人卻一直把馬其頓看成是文化落後的蠻夷之邦，現在馬其頓在國力上、特別是在軍事力量上已超過希臘各邦，但在文化上仍無法和希臘相比。腓力請來亞里士多德，不只是要使自己的兒子成爲有很高文化修養的人，他還希望，亞里士多德的到來，會吸引更多的學者到培拉來，使培拉成爲一個文化中心。

當然，受益最大的是年幼的亞歷山大。亞里士多德這時正當壯年，精力充沛，他不僅學識淵博，是當時最有學問的人，而且富有教學經驗，是當時最好的教師。他不但繼承和發揚了從蘇格拉底到柏拉圖的學術研究傳統，也繼承了他們卓有成效的教人、育人的傳統。事實上，當時的學者也都是教師。他們都把教育人作爲他們學術研究的重要目的，蘇格拉底認爲，哲學的目的主要是教導人認識自己和追求眞理，教導人們過道德的生活。他認爲人的知識主要是道德方面的知識，正確的行爲來自正確的思想，美德基於知識，源於知識，沒有知識便不能爲善，也不會有眞正的幸福。「美德即知識，愚昧是罪惡之源」。蘇格拉底是透過問答的形式來教導人們接受他的觀點、傳授知識的。柏拉圖接受了蘇格拉底的倫理思想，並把它與對人生、人類的認識聯繫起來，建立一個以「善」爲最高理想的模式。在柏拉圖所設想的理想國裡，公民應有四種德性（品格），即智慧、勇武、節制和正義。有三部分人：一是護國者，有智慧之德，擔當統治者；二是衛國者，有勇武之德，負責保衛，三是供養者，有節制之德，從事生產。這三種人各安其位，各從其事，就達到了正義。柏拉圖開辦學校，他一邊教學，一邊著作，終其一生都是名教師，他是按他的政治哲學來培養各方面的從政人士的，所以有人說柏拉圖的學園好像是一所「政治訓練班」。蘇格拉底和柏拉圖都強調要培養人的理性，要抑制人的欲念，亞里士多德則認爲人不僅有理性也有欲望，不應因理性而使感情受到壓抑，也不應因感情的宣洩而犧牲理性，人的德性在於使理性、感情和欲望保持正當的關係，使人的能力得到全面發展，就可以達到至善。他說：「一個有德性的人往往爲他的朋友和國家的利益而採取行動，必要時可以犧牲自己的生命。他寧願捐棄世人所爭奪的金錢、榮譽和一切財物，只追求自己的高尚。」比起蘇格拉底和柏拉圖來，亞里士多德的思想，特別是教育思想要進步得多，實際得多。

亞歷山大能有亞里士多德這樣一位在當時幾乎是無所不知而又精於教導之術的老師，眞是他的大幸。一連三年，亞歷山大有幸和這位歷史上最偉大的賢哲朝夕相處，所獲得的教益之多，影響之大，是無與倫比的。亞歷山大常說，他最尊崇的是亞里士多德，他愛亞里士多德甚於愛他的父親，因爲他父親僅僅生育了他，而亞里士多德教會了他怎樣做高尚的人。

亞里士多德到培拉來，受教的並不只亞歷山大一人，王宮幾乎成了皇家學苑，有許多和亞歷山大同齡的孩子在這裡一起學習各種有益的知識、接受軍事訓練和嬉戲玩耍。這些孩子中有帕米尼歐的小兒子菲洛塔斯、占卜師阿底曼圖斯的長子阿里斯坦德、財政總管安提柯的侄子哈帕魯斯。除了這些權貴的子弟外，也還有來自上馬其頓的窮苦人家的孩子赫斐斯申和亞歷山大奶媽的兒子克雷圖斯。亞里士多德還給他們帶來一個新夥伴、他的侄子卡利斯瑟尼。亞里士多德父親早死，由叔父撫養長大，爲報叔父養育之恩，他把侄子帶在身邊，精心加以培養。亞歷山大能和這些孩子一起受教於亞里士多德，更增加了學習的趣味性和競爭性。亞里士多德的這些學子中，亞歷山大得到了他的特別鍾愛，這不僅因爲亞歷山大是王子，地位顯赫，非其他孩子可比，而且因爲亞歷山大天資極高，超凡出眾，有異乎尋常的好奇心和求學精神。亞里士多德和亞歷山大等學子討論哲學、政治、倫理等諸方面的問題，也討論文學和史學方面的問題。動物學、植物學、物理學等也是講授的內容。亞里士多德傳授給亞歷山大的知識是多方面的，這從亞歷山大後來對諸如醫學、自然現象、地理學以及珍稀植物等方面都有濃厚的興趣可以看出來。亞歷山大對亞細亞的廣泛興趣肯定也是亞里士多德的薰陶的結果。

亞歷山大酷愛讀書的習慣肯定也是受亞里士多德長期教誨的結果。亞歷山大後來在遠征東方期間，在長途行軍和激烈戰鬥之交，他還命人返回希臘，爲他運來很多書籍。這些書籍中包括幼里庇底斯、索福克利斯和愛斯奇里斯的悲劇作品。

亞歷山大最愛讀的書是荷馬史詩，這當然也是和老師的教誨分不開的。據說，亞里士多德曾爲他的這個弟子編纂過一部特版的《伊里亞德》，這部荷馬史詩中的英雄，就是傳說中亞歷山大的遠祖阿奇里斯。亞歷山大十分珍惜老師編纂的這本書，遠征東方時仍把這本書帶在身邊，睡覺時，和短劍一起放在枕頭下面。

當然，亞歷山大在政治和倫理方面也受老師影響，儘管師生的政治觀點不同。亞里士多德認爲小國寡民的城邦制是最好的政體，而亞歷山大則主張君主制。但兩人也有一致的地方，亞歷山大顯然接受了老師的這樣一種信念：只有希臘人才能享有自由，其他民族，特別是亞細亞人，都是天生的野蠻人，只能當奴隸，都必須受西方文明人的統治。亞歷山大後來立志稱霸世界、統治所有的野蠻人，不能說和亞里士多德的教導沒有關係。亞里士多德可能還給年輕的王子灌輸這樣一種思想：「有些人生來就注定應該服從，另有些人生來就注定應該統治……戰爭的藝術是一門關於獲取的自然藝術，因爲它包括狩獵；是一門用來對付野獸和那些生來應該受統治、卻不願服從的人的意思。這種戰爭當然是正義的。」

亞歷山大和他父親腓力二世一樣，都是擴張主義者，都想憑藉武力征服希臘、波斯和全世界。但目的有點不同。腓力的目的只是爲奪取更多的土地和財富，取得更大的權力，稱霸世界；亞歷山大當然也有強烈的稱霸世界的欲望，但驅使他不斷征戰的很重要的動力，是對於傳說中的祖先阿奇里斯和赫拉克勒斯的英雄業績的榮譽感和光大祖先業績的使命感，他要使自己和祖先一樣，成爲後世永遠敬仰的英雄。他的另一目的是要透過征戰強行推廣希臘文明，建立統一的文明世界。他的這些思想顯然有亞里士多德的思想的痕跡，可能還有伊索克拉底的影響。（他的求知欲是驚人的，在亞里士多德的影響下，他一定大量閱讀了希臘名人的各種著作。）爲了實現理想，他才不斷征戰，並在戰鬥中，身先士卒，不畏生死，百折不撓。爲了實現理想，他放棄了一個帝王的享樂生活，他不近女色，不醉心酒宴，兩次結婚都出於政治目的，舉行宴會也大都是爲犒勞部下，振作士氣。爲了實現理想，他顯示出驚人的勇敢和超凡的自制力。他的這種理想，他爲實現理想而展現的犧牲精神，應當說是和亞里士多德的教導有密切關係的。

亞歷山大十六歲時，腓力認爲兒子已長大了，學習應告一段落了，是爲他的王國擔負一定的責任的時候了。他停止了兒子在亞里士多德身邊的求學生活，任命兒子爲地方長官，讓他在實際工作中進行學習和鍛鍊。

其實，腓力在培養兒子中一直很重視實際能力的培養，注意讓兒子在一些公開活動中、在具體的工作中鍛鍊和學習。早在亞歷山大十歲時，腓力就讓他在外事活動中亮相，在接待一個雅典使團時，在豎琴伴奏下唱歌。亞歷山大的表演還遭到了馬其頓的死敵德摩斯梯尼的嘲笑，說什麼腓力的這個寶貝兒子沒有什麼值得希臘人害怕的。隨著年齡的增長，腓力讓兒子參加的活動也越來越多，亞歷山大的知識和能力都在與日俱增。十六歲了，腓力認爲兒子已經有獨當一面的能力了。知子莫若父，亞歷山大不僅有能力，而且有強烈的建功立業欲望。這裡舉一個例證，在一次遠征中，腓力曾多次不親自理事。有一次，他讓亞歷山大負責接待波斯使臣，接見中，亞歷山大的友善態度和有節制的提問，使來訪的使臣心悅誠服。他沒有詢問諸如巴比倫的空中花園或波斯國王的服飾等問題，而是詢問該國道路的長度和波斯國王的用兵才能和膽略等等。還沒問完，一位使臣便驚嘆道：「這個孩子才眞是一個偉大的君主，而我們的國王只不過徒有錢財而已。」

亞歷山大登基

腓力對亞歷山大的培養是成功的，十六歲的亞歷山大在思想和能力方面、在體力和精神方面都成爲出類拔萃的，不僅得到宮廷上下的一片讚美，甚至引起了見過他的外國人的驚嘆。腓力有子如此，當然十分高興，他花在兒子身上的功夫沒有白費，亞歷山大成了他的得力助手和可靠的接班人。這正是腓力所希望的，從十六歲起，亞歷山大就常隨父征戰。十八歲時，在凱洛尼亞戰役中，他負責指揮馬其頓軍隊的右翼。迎戰著名的底比斯神聖兵團。亞歷山大身先士卒，帶領士兵擊潰了敵軍主力，爲馬其頓人取得這次戰役的勝利起了決定性的作用。亞歷山大這時已顯露出軍事統帥的非凡才能。

但是，父子之間的矛盾隨著時間的推移，也日益尖銳起來。這中間有一山不容二虎的原因，也有性格上的原因和利益上的衝突，但起因，或者說根本原因是亞歷山大的母親、腓力的妻子奧林匹婭斯。奧林匹婭斯是個浮躁而又邪惡的女人，腓力父子兩人的一生都深受她的影響。

對於腓力來說，妻子的唯一功勞就是爲他生了一個兒子，他本來就不愛她，娶她主要是出於政治上的考慮，兩人之間的關係由於性格和觀念上的差異而更加惡化了。奧林匹婭斯對宗教神秘狂熱。當時，有許多秘密的、古老的宗教崇拜在各地流行，這些當地的原有的崇拜舉行秘密入教和狂歡的慶祝，經常還有殘忍的淫蕩的儀式。從這些宗教中產生了奧菲士（豎琴手神）、狄俄尼索斯（酒神）以及得墨忒耳（穀神）等崇拜。奧林匹婭斯既熱衷於這種崇拜，也是個中能手。據普魯塔克說，她因爲在這些敬神活動中使用了豢養的蛇而聲名大振。她的住房裡也常有蛇侵入。腓力對妻子的行爲十分厭惡，而且，對於腓力正在發展的事業來說，狂熱的宗教信仰和不受控制的妻子都是麻煩的製造者、前進路上的不利因素。

造成夫妻不和的另一個重要原因是奧林匹婭斯的嫉妒心態。奧林匹婭斯想壓倒一切的好強心，使她對腓力的成功、他的聲望、他出征所獲得的每一次勝利，都心懷嫉妒。由妒生恨，她對丈夫的敵意越來越強烈。可怕的是她把這種嫉妒也灌輸給了兒子。普魯塔克記述了這樣一個故事：「每當腓力奪取了一個城市或打了一次大勝仗的消息傳來時，兒子聽了似乎從來沒有十分高興過；相反，他經常對他的小夥伴們說：『兄弟們，父親會把一切都搶先做完，他不會留下什麼重大的事讓我和你們一起去做的。』」雖然亞歷山大從小就心懷大志，但一個小孩，如果沒有人教唆，是說不出這種話來的。

當然，夫妻不和使兩人都別求新歡，而這反過來又進一步加深了兩人的不和。奧林匹婭斯是不甘寂寞的，王宮裡早就流傳關於她的風流韻事，並因而甚至有人懷疑亞歷山大王子的合法身分，這使腓力十分不快，夫婦間的對立更加嚴重了，父子間的矛盾也變得嚴重了。作爲國王的腓力二世，也是風流成性，不過，後宮美女如雲，是帝王家的慣例，西元前三三七年，腓力在準備出兵小亞細亞時，宣布要娶「他熱戀著的」克里奧帕特拉爲妻，這引起了奧林匹婭斯和亞歷山大的極度不滿。在腓力和克里奧帕特拉的婚宴上，不滿變成了一場公開的衝突。

據普魯塔克記述，婚宴上大家都喝了很多酒，新娘克里奧帕特拉的父親阿塔羅斯「喝醉了」，流露出馬其頓人對奧林匹婭斯和伊庇魯斯的敵意。他借酒吐眞言，說什麼他希望這個婚姻將產生一個孩子，使他們能有一個眞正馬其頓血統的繼承人。這等於說亞歷山大不是腓力的親生骨肉，奧林匹婭斯和亞歷山大母子哪裡受得了這樣的侮辱，亞歷山大跳了起來，大喊道：「那麼我算什麼人呢？」說著就把酒杯向阿塔羅斯擲去。腓力大怒，拔出寶劍，直指亞歷山大，但由於酒醉，踉蹌地摔倒了。亞歷山大在憤怒和忌恨中，竟公然侮辱和嘲笑起父親來了。

他指著他的父親說：「看啦，馬其頓人，看這個想從歐洲到亞洲去的將軍！怎麼，他連從一張桌子到另一張桌子也走不到！」

矛盾激化到如此程度是雙方都沒有預料到的。第二天，奧林匹婭斯回了伊庇魯斯娘家，亞歷山大見母親出走，父親迷戀克里奧帕特拉，自己遭父親忌恨，地位不穩，便也出走，去伊里利亞謀取發展，等待父親態度的轉變。腓力對二人的離他而去，似乎無動於衷，並沒進行挽留。但事後不久，作爲一個有著雄才大略的君主和一個對兒子懷有深厚感情的父親，看到家庭不和破壞了父子關係，影響了馬其頓事業的發展，腓力後悔了，感到自己對亞歷山大的確過於粗暴了。他主動向亞歷山大母子提出和解，爲了安撫母子倆，他提議把自己與嬪妃所生的女兒格羅蒂嫁給奧林匹婭斯的弟弟、伊庇魯斯的在位國王亞歷山大，同時也確定兒子亞歷山大爲自己的繼承人，亞歷山大母子也趁機下臺，返回培拉。

隨後，亞歷山大隨父參加了凱洛尼亞戰役，並立了大功。但是，腓力和亞歷山大母子之間的矛盾並沒有完全解決。在凱洛尼亞之戰以後的兩年裡，腓力好像被家庭不和搞得有些意志消沉，不是狂歡濫飲，就是與奧林匹婭斯和亞歷山大齟齬牴牾，以致把東征波斯的事也拖延下來了。

腓力顯然十分疼愛亞歷山大，但由於別人、特別是奧林匹婭斯的挑撥，父子二人無法溝通，亞歷山大根本聽不進父親的話。有這樣一個令人心酸的故事：

亞歷山大有個異母兄弟，叫阿里迪烏斯，是個生性愚鈍的人，卡里亞的波斯總督想招他爲婿。亞歷山大的朋友們和他的母親便因此而無中生有地對他說，腓力締結這樣高貴的婚姻，是爲了得到有力的支持，以便把王位傳給阿里迪烏斯。亞歷山大聽了這些話，十分不安，決定設法阻止這一婚姻，他派了一個叫塞薩路斯的演員到卡里亞去，勸說那位總督放棄與阿里迪烏斯聯姻的計劃，說阿里迪烏斯是庶出的，智力上有缺陷，請他和馬其頓的合法繼承人結盟。卡里亞的總督對這一建議非常滿意。但腓力一聽說這事便火冒三丈，立即帶了他一個最親密的朋友和夥伴、帕米尼歐的兒子菲洛塔斯衝入亞歷山大的房裡，當著菲洛塔斯的面，斥責亞歷山大居然墮落和下賤到想當一個卡里亞人的女婿，當一個蠻族國王的奴隸的女婿。腓力罵了兒子一頓，還不解氣，又給科林斯人寫信，要他們把塞薩路斯戴上鐵鏈給他送來。他驅逐了珀耳、尼阿卡斯、弗里吉烏斯、托勒密以及王子的另外幾個夥伴。但是，後來亞歷山大又把他們都召了回來，並更加優厚地對待他們。

在這個故事裡，我們可以發現亞歷山大性格的另一個特點，爲了達到目的可以不擇手段。爲了破壞弟弟的婚姻，可以以自己的婚姻作籌碼。在他母親和他周圍的夥伴的挑撥下，他對父親的疑慮和敵意沒能消解，反而加深了。

由於父子感情不和，腓力把父愛傾注在女兒身上。他的女兒格羅蒂比亞歷山大年輕三歲，這時只有十七歲，和哥哥不同，她不僅長得花容月貌，對父王也溫順體貼，甚得腓力喜愛。亞歷山大雖已到了成婚之年齡，但由於他本人想的全是如何去實現自己的遠大抱負，對自己的婚姻大事，並不放在心上。腓力則由於兒子不斷冒犯自己，對兒子態度冷淡，對他的婚事也置之不理，而一心一意操辦女兒的婚事。他不惜把寶貴的時間和大量的金錢用在爲女兒準備一個大肆鋪張的隆重婚禮上。

這一婚姻本是一皆大歡喜的事，誰也不會想到婚禮上會發生流血慘劇。格羅蒂是嫁給奧林匹婭斯的弟弟、伊庇魯斯國王亞歷山大，這其實是腓力對妻子的讓步，照理說，奧林匹婭斯應力促其成，不會反對。當然，按照中國風俗，這是亂倫，外甥女是不能嫁舅舅的，但在西方，在馬其頓，並沒有這樣的倫理障礙，格羅蒂和伊庇魯斯國王亞歷山大也沒有血緣關係。

西元前三三六年夏天，在馬其頓的古都埃加，腓力爲愛女格羅蒂和伊庇魯斯國王亞歷山大舉辦了盛大的婚禮。王宮裡雲集著全希臘的王冑貴族的代表，廣場上擠滿了參加和觀看婚禮的人群，鼓樂齊鳴，萬人空巷。慶祝活動持續了好幾天，大家縱飲狂歡。慶祝活動的高潮是在體育場豎立神像，從清晨開始，長長的儀仗隊吹著號開道，後面是高擎著神像的隊伍，一共有十三座神像，十二座是奧林匹斯山的神，還有一座是腓力。在場的希臘人都感到這太過分了，腓力怎能把自己和奧林匹斯的眾神並列！

這表明腓力要成爲全希臘的專制統治者。事後，有人把這說成爲不祥之兆。當身著白色外衣、毫無戒備的腓力在人們的歡呼聲中，趾高氣揚地大步向前走時，突然，他的一個護衛、馬其頓的青年貴族保薩尼阿斯向他衝來，拔出匕首，插進腓力心窩。腓力立即倒地身亡。這位堪稱有史以來最偉大的君主之一的人物，這位已經改變了希臘政治面貌，並正要進一步去改變一個更大的世界的面貌的人物，就這樣在他四十六歲的壯年時死於非命。腓力之死，在當時引起非常大的震動，有人悲痛，有人高興。腓力的宿敵、雅典的德摩斯梯尼得知這一消息後，欣喜異常，儘管自己的獨生女病死才六天，他仍身著節日的盛裝，頭戴以前雅典人獎給他的花環，出席雅典的五百人會議。但不管是他的敵人，還是他的朋友，對他的評價都是很高的。正如當時的歷史學家瑟奧龐波斯所說：「總而言之，歐洲還從未出現過像腓力這樣的偉人。」

保薩尼阿斯刺死腓力，立即跳上一匹早就準備好的馬，策馬而逃，但沒有跑多遠，馬韁被野藤絆住了，他從馬背上摔下來，被追趕的人趕上殺死了。

凶手被殺，凶手的刺殺行動是凶手的個人的自發行爲，還是另有人指使，就成了千古之謎。當時謠言四起，有人說，這是保薩尼阿斯的個人的復仇行動。他曾是腓力的情人，那個時代，男人之間的情愛是非常普遍的事，但後來他失寵了，被趕出了王宮，又被腓力的侍從強姦了。亞里士多德、狄奥多羅斯等古代學者也認爲保薩尼阿斯的行動是自發的。但也有人認爲保薩尼阿斯是受人指使，是個被收買的刺客。主使者不外乎奧林匹婭斯、亞歷山大或波斯阿契美尼德王室。

波斯人主使，從邏輯上說是完全可能的，因爲腓力的下一步行動就是親自帶兵出征波斯。但一個馬其頓貴族被外國人收買，肯定會露出一些蛛絲馬跡，而在這方面卻一點證據也找不到。

亞歷山大主使，亞歷山大雖和父親不和，但腓力一直把他當作自己的繼承人，亞歷山大似乎也用不著採取如此手段謀殺父親。

最有可能是奧林匹婭斯主使。她對丈夫的嫉恨，對自己兒子王位的擔心，她的喜弄權、好激動的性格都可能促使她採取這樣的非常手段。腓力死後她的一些舉動也說明這一推測不是空穴來風。她和凶手的關係非同一般，因爲她沒給腓力、而是給保薩尼阿斯修建了一座豪華的墳墓。她還堅持給凶手和腓力相同的葬禮。她毫無顧忌地讚頌凶手竟到如此程度！她像中國漢朝的呂后一樣，丈夫死後，對丈夫心愛的女人進行殘酷的迫害。她叫人把腓力的第二個妻子克里奧帕特拉和她的嬰兒投進燃著火的銅鑊裡燒死。也有人說克里奧帕特拉的新生嬰兒是在母親的懷裡被害死的，而克里奧帕特拉在被侮辱嘲笑一番後，也被勒死了。不管哪種說法是眞的，克里奧帕特拉母子被奧林匹婭斯殘酷害死是毫無異議的。就像漢惠帝被他母親呂后殘害戚夫人的血腥場面嚇住了一樣，亞歷山大聽了他母親對克里奧帕特拉母子所做的一切也大吃一驚。也有人認爲亞歷山大是他母親的同謀，因爲他們懷疑亞歷山大和奧林匹婭斯有亂倫行爲。

總之，這次謀殺中隱藏了一些秘密，因爲這些秘密關係到亞歷山大母子，所以成了不解的。腓力的突然去世，爲年僅二十歲的亞歷山大登基創造了條件。

腓力突然死亡，由誰來繼承王位就成了馬其頓王國必須首先解決的問題。由亞歷山大繼位似乎是不成問題的。但事情並不這樣簡單，腓力的幾個握有重兵或大權的舊臣老將有很大的發言權，亞歷山大並不是唯一的選擇。這些重臣中有和腓力一起創業的老臣安提柯、尼阿丘斯，有掌管文牘的哲學家卡利斯瑟尼、方陣軍將領托勒密、軍師阿底曼圖斯，有首都培拉的行政長官西塔爾、老將阿塔羅斯等。還有老將帕米尼歐，因他出征在外，沒有參加討論由誰來繼承王位的問題。這些重臣對由誰來繼承王位，有兩種不同的意見。安提柯和尼阿丘斯認爲亞歷山大是太子，是合法的繼承人，由他繼承王位是理所當然的。阿塔羅斯卻以國內外形勢嚴峻、亞歷山大年少幼稚不能擔負國王重任爲藉口，反對亞歷山大繼位，想讓克里奧帕特拉的新生嬰兒繼位，由自己輔佐。西塔爾態度曖昧，沒有明確表態，但卻極力恭維阿塔羅斯，認爲他的安排也可考慮。雙方爭執不下時，青年將領、在凱洛尼亞戰役中立了大功的托勒密站出來表示擁護亞歷山大。接著卡利斯瑟尼和阿底曼圖斯也表示贊同安提柯、尼阿丘斯的意見。西塔爾見勢不妙，改變了態度，轉而表示支持亞歷山大。就這樣，在腓力的重臣大將的一致擁戴下，亞歷山大的國王位置被確定下來了。二十歲的亞歷山大從此便以一國之君活躍在歷史舞臺上，開始了他十三年的馬不停蹄的征戰生活和他創建亞歷山大帝國的歷程。

反對亞歷山大繼位的阿塔羅斯很快就被處死了，因爲他在奧林匹婭斯派人燒死克里奧帕特拉母子時，狂怒中拔劍刺傷了奧林匹婭斯，而被判犯有勾結雅典圖謀叛國罪。有兩個部族的王子也因煽動部族謀反而被處死了。西塔爾則因過去的功勞，而被亞歷山大寬容，僅僅調離首都，改任上馬其頓古都薩洛尼卡的行政長官。亞歷山大此舉既處罰了西塔爾，削減了他的權力，又使他心懷感激。

身在小亞細亞前線、手握重兵的帕米尼歐得知亞歷山大繼位的消息後，立即派信使送來了他的親筆信，表示效忠亞歷山大。得到這位老將的擁護，亞歷山大放心了，他的地位穩固了。帕米尼歐如果有謀反之意，後果不堪設想。

亞歷山大舉行了隆重的登基典禮，正式成爲馬其頓國王，稱亞歷山大三世，歷史學家稱其爲亞歷山大大帝。隨後，他把他父親腓力二世的遺體埋葬在薩洛尼卡。這是腓力生前最喜歡的地方，青山綠水，山花爛漫，腓力曾把這塊地方稱爲「明珠」。這裡也是腓力的霸業的發祥地。腓力就是從這裡走上復國並稱霸全希臘之路的。腓力的巨大陵墓高十二公尺、深約九公尺、周長九十九公尺，豎立在薩洛尼卡城西北弗吉納村旁的一處山腰平地上。當安放腓力遺體的金棺送入墓穴中時，站立在父親墓前的亞歷山大一定感慨萬千，既爲自己年幼無知、不理解父親、時常和父親爭吵而悔恨，也在回想父親對自己的關愛培養和父親一生的豐功偉績中，激發起更大的雄心壯志，決心把父親開創的事業進一步發揚光大。腓力地下有知，也會對有亞歷山大這樣一個兒子感到欣慰的。

第四章 雄威初展

威震色雷斯

在腓力被刺身亡後，馬其頓內亂外患四起，大有土崩瓦解之勢，對於年僅二十歲的亞歷山大來說，幸運的是，他得到了腓力的一批才能出眾、有權勢、有威望的舊臣的擁戴和扶持，順利地登上並鞏固了王位，並逐一迫使反對他的人就範。他在馬其頓內部進行了清洗，他的潛在的競爭對手都被一一處決或謀殺了，他的同父異母的兄弟，不管是新生嬰兒，還是智力不全者都不能倖免，有一些貴族逃亡到亞洲爲波斯國王效力去了。亞歷山大的登基之路，和許多君王一樣，是一條血腥之路。

亞歷山大在鞏固了自己的國王地位之後，立即著手確立自己在希臘的霸主地位。他知道，希臘人從骨子裡瞧不起馬其頓，他們是在自己父親的強大的軍事壓力下，被迫擁立自己的父親爲希臘的霸主、希臘聯軍的統帥的。父親死後，自己年輕，希臘人正蠢蠢欲動，那些一貫反對馬其頓的人，把腓力之死，看成是天賜良機，交相慶祝，策動反叛。帖薩利已開始叛亂了，如果亞歷山大不能立即率兵南下，鎮壓反叛，示威希臘，後果不堪設想。

亞歷山大顯示了他作爲一個偉大統帥的一個必不可少的特點，行動起來快如閃電。西元前三三五年初春，亞歷山大率大軍出人意料地、神速地沿南部海岸進入帖薩利。亞歷山大沒有衝向敵人設防的陣地，而是繞過有重兵把守的南下必經的隘道，讓部下在俄薩山臨海的一面攀登，在敵人毫無防範的地方越過這座山。在帖薩利人還在隘道把守，嚴陣以待亞歷山大南下之兵時，亞歷山大的大軍卻神奇地出現在隘道之南，出現在隘道守軍的後面。帖薩利人以爲是神兵天降，放棄了任何抵抗，擁戴亞歷山大爲帖薩利聯邦的領袖，交給他一支強大的騎兵隊伍。帖薩利人的反叛就這樣兵不血刃地平定了。亞歷山大乘勢率大軍南下希臘，直至佛提俄提斯、波俄提亞，大軍前鋒距雅典只有四十里。正在參加安費托克尼會議、商討擺脫馬其頓控制和要投票表決感謝腓力的謀殺者的各邦代表，被亞歷山大大軍的突然而來嚇壞了，立即休會，承認這個他們過去認爲年幼可欺的、猶如天降的大軍的統帥爲盟主，想反叛的雅典也嚇壞了，急忙派代表向亞歷山大求和。亞歷山大的主要攻擊目標是波斯，因此對希臘不爲已甚，並沒有過分地懲罰希臘各城邦，只是把各邦的首腦人物召集到科林斯，續訂了西元前三三八年的盟約，亞歷山大被推舉爲反波斯戰爭的希臘聯軍的統帥。斯巴達人和過去一樣，拒不參加這樣一個同盟，他們的理由是：「他們的國家的習慣不容許他們服從別人，他們的習慣是領導別人。」亞歷山大這時完全有力量征服斯巴達，但他要把他的兵力用在征服波斯上，不願把兵力和時間花費在斯巴達身上，他只是派部將駐守科林斯海峽，監視斯巴達。

亞歷山大就這樣兵不血刃地、迅速地平定了希臘的叛亂，把希臘控制在自己手中，既顯示了一個偉大統帥的指揮才能，又展露了一個傑出政治家的靈活手段。

但是，亞歷山大在當上希臘聯軍的統帥後，和他父親腓力一樣，並沒立即進軍亞洲，不過，腓力似乎是被家事和新婚耽誤了，而亞歷山大則是因爲，他認爲在進軍亞洲以前，必須掃蕩北部和西部，清除前進路上的障礙，以便他在眞正開始遠征亞洲時，他的後方基地馬其頓及其側翼能確保無虞。

他的第一步是征服色雷斯人。色雷斯在當時還是一個國家，占有卡爾息狄斯半島以東、海岸線以北的廣大地區。如同對待希臘一樣，亞歷山大的目的並不是要把整個色雷斯都併入馬其頓，而只是要使這一地區臣服馬其頓，聽從自己的指揮，從而在進行東征波斯時有個穩固的後方。不把一個有進行反馬其頓活動的跡象的鄰國降服，就貿然遠離本土去遠征是危險的。亞歷山大首先命令一支馬其頓的海軍艦隊，從拜占庭出發，駛入黑海，沿多瑙河溯流而上，會合也將來那裡的亞歷山大親自率領的陸軍部隊。然後，亞歷山大率領陸軍，從安菲波利斯出發，侵入色雷斯境內。在深山老林中穿行，十天後到達希馬斯山，和色雷斯的小股部隊發生了遭遇戰。在今天的保加利亞的希普卡關隘，亞歷山大指揮他的部隊，進行了他登基以來第一次戰役。

這是一次考驗亞歷山大的勇氣和指揮才能的戰鬥。許多武裝商人和色雷斯士兵占領了山的制高點，控制了亞歷山大大軍過山的必經之路。他們集中了許多車輛在陣前，一方面可以用這些車輛作防守屏障，另一方面，他們想在馬其頓方陣部隊爬到半山最陡處時把車輛作爲一種特殊的武器推下去，他們認爲對方方陣越密集，翻滾下山的車輛的猛力衝撞就越容易把它衝散。亞歷山大十分清楚敵人的計謀，但在認眞觀察地形後，決定衝過敵人的防線過山，因爲除了通過這一關隘外，無路可走。他爲順利過關作了精密的布置，命令全軍：方陣軍要看情況靈活運動，在平地上碰到滾下的車輛，隊伍可左右分開，給車輛讓開一條路；在峽谷碰到衝下的車輛，隊伍無法躲閃，就要緊縮臥倒，把盾牌放在身體的上方緊緊地連成一片，讓車輛從上面滾下去。結果正如亞歷山大所料，翻滾而下的車輛並沒給亞歷山大的部隊帶來多大的傷害，一部分部隊讓開了，而另一部分部隊則讓車輛從盾牌上滾過去，受害也不大，無一人死在車下。這使馬其頓士兵勇氣大增，大聲呼喊著向色雷斯人衝去。亞歷山大把弓箭手從一個方陣的右翼調到另一方陣的前方，這樣，在色雷斯人出擊時，可更準確地向他們射箭。亞歷山大自己則率領突擊隊、衛隊和由山地人組成的輕裝部隊轉到左翼，在弓箭手的配合下，亞歷山大身先士卒，向敵陣衝去。色雷斯人慌忙丟下武器，狼狽地逃下山去。有一千五百人被消滅，由於地形熟悉、跑得快，被生擒的很少，但他們帶來的婦女、小孩和各種物品卻都被馬其頓人俘獲了。亞歷山大登基以來的第一仗就這樣以全勝而告終，他本人也仍和過去一樣，在混戰中一馬當先。

亞歷山大率軍越過山脊，穿過希馬斯山地，向特巴利亞人處進軍，再由這裡去多瑙河。特巴利亞國王得知亞歷山大進軍的消息，攜帶婦孺躲到多瑙河中的庇斯島上，而其主力部隊則轉移到一個森林密布的峽谷中，準備在這裡抵抗亞歷山大。亞歷山大根據地形的需要，把方陣改成縱深隊形，同時命令弓箭手和投石兵上前射箭、投石，把敵人引出峽谷來。特巴利亞人遭到箭石的攻擊，誤以為亞歷山大的軍隊不過如此，他們認為弓箭手和投石兵身邊無利器，便衝上來和他們肉搏。當特巴利亞人被引誘到開闊地帶時，亞歷山大率領騎兵和排成密集隊形的方陣兵，排山倒海般地向他們衝殺過來。特巴利亞人招架不住，四處潰逃。在方陣兵的正面攻擊和騎兵的兩翼包抄下，有三千多特巴利亞人被殺死了，有一些在夜色掩護下沿峽谷逃跑了。據說，亞歷山大方面只犧牲了十一名騎兵和四十來名步兵。

亞歷山大乘勝前進，經三天行軍，到達歐洲第一大河多瑙河。那個時候它被稱爲伊斯特河。在這裡，亞歷山大令人難以置信地會合了他的一支艦隊，這支艦隊是奉他之命從拜占庭駛來的。亞歷山大想用這支艦隊強攻登陸特巴利亞國王避難的庇斯島，結果登陸失敗。亞歷山大便放棄了強攻庇斯島的計劃，決定渡河攻擊河對岸的吉塔人。吉塔人是色雷斯人的一支，他們在河對岸集結了一支很大的隊伍，約有四千騎兵和一萬多步兵，準備阻擊渡河的亞歷山大隊伍，支援特巴利亞人。

亞歷山大爲渡河作了精心的準備，他派人從民間搜羅了許多小船（獨木舟），並令人把獸皮做的行軍帳篷做成皮筏。他利用這些工具一夜間就把大約一千五百騎兵和四千步兵渡過了多瑙河。過河後，部隊在麥田的掩護下，神不知鬼不覺地緊靠河岸行進，快天亮時，他令部隊走出麥田，騎兵列在右翼，步兵列成橫寬、縱深的長方形方陣。吉塔人被這突如其來的攻擊嚇得完全失去了抵抗能力，他們萬萬沒有想到，亞歷山大在一夜之間不用橋就渡過了這條最大的河。他們也沒想到，亞歷山大的方陣如此堅強可怕，騎兵如此迅速凶猛。亞歷山大騎兵的第一次衝鋒就把他們打得潰不成軍了。他們先是逃到村落裡，在亞歷山大隊伍的追擊下，他們又棄村而逃，一直逃到遙遠的北部草原上去了。亞歷山大把吉塔人的村落夷爲平地，奪取了吉塔人未能帶走的一切。

亞歷山大並不是要奪取這個不開化的蠻荒地區，他只是要使這裡的部落居民能感覺到他的威力，害怕他，從而在他離開時，不敢興風作浪。因此，他在多瑙河河邊向保護神宙斯、赫拉克勒斯和容許他過河的河神獻祭後，便渡河返回南岸的營地。

多瑙河之役使亞歷山大威名大振，多瑙河沿岸的部落都在亞歷山大的強大武力面前屈服了，再不敢和馬其頓對抗了，特巴利亞國王派特使來致意，其他部落也派大員來謁見，傲慢的凱爾特人也派來使團，要與馬其頓修好。亞歷山大和他們之間互相都作了適當的保證。有這樣一個故事：亞歷山大在會見凱爾特人時，曾問他們，他們最怕什麼，他心想，他的威名肯定已傳遍了這一帶，他希望他們回答最怕他。但凱爾特人卻回答說，他們最怕天塌下來砸死他們，這一回答大出他的所料，不過，亞歷山大仍跟他們結了盟，宣布他們是他的朋友。同時，他自我解嘲地說：「這些凱爾特人眞會吹牛。」

亞歷山大對多瑙河地區的色雷斯諸部落的策略是有戰略眼光的。這裡是一片沒開化的蠻荒之地，馬其頓占領它，並無多大的好處，卻勢必要使大量兵力陷入其中，這會影響亞歷山大的遠征波斯的計劃。亞歷山大也無意改變這裡的現狀，要對這樣一大塊地區進行整頓是不容易的，也是得不償失的。最好的辦法就是讓他們產生畏懼之心，和他們結盟。這樣做既可保證邊境的安全，又可在遠征中得到他們的一定的人力和財力的支援。其實，腓力和亞歷山大父子對希臘諸城邦也是採取結盟的方式，這也是希臘的傳統方式，所謂雅典帝國就是如此。亞歷山大在遠征波斯之前，基本上都是採取結盟方式擴大馬其頓的勢力，當然，這種結盟是以武力爲後盾的，前提是盟邦都必須服從馬其頓，聽命於亞歷山大。對於那些背叛他的盟邦，他的懲罰將會是令人害怕的，甚至是令人髮指的。

血洗底比斯

亞歷山大成功地降服了多瑙河地區的諸部落後，率軍返回，途中得知伊利里亞人反叛。伊利里亞人在巴爾幹西北部，曾是馬其頓的宿敵，亞歷山大就是在馬其頓大敗伊利里亞人的勝利之日誕生的，他們雖被降服了，但時刻都在尋找機會反叛，他們認爲馬其頓王位更迭、亞歷山大正與色雷斯人作戰，這正是他們向馬其頓報復的大好機會。但他們失算了。亞歷山大很快就平定了伊利里亞人的叛亂，打得他們完全喪失了鬥志，再也不敢和馬其頓對抗了。這時，傳來了底比斯人發動反馬其頓暴亂的消息。

應當說，亞歷山大對希臘是很尊重的，對希臘的高度發達的文明是從心裡敬佩的。他對他的老師亞里士多德的熱愛和敬仰，就是這種心態的反映。他把老師爲他注釋的荷馬史詩《伊里亞德》視爲最心愛之物，藏在金盒中，放在枕頭下；他把希臘神話中的英雄作爲自己的榜樣。他把宙斯之子赫拉克勒斯當作自己的祖先。他是以希臘人自居的。他繼位後，對希臘表現出很大的善意。腓力突然死於非命，希臘人奔相走告，大肆慶賀。許多城邦互相串聯，圖謀進行反馬其頓的叛亂。亞歷山大雖率軍南下，卻對陰謀造反的希臘諸城邦極爲寬大，除了重申科林斯盟約、確立亞歷山大的希臘聯軍的統帥地位外，沒有提出別的什麼要求。爲了塑造自己的感人的有修養的形象，他在科林斯甚至放下君主的架子，屈尊去拜訪了著名的哲學家第歐根尼，一位國王和一位犬儒學派代表人物進行了一次歷史性的會晤。

第歐根尼過著極端反常的生活，他以「毀壞貨幣」作爲自身的任務，他力圖暴露大多數傳統的標準和信條的虛僞性，號召人們回復簡樸的自然的生活。他所鼓吹的自然生活意味著，不僅無視奢侈的享受，而且無視有組織的、因而是「常規的」社會之法律和風習。爲了表達對世俗物品的鄙視，他常年住在一隻大桶中。亞歷山大竟去見這樣一個人是令人驚奇的，而他們的對話卻成了流傳千古的名言。

亞歷山大以一個國王的身分居高臨下地告訴第歐根尼，可以滿足他的一個要求，只要他說出來。第歐根尼回答說：「你不要遮住我的太陽。」亞歷山大沒有被這樣的回答所激怒，他的回答同樣意味深長：「如果我不是亞歷山大，我願做第歐根尼。」

亞歷山大這樣做，雖有做秀之嫌，卻也反映出他對希臘、對希臘的智者的尊重，從內心深處他是想和希臘人友好相處的，當然，前提是服從他的統治。

但是，底比斯人的反叛給了他重重的一擊，如果底比斯反叛成功，後果不堪設想，他的遠征波斯的計劃就會落空。底比斯人的叛亂使他清醒了，大多數希臘人是看不起馬其頓的，如果不給希臘人一個很難忘記的教訓，他的後方就不會是安全的、鞏固的。

促使底比斯人起義的原因有兩個，一是當時在希臘盛傳亞歷山大已死於伊利里亞；二是底比斯作爲希臘的一個大城邦，一個可以和雅典、斯巴達平起平坐的強大城邦，是不甘心受馬其頓統治的，他們渴望恢復過去的日子。因此當被腓力流放的一些底比斯人秘密返回，鼓動底比斯人起來造亞歷山大的反時，他們心動了，他們被流放者的諸如「解放」、「自由」等口號所引誘，被要把馬其頓多年來強加在底比斯人身上的沉重的枷鎖甩掉的話語所迷惑，不顧一切起義了。他們殺害了兩名馬其頓官員，圍攻馬其頓駐軍，宣布底比斯獲得自由了，並要爲凱洛尼亞的慘敗雪恥。他們和波斯人勾結，派人到希臘各地煽動：誰想獲得解放，誰想推翻暴君統治，誰就應當加入波斯和底比斯的行列。在底比斯人的煽動下，有好幾個城邦準備支援底比斯人，雅典也躍躍欲試。希臘人大有聯合起來反對馬其頓之勢。

但是，亞歷山大的神速行動，摧毀了希臘人謀求「解放」的一切夢想。亞歷山大聽到底比斯起義的消息時，尚在距底比斯有三百里之遙的皮侖城。這在今人看來沒有多遠的距離，在當時卻是很遠的。亞歷山大不顧部隊連續作戰的疲勞，率領大軍以每天二十英里的速度持續行軍兩週，越過不知名的蠻荒地區，來到底比斯。底比斯人大吃一驚，但他們仍然相信亞歷山大已死，認爲這支突然而來的馬其頓大軍是由安提柯率領的。

開始，亞歷山大還想給底比斯人一個悔過的機會，他沒有立即下令攻城，而是在底比斯城下紮營，等待底比斯悔改，派使節來見他。底比斯人在亞歷山大大軍壓境下，仍不屈服，他們沒有派來求降的使節，而是派出了一隊騎兵和輕裝步兵衝向亞歷山大的營地，從遠距離向營地周邊投石射箭，殺傷了一些馬其頓士兵。亞歷山大立即派出一支輕裝步兵和弓箭手，把已經衝到營地跟前的底比斯人逐回城內。第二天，亞歷山大率領全軍，前進到距衛城不遠處紮營。他仍沒有令人攻城，在這裡紮營，只是爲了便於支援被底比斯人圍困的、駐守在衛城的馬其頓部隊。底比斯人在衛城四周修起了雙重柵欄，使外邊的人無法支援被困在裡邊的人，裡邊的人也無法衝出來和外邊支援的人裡應外合。在這種情況下，亞歷山大仍然希望能和平解決，仍在等待，沒有下攻城令，而是在衛城附近的營地裡按兵不動。亞歷山大這種態度和他一貫的果斷迅速的作風大不相同，這要嘛是亞歷山大對希臘人有一種特殊的感情，不願造成大的流血事件；要嘛是他認爲這樣做可以兵不血刃解決問題，效果更好。

亞歷山大的等待有了一定的效果，有一些底比斯人動搖了，從城內出來了幾位公民，要見亞歷山大，替全體底比斯市民請罪，請求他饒恕他們這次造反。但那些反馬其頓的人堅拒不接受亞歷山大任何寬恕，堅決要與亞歷山大對抗到底。

亞歷山大仍在等待，仍然不進攻。但是，他的部下卻沒有亞歷山大這樣的耐心，他們被底比斯人的態度激怒了，他的警衛部隊的指揮官赫斐斯申不等亞歷山大下達進攻的命令，就率領部下搗毀柵欄，衝了進去，直撲底比斯的前衛部隊。攻城戰就這樣開始了。亞歷山大表現了他作爲一個偉大統帥的當機立斷，戰鬥雖不是在他的命令下開始的，但既已開始，就要把戰鬥引向勝利，而不能聽任攻城的部下陷入困境，他立即下令全軍攻城，並親自率領軍隊攻了上去。底比斯人根本無法抵抗馬其頓人的進攻，亞歷山大很快就攻進城內。這時，亞歷山大一改寬厚仁慈的態度，露出了一副凶神惡煞的面目，下令對不投降者，一律格殺勿論。底比斯城內成了屠宰場，馬其頓軍隊四處追殺潰敗的敵人，屠殺停止抵抗的底比斯人，家裡、寺廟裡都成了馬其頓士兵殺人的場所，見一個殺一個，見兩個殺一雙，婦女、小孩也不能倖免。逃到城外平原地帶的底比斯人，也難逃一死，先後被追殺。總共有六千多底比斯人被殺。隨後，亞歷山大在科林斯召開了一次同盟的理事會來決定底比斯的命運。按照會議的決定，三萬多名倖存者都被賣到亞歷山大軍中當奴隸，起義的領導者被絞死梟首示眾，底比斯全城被燒毀，夷爲平地，由各盟邦瓜分。但在亞歷山大的特別關照下，寺廟被保存下來，大詩人品達的家宅也安然無恙。亞歷山大在大肆屠殺中，仍然顯示他政治家的圓通，沒有忘記表示他對希臘文化的尊重，對神的敬仰。普魯塔克記述了這樣一個故事，說明亞歷山大在瘋狂中仍保持著清醒。有一個馬其頓軍官闖進了一個底比斯婦女的屋裡，使她遭受了無法形容的侮辱和傷害，最後還問她是否藏有金銀。她告訴他說，她的全部珍寶都藏在一口井裡，她把他領到井邊，在他俯身向井中凝視時，她突然把他推了下去，並投下大塊石頭，把他砸死了。恰巧被幾個馬其頓士兵看見了，他們立即把她抓起來送給亞歷山大去審判。這個婦女面對亞歷山大昂然不懼，亞歷山大不僅寬恕了她，而且還把她的家人、財產和自由一齊歸還了她。當然，這並不能說明什麼，對整個底比斯進行侮辱、擄掠和奴役的正是亞歷山大。

底比斯，這個希臘文明的代表城市之一，這個令人驕傲的古城，狄奧尼修斯（酒神）和亞歷山大的祖先赫拉克勒斯（大力神）的誕生地，就這樣只剩下了令人嘆息的殘壁斷垣。

全希臘都在這種暴行下戰慄。他們把底比斯的毀滅看成是神譴天罰，因爲在希臘人與波斯人的戰爭中，底比斯曾一再背叛希臘；他們在西元前四二九年侵占普拉太後，把普拉太人全部貶爲奴隸，對歸順斯巴達而不歸順底比斯的人實行了大屠殺；他們還曾企圖毀滅雅典。當然，說底比斯的毀滅是神罰天譴，也是亞歷山大的擁護者爲他的這一滔天罪行製造的開脫之辭，不過當時的人都相信這是眞的。

屠城這樣的罪行是戰爭中常有的事，古今中外概莫能外。亞歷山大以後還會不斷犯下這類罪行，但縱觀亞歷山大的征戰一生，總括來看，他對於被他侵占的城池及其居民還是比較人道的。

亞歷山大毀滅底比斯的唯一目的，就是殺一儆百，警告希臘各邦，不得違背科林斯同盟之約。亞歷山大的目的達到了，警告起了很大作用。亞歷山大東征期間，希臘沒有發生什麼大的動亂。

雅典曾在暗中支持底比斯人，但亞歷山大對雅典卻十分寬容，雅典派了十名使者來見亞歷山大，祝賀他從伊利里亞安全歸來和鎭壓底比斯叛亂的成功。亞歷山大還算友好地接見了使者，但給雅典城邦寫了一封信，要求雅典交出德摩斯梯尼等九名反馬其頓份子。他認爲這些人應該對西元前三三八年凱洛尼亞流血事件負責，也應對腓力逝世時反對腓力和亞歷山大本人的罪行負責。這些人的罪行並不比底比斯叛亂份子輕。雅典沒有把這些人交出來，而是另派了一個代表團去求亞歷山大饒恕這些人。亞歷山大又一次表現出政治家的風度，答應了雅典人的請求。他這樣做，和毀滅底比斯的手段雖完全相反，目的卻一樣，都是爲了穩定希臘局勢，爲了在他東征時，有個穩固的安全的後方。當然，他如此善待雅典，也是想在東征時利用雅典的強大的海軍力量，同時又可在希臘人心目中樹立一個良好的仁君形象，他的老師亞里士多德正在雅典辦學，他不願因他的過激行動而影響自己的名聲。雅典的反馬其頓份子只有卡里德莫斯一人被流放，後來他逃到波斯宮廷去了。

隨後，亞歷山大來到科林斯，召開並主持了同盟理事會，決定了各邦在遠征時應出的兵力。接著他又趕往特爾斐神廟，祈求神靈保佑他遠征時一切順利。

西元前三三五年初冬，亞歷山大回到馬其頓，做出師波斯的最後準備工作。他舉行了傳統的祭典，祭祀奧林匹斯山主神宙斯；又在故都埃加舉行了奧林匹亞運動會，同時，有人說，還舉行了文藝競賽大會，向掌管音樂、繪畫、文藝的諸女神致敬。出征前夕舉行的這一系列活動，其實是在做戰前的動員。祭神可以使遠征塗上神意的色彩，這在古代是非常重要的。文藝演出是爲亞歷山大歌功頌德，傳說有一希臘神話中的豎琴手的雕像在流汗，就有人解釋說，這預示史詩、合唱詩、頌歌等作者將爲亞歷山大和他的功績而辛勞流汗。運動會可激發人們的勇氣和鬥志。同時這些活動還可以營造一種快樂、團結、奮進的良好氣氛，這種氣氛可以使即將遠離家鄉出征的士兵產生一種精神力量，這種精神力量和精良的裝備同樣重要。

一切準備就緒，亞歷山大即將踏上征途，歐洲和亞洲的兩大勢力將進行空前的決戰，歷史將翻開新的一頁。

第五章 東征的目的和條件

亞歷山大的雄心

腓力和亞歷山大父子兩人都把打敗和征服波斯作爲自己的奮鬥目標。在某種程度上，亞歷山大的東征只是完成父親的遺志，完成父親的未竟之業。有人說，在這齣戲中，腓力是導演，而亞歷山大只是在臺上表演的演員。由於演員的表演太精采了，以致完全掩蓋了導演的光芒。這話不無道理，亞歷山大受他父親的影響太大了，他是他父親精心培養的接班人，他繼承了父親的許多特點，但他又是個和父親完全不同的人，父子之間的嚴重矛盾和衝突就反映了父子性格的差異，亞歷山大的性格中還有他那容易激動好幻想的母親的影響，有他那博學的老師亞里士多德的影響。他親近母親而疏遠父親，他愛老師甚於愛父親，他認爲父親只給了他生命，而亞里士多德教會了他安排生活的藝術。在他身上有他母親的瘋狂，有他父親的穩健，還有亞里士多德的教養。促使他進行遠征的有多種因素，而不是某一種因素。有人認爲最重要的因素是心理因素，是他的特殊的性格。性格和心理確實是不可忽視的，在亞歷山大的性格中和心理上，至少有兩點是不能不考慮的。一是他身上的英雄主義色彩，他把希臘神話中的英雄、特別是大力神赫拉克勒斯作爲自己的榜樣，他心中充滿建功立業的激情，他和他父親不同，他不迷戀美色，不喜好酒宴，就是因爲他把創立前人未有過的功業作爲自己人生的最大追求。在他還未成年時，他就害怕他父親把所有的事情都做完了，自己沒有什麼大事可做了，沒有當英雄的機會了。征服波斯，進而征服世界是他一生的夢想。

二是他的無止境的求索精神。這有他老師亞里士多德的影響。亞里士多德在學術上，是個永不休止的求索者，亞歷山大是個軍事上、政治上永不休止的征服者、擴張主義者。事實上，他有著濃厚的對世界上的一切未知的東西的好奇心。他有著一種無休止地去發現世界和發現自我的欲望，「我要成爲一個詩人，我要成爲一個先知……我要探尋那未知的世界。」有人引用這樣的詩句來形容亞歷山大的這種性格。

如果我們不考慮亞歷山大性格中的這些特點，我們就無法解釋爲什麼他的遠征永無止境，爲什麼遠征時還帶一個科學考察團，爲什麼要沿途收集大量自然歷史材料送回希臘，供他老師亞里士多德研究用。

當然，一個國家如此之大的軍事行動，一個將要把千百萬人帶進前途莫測的敵對區域的行動，不可能僅僅出於爲了表現個人的英雄主義，爲了滿足他的好奇心。把心理因素看成是遠征的最重要的原因是不對的。心理因素只是諸多因素中的一個。

實現腓力的遺願、完成腓力未竟之業是亞歷山大遠征的一個重要原因。應當說，腓力爲遠征而在軍事上和外交上都做了大量工作。是腓力建立了科林斯同盟，停止了希臘各城邦的混戰，實現了希臘各城邦（斯巴達除外）的穩定和聯合。但是，這種聯合是在馬其頓的武力壓服下實現的，是在希臘各邦犧牲部分主權換來的，是在向波斯進行復仇戰爭的口號下實現的。希臘各城邦之間的戰爭轉化爲在馬其頓領導下的對波斯的戰爭。在腓力領導下進行一場對波斯的戰爭，這也是部分希臘人所企望的。雅典的親馬其頓派首領伊索克拉底，在西元前三四六年，在其《致腓力書》中，就尊馬其頓國王爲主宰、希臘的統一者和反波斯戰爭的首領。伊索克拉底是希望利用馬其頓，使希臘成爲一個新的帝國，掠奪新的領土，他在《致腓力書》中寫道：

「盡可能地擴大領土，攻取亞洲，從奇里乞亞一直打到錫諾普；並且在這塊土地上建造城鎮，收容那些逢人便爲害的缺乏生活資料的流浪者。」

腓力當然不會按伊索克拉底的意見行事，他發動對波斯的戰爭，肯定是要奪取盡可能多的土地和財富，他不是爲希臘而是爲馬其頓，爲他自己。同時，他作爲希臘聯軍的統帥，要爲希臘人復仇，而作爲馬其頓國王，他要懲罰波斯人對佩林蘇斯和色雷斯的進攻。腓力遇刺，馬其頓說是波斯阿契美尼德王朝策劃的，亞歷山大又增加了爲腓力報仇的口號。

亞歷山大比起他父親來，胃口更大。當時，馬其頓的財政十分困難，這是促使亞歷山大立即遠征的重要原因。亞歷山大父子二人都對波斯的財富垂涎三尺，必欲奪之而後快。亞歷山大在他踏上亞洲土地的那一刻，就明白無誤地表示了他的領土野心。他第一個把長槍投到了亞洲土地上，這意味著，他要用長槍尖來征服這塊土地。他在這場戰爭中，完全按色諾芬所下的定義做。色諾芬說：

「在戰爭中從敵人手裡奪取了城市，也就奪得了城中的一切，不管是人還是物，都屬於戰勝者，這是一個普遍的永久的法則。」

亞歷山大一開始就認爲，未來的一切被征服的地方最終都是如此。這意味著征服波斯和過去征服希臘完全不同，征服希臘只是把希臘統一起來，在馬其頓的領導下，進行反波斯的戰爭，他們仍保留原來的政府、法律和管理方式，馬其頓並沒有直接兼併他們的土地；而征服波斯，自始至終都是以兼併、以奪取波斯的城市、鄉村和一切財富為目的的。這一政策的轉變，標誌馬其頓已從雅典帝國那樣的帝國轉變為波斯帝國這樣的帝國了。亞歷山大開始創立他自己的帝國了，他對他所占領的地方一律委派馬其頓的總督和行政官員進行直接統治，恢復部落進貢或大流士的進貢。這種目標已不是希臘人所能想像出來的，和伊索克拉底的設想也完全不同。不同之處還在於，亞歷山大的領土擴張是無限的，而希臘人和腓力所設想的擴張都是有限的。腓力和亞歷山大都沒有直接說出自己的擴張計劃，但有一件事很清楚地顯示了他們之間的不同。西元前三三一年腓力的老將帕米尼歐力勸亞歷山大採取寬容態度，接受大流士提出的向亞歷山大割讓一直到幼發拉底河的亞洲土地的外交提議。帕米尼歐強調：「至今尚未有人能夠擁有自伊斯台爾至幼發拉底河之間的跨度如此之大的廣闊土地。現在該把注意力收回馬其頓，而不能盯住大夏和印度了。」帕米尼歐進一步表示：「假如我是亞歷山大的話，我就會接受大流士的提議。」亞歷山大沒有為帕米尼歐的話所動，他反唇相譏：「假如我是帕米尼歐的話，我也會接受。」

亞歷山大的東征除了打「復仇戰爭」的旗號外，還有一個旗號「解放戰爭」。復仇戰爭之說，是要使這次戰爭成為整個希臘向波斯復仇之戰，這樣既師出有名，又可在各盟邦招募軍隊。在亞歷山大的東征大軍裡就有七千名希臘步兵和二千四百名希臘騎兵（包括色雷斯騎兵），他們是亞歷山大軍隊的不可忽視的組成部分，希臘聯軍由一名希臘軍官和一名馬其頓軍官共同指揮。一些希臘城邦還爲亞歷山大提供了他所缺少的海軍艦隊。同時，這支隨行的希臘軍隊實際上也是亞歷山大手中的人質，可以保證出征期間，希臘不出現反馬其頓的活動。當然，復仇戰爭的口號也表示亞歷山大對希臘、對希臘文明的尊重。爲了安撫希臘人，爲了表示戰爭的全希臘性，亞歷山大在戰爭期間，也常有所舉動。如，在格拉尼庫河戰役之後：

「他令人將三百套波斯甲冑送往雅典向雅典娜獻禮，並附有如下獻詞：『腓力之子亞歷山大和全希臘人（拉凱戴蒙人除外）謹獻上繳獲亞洲蠻族之戰利品』。」

亞歷山大在這裡說的是全希臘人，他需要打這樣的旗號，他這樣的舉動還有過多次。西元前三三一年十月，高加米拉戰役勝利後，亞歷山大將這次勝利比作希臘人西元前四八〇年在薩拉米和西元前四七九年在普拉蒂亞打敗波斯人的勝利，「他致書希臘各城邦，廢除僭主政治，各城邦可以按照自己的法律治理國家」（普魯塔克，《亞歷山大》）。西元前三三一年十二月在蘇薩，他還未接到打敗阿基斯三世的捷報，就將薛西斯一世於西元前四八〇年搶走的歷代塑像送還雅典。

解放戰爭，也就是說，這場戰爭是爲了解放亞洲各希臘城邦。有些古代學者把這說成是亞歷山大的首要任務。這種說法不是很確切的。當然，那些受寡頭和僭主統治的城市，確實把亞歷山大的到來看成是一種解放。在以弗所，民主的恢復導致了多次的報復行動，亞歷山大只得親自加予干涉，才制止了濫殺僭主支持者的行爲。但是，除了熱烈歡迎的場面外，也有抵抗和造反的。這種抵抗有波斯軍隊組織的，也有民眾自己拒絕歸順的。對於抵抗和造反的，他用色諾芬所說的戰爭法則來懲治他們，也就是說，最終支配這些城邦和它們的居民。如，奇里乞亞的索羅伊城親近波斯，亞歷山大就令該城繳納二百泰倫特的巨額罰金，並向該城派駐軍隊。事實上，希臘各城邦所獲得的自由，不過是亞歷山大的一種退讓策略，是暫時的自由。我們在這裡舉一個例證：潘菲利亞的阿斯潘達斯城，亞歷山大起初同意，只要繳納五十泰倫特和進貢實物（戰馬），便不向該城派駐軍隊，允許其實行自治。然而，當亞歷山大聽說該城不願履行條約，便大兵壓境，強迫該城接受新的條約，並將該城由「自治」城邦改爲「附屬」城邦。關於這件事，阿里安是這樣記載的：

「亞歷山大令阿斯潘達斯人將該城顯貴送交他作爲人質，進貢他們已經答應的戰馬，繳納錢款由五十泰倫特升至一百泰倫特，接受由他任命的總督的統治，向馬其頓國王歲歲納貢，而且還要接受對其受指控非法強占鄰國土地一案所作的調查。」

顯然，不管是「復仇戰爭」還是「解放戰爭」都是亞歷山大發動這場戰爭的藉口，都是他爲他的這一行動尋找的冠冕堂皇的理由，這些理由既投合了希臘人的要求，也符合他自己的雙重身分。因爲他既是馬其頓國王，又是科林斯同盟的盟主、希臘聯軍的統帥。但實際上，復仇和解放都不是他的目的，如果僅僅是復仇，他就應當接受大流士割讓土地求和的提議；如果是爲了解放亞洲的希臘城邦，他就不應當給這些城邦套上新的枷鎖。

亞歷山大發動這場戰爭的眞正目的並不那麼光明正大，那麼冠冕堂皇。他的目的就是侵占波斯的領土，掠奪波斯的財富。對於一個擁有強大的戰爭機器，而又財政困難的國家來說，波斯是最好的、也是最誘人的掠奪對象。波斯不僅幅員廣大，而且文明發達。希臘人雖視波斯人爲蠻族，實際上，波斯人的文明比希臘文明還要古老。兩河流域和埃及在希臘文明產生前就是文明的中心。希臘人雖看不起波斯人，但對於波斯文明卻也心懷敬意，對波斯所擁有的財富也十分羡慕嚮往。有不少希臘人在爲波斯宮廷服務，在希臘不得志者、受排擠者也都紛紛投奔波斯，事實上，希臘的爭霸戰爭中，各方勢力都盡力勾結波斯，借波斯勢力以自重。亞歷山大認識到，不僅波斯所擁有的財富可解決馬其頓的財政問題，使馬其頓更加富強，而且要眞正徹底解決希臘的問題也要徹底打敗波斯。有一個強大的波斯的存在，希臘也不會平靜，馬其頓和平也不會長久。亞歷山大的目的，或者說，他的雄心，就是要滅亡波斯帝國，侵占其全部國土和財富，建立一個世界帝國。這也是他和腓力的不同處。腓力似乎沒有設想過要滅掉波斯，他的胃口顯然沒有他兒子大。亞歷山大侵占東方土地，掠奪東方財富之舉開了西方掠奪東方的先河，以後，西方不斷侵入和掠奪東方，當然，其中也有東方侵入西方之時，到近代西方完全壓倒了東方，東方，包括中國，完全成了西方的掠奪對象。當時，亞歷山大還不知有個中國在東方。亞歷山大所知道的世界是被海洋包圍著的，西邊有大洋。東邊，恆河以東也是一片「外洋」。而且，恆河流域是一片荒漠。因此，亞歷山大的東征到印度河就結束了。他的目的好像只是重建大流士一世帝國的邊界，並從中獲取大流士曾經獲取的所有政治和財政利益。當然，他東征的停止也可能是他已沒有力量繼續前進了，他的部下也不願跟著他無休止地東征下去了。

東征的條件

亞歷山大東征的對象波斯，不只是個文明古國，也是個十分強大的國家。比起馬其頓來，無論在人力上，還是物力上，波斯都擁有絕對的優勢。波斯有著從歐洲的色雷斯到印度的、長達三千英里的廣袤國土，有四千萬人口，有豐富無比的財力資源。波斯國王的家族統治這片土地二百年，根深蒂固，有著牢固的統治網，阿契美尼德王朝既沒有經濟危機也沒有公眾的不滿，波斯王公貴族對大流士一直是忠誠的，各地的實力派和大流士的關係也一直是好的。應當說，波斯國王大流士三世的統治是穩固的。

他是有力量拒入侵者於國門之外的。

大流士三世有多少軍隊，現在已無從知道。希臘的一些歷史學家所提供的有關波斯軍隊數量的統計顯然是有意誇大了的。有人說，大流士參加伊蘇斯一役的軍隊人數就有五十萬，這肯定是不確切的。但是，波斯軍隊人數遠遠超過馬其頓軍隊卻是毫無疑問的。大流士三世國王不但自己有一支紀律嚴明、訓練有素的軍隊，而且還有山地居民和沙漠地帶的游牧民族供他驅使。他們凶狠好鬥，隨時聽候大流士的調遣。波斯人僅在小亞細亞一地就駐紮了二萬騎兵。他們手執梭鏢，被認爲是世界上最優秀的騎手。大流士麾下還有一支同樣著名的弓箭手隊伍，構成了步兵的主體。另外還有二萬名希臘雇傭兵。令人奇怪的是，這些雇傭兵並沒有因爲要與之對抗的是所謂希臘聯軍，而削弱了作戰的決心，他們有強烈的反馬其頓情緒，死心塌地地爲大流士賣命。

大流士三世還有一支可和腓尼基海軍媲美的海軍，它是當時世界最精良的，可隨意在地中海游弋，愛琴海實際上處於波斯人的控制下。這樣一支海軍的存在，對遠征的亞歷山大的威脅是巨大的，它既可使亞歷山大處於兩面受攻的境地，又可在馬其頓後方搗亂，煽動希臘城邦反馬其頓。

亞歷山大也有一支艦隊，但無法和波斯人的艦隊相抗衡。亞歷山大不擅長海戰，他的這支海軍原由一些雅典船隻組成，亞歷山大並沒有打算用它來對抗波斯人，實際上是把它作為抵押品，以確保雅典在他出征期間不會背叛。

亞歷山大靠什麼去打敗並滅亡波斯呢？靠陸軍，靠當時世界上，不包括中國，最精良的一支陸軍部隊。這是一支亞歷山大從腓力那裡繼承下來的軍隊，由服役並訓練多年的馬其頓貴族和健壯的農民組成，是一支戰鬥力極強的職業軍隊，是有史以來配備最齊全的軍隊。有騎兵，有步兵，步兵分重裝步兵和輕裝步兵，有弓箭手、標槍手和投擲手，有攻城兵，有工兵部隊，還有醫療隊。亞歷山大的這支軍隊還得到一支有效的後勤部隊的支援。遠離本土、深入敵境作戰，沒有可靠的後勤供應，其後果是災難性的。

亞歷山大把各兵種組成一個統一的整體，作戰時，既充分發揮各兵種的特點和作用，又互相配合。這是他的軍隊之所以能所向無敵的一個重要原因。亞歷山大特別善於用騎兵，儘管這時的騎兵既沒有馬鞍也沒有釘馬掌，他卻利用騎兵的橫掃千軍之勇，使其成為他的起決定性作用的兵種，成為他的一支正規的突擊武器，成為他的軍隊的核心，「國王的左右」。亞歷山大對騎兵的運用是軍事史上的一大創新。同時，他將騎兵、步兵和輕裝武器部隊聯合運用於一切軍事行動之中，不僅用於陣地戰，也用於可能只有一支小分隊參加的小規模的遭遇戰，這是令人驚奇的，也是十分困難的。亞歷山大之所以能這樣做，據他自己說，是因為他認真從事，他說戰術就是動腦筋。

這支騎兵以二百五十人爲一個作戰單位。跟隨亞歷山大左右並由他親自指揮的一小隊專用騎兵，稱御林軍。

左翼的騎兵一般由老將、全軍副統帥帕米尼歐指揮。帕米尼歐曾是腓力手下的大將，作戰經驗豐富，用兵謹慎，堪當此任。作戰時，全軍列成所謂的斜隊形，帕米尼歐及其左翼的任務是穩住陣腳，要一直堅持到亞歷山大從右翼發起攻擊的決定性時刻。

亞歷山大還有一支輕騎兵，其中一部分與輕裝步兵、弓箭手、投石手及標槍手一道配置在左右兩翼。隨同亞歷山大出征的還有五千名希臘雇傭兵和來自科林斯同盟的七千名希臘聯軍。對於希臘聯軍，亞歷山大只是把他們作爲人質，使希臘各城邦不敢輕舉妄動，除委以一些衛戍任務外，並不用於陣前作戰。

亞歷山大出征時，留下了一支部隊駐守馬其頓和希臘，以保證後方的安全，和隨時給前方支援和補充。他率領的遠征大軍合起來共有三萬多步兵、五千騎兵。在人數上，這是無法和波斯相比的。亞歷山大出征時的頭銜是馬其頓國王和科林斯同盟盟主和希臘聯軍統帥。隨著時間的推移，他的頭銜會愈來愈多。

亞歷山大的部下除精兵外，還有一批良將。在他的主要大將和謀士中，既有曾跟隨腓力征戰的老將如全軍副統帥帕米尼歐、負責海軍的尼阿丘斯等，也有他的莫逆之交，如御林軍隊長赫斐斯申，還有童年時的夥伴如帕米尼歐的兒子、騎兵將領菲洛塔斯和他奶媽的兒子弓箭手長官克雷圖斯，此外還有方陣兵統帥托勒密、騎兵將領塞琉古、負責軍隊財政和軍需的長官哈帕魯斯和雷希馬楚斯等。這幾個人都是少有的將才，都可成爲獨霸一方的君主，但在亞歷山大在世時，都心甘情願地做了他的恭順的部屬。

亞歷山大有一個智囊團，爲他提供他所需要的各種資料和建議。智囊團雖有不少飽學之士，但亞歷山大和他的部屬對所在的世界仍知之甚少。當時的人都認爲「人類居住的地球」，即世界，是被大洋包圍著的。由於希臘人曾到過大西洋，熟悉希臘文化的亞歷山大也知道西邊有海洋，但另外三邊的大洋在哪裡卻無人知道。後來亞歷山大到裡海，便認爲這是北部海洋的一個海灣。後來又相信印度洋是地球南部的邊緣。東邊的盡頭在哪裡在亞歷山大心頭仍是個謎，他很想知道。他到達印度河後，認爲西邊的海洋就在印度河以東不遠的地方，他本想一直打到地球東邊的盡處。但由於部隊叛變，他未能到那裡，這對亞歷山大來說，一定是件憾事。他對中國和印度次大陸一無所知。

儘管亞歷山大對世界的認識是不清楚的，甚至是錯誤的。但對於有關緊鄰地帶地形的細節，他的智囊團給他提供的資料卻是準確無誤的。戰爭講究知己知彼，尤其是在敵國境內作戰，如果敵情不清，後果是不堪設想的。一般說，亞歷山大對敵人的情況還是很清楚的。他是謹慎的，情況不清，他是不會貿然行動的。他的智囊團事實上只出過一次錯，那是在伊蘇斯大戰的前夕。輜重隊也使他失望過一次，那是在可怕的格德羅西亞（俾路支）大沙漠。

最新的研究表明，亞歷山大成功的關鍵在於精確地計劃與計算出每一步驟。歷史學家唐線思格斯作過一個計算。如果亞歷山大有四萬八千名士兵，每三名士兵有一名侍者，不包括輜重隊，大約有六萬四千人聽從亞歷山大指揮。在這種情況下，平均每人每天需要大約一．四公斤糧食，另外至少需要二升的水，那麼對於這支軍隊來說，每天就是九萬公斤的糧食和十三萬升水。爲了運輸這些糧食和水，軍隊就需要大約一千一百匹馬。還要一千三百匹馬用來運輸諸如帳篷、被子和工具等等的裝備。除了這二千四百匹馬以外，還要有六千一百匹騎兵用馬，這樣算來就有八千五百匹馬。因爲這些馬匹處於極度勞累之中，所以每匹馬每天就需要四．五公斤乾草或者稻草以及等量的糧食，這樣，這些馬一共就得需要三萬八千二百五十公斤草料。另外，每匹馬每天需水量是四．五升，這樣每天總共二十七．二萬升。粗算下來，就是四十萬升水和十三萬公斤糧食。這個數字大得嚇人，如果沒有很好的部隊補給的組織工作，軍隊的勝利幾乎是不可能的。

爲了保障軍隊的給養，亞歷山大必須找到地下水脈。在廣袤的沙漠地帶，必須精確計算所需量。運輸必須得到保障。亞歷山大非常重視這方面的工作，擁有這方面的各種人才。他們所做的工作，和他的士兵在戰場上打仗一樣，都是成功的，史無前例的。亞歷山大所需的武器和糧食通常是向行軍沿途的鄉村籌集，他所重新任命的各地長官的首要任務就是保證部隊的供給，特別是保證提供足夠的水和糧食。但是他也很注意保護當地居民不被搶掠。

中國古代的軍事家強調天時的重要性，這是對的。亞歷山大也很有效地利用天時。他選擇在春季出征，是因爲他算好了，當他征服赫勒斯滂另一側的城市時，正是收穫季節。籌糧容易。冬季的宿營地，亞歷山大總是選擇在沙漠附近或緊靠有耕地的地方。如果做不到這一點，亞歷山大就會把軍隊分成若干獨立的單元，讓他們各自在富饒的地方過冬。

周密的計劃是亞歷山大成功的關鍵，而周密的計劃的制訂，除了依靠亞歷山大本人的智慧和認眞的態度外，是因爲亞歷山大有一個智囊團，有各方面的專門人才。

亞歷山大的部隊擁有許多當時最先進的武器，其中最令人矚目的是攻城車。這種車用在攻城拔寨上，威力巨大，所向無敵。攻城塔這樣的作戰機械過去也有，但亞歷山大的攻城塔高達一百五十英尺，可以把它們推到對著敵城的任何部位，便於他的士兵躍上城去。他在攻城塔的底部裝上輪子，外包皮革以防火。攻城槌是一種長一百公尺、兩端包有金屬的橫木，還有在敵城下面挖掘地道的器械等也都遠非以前的同類器械可以相比的。

負責武器創新的是一位叫笛亞德斯的希臘工匠。他和他的同夥還發明了一種與大弓相似的器械——扭力石弩。這種石弩能把巨型箭枝或五、六十磅重的巨石準確地射到二百碼外，我們只要想一想，十九世紀初，有人指出用滑膛槍擊中一百碼以外的目標是異想天開，便知道這種武器有多麼了不起。

我們不知道，亞歷山大是出於什麼考慮，並沒有在正規戰中把石弩當炮使用，而只是用來攻城或是從河對岸逐走敵人。可以想像，在大塊石頭和如蝗的巨型箭枝突然落到頭上時，敵人是何等的驚慌！

伊蘇斯會戰

亞歷山大隊伍中還有一個科學考察團，有探險家、植物學家、地理學家，有哲學家和詩人。他們既是他的智囊團成員，又有自己的考察計劃。亞里士多德的侄子、歷史學家卡利斯瑟尼也隨軍出征。他的任務是把遠征的情況記下來，爲亞歷山大寫一部遠征史。這個人有點自命不凡，有一次，他對亞歷山大說，亞歷山大的聲望不取決於他所做的事，而在於他卡利斯瑟尼怎樣去記錄。他撰寫時，經常對照皇家日誌核對他記錄的細節。皇家日誌是奉亞歷山大之命由專人記下每日大事的官方記錄。這部日誌成爲同時代人撰寫亞歷山大歷史的依據，也是阿里安的主要史料來源。

亞歷山大有一點有著壓倒的優勢，這就是作爲馬其頓和希臘方的統帥，亞歷山大在智慧和勇氣上，都是波斯方的統帥大流士三世所無法比擬的。統帥的智慧和勇氣、特別是統帥的指揮才能，有時能起決定性的作用。在兩軍主力對決的伊蘇斯會戰中，波斯在兵力占優勢的情況下，正是其統帥大流士的愚蠢和膽怯把勝利送給了亞歷山大。而亞歷山大之所以在兵力處於劣勢的情況下取得勝利，亞歷山大非凡的勇敢和傑出的指揮才能起了極大的作用。

亞歷山大過人的智慧不僅表現在指揮作戰上，也表現在其他各個方面。組織計劃、後勤供應、行政管理、外交宣傳，處處都閃現他智慧的光芒。

亞歷山大爲遠征做了很好的宣傳工作，他把他這一完全是爲了掠奪財富的戰爭宣傳成正義戰爭，什麼「復仇」，什麼「解放」，把自己打扮成正義的化身。他還把這次戰爭說成爲神意。亞歷山大在啓程前特意去訪問了特爾斐神廟。女巫對他說，她必須保持沉默，因爲阿波羅神在冬季遠離特爾斐。亞歷山大將再不發一言的女巫拽到寺廟的內室中，堅持要她說出一則預言，女巫呻吟道：「哦，孩子，你要相信，這是不可抗拒的。」女巫的話可能是說，阿波羅神不在，她必須沉默是不可抗拒的。當然，也可能有其他解釋，這是預言的特點。亞歷山大爲了用女巫的話來說服他的軍隊、鼓舞士氣，他把「不可抗拒」說成是「不可戰勝」，並讓人到處傳播亞歷山大的軍隊「不可戰勝」的所謂特爾斐神廟女巫的預言。在那個崇拜神、相信預言的時代，這則被亞歷山大到處傳播的預言，會產生相當大的力量。對敵人是種心理威懾，對自己則是一種安慰，一顆定心丸。

一切都準備好了，一切細節都考慮了，出發的時刻到了。但在這個時候，老將帕米尼歐建議亞歷山大應該結婚並應立嗣。亞歷山大置此議於不顧，他可能想到他的父親正是由於迷戀新婚妻子而耽誤了東征大業，他不能重蹈覆轍。他不急著結婚，他要全心地投入這次遠征中。他說他自己負大家的債太多，因此他把自己擁有的全部金銀珠寶、奴隸和牛羊全都贈送給戰士們的父老家人，士兵們個個感動得熱淚盈眶，全軍士氣高漲，發誓要爲國王的大業獻身。

第六章 重創波斯

格拉尼庫斯河初捷

西元前三三四年的春天，亞歷山大任命老臣安提柯留守馬其頓，總管一切，告別了母親奧林匹婭斯和未婚妻西爾維亞，率領三萬步兵和五千騎兵出發了。

大軍經過塞新尼替斯湖和斯特賴夢河三角洲，越過潘加伊安山，然後沿海岸前進，在安菲波利斯稍作休整後，來到赫勒斯滂海峽旁的城市塞斯塔斯。他在這裡向一座古墓獻祭，因爲古墓裡埋著一位叫普羅太西勞斯的人，這個人是特洛伊戰爭中希臘統帥阿加曼農手下的一名戰將，是第一個登上亞洲土地的希臘人。亞歷山大此舉一方面可表明自己是特洛伊戰爭中的英雄的繼承者，另一方面也祈求死者保佑自己出師順利。

這時，由尼阿丘斯率領的由一百六十艘戰船組成的船隊也來到海峽，亞歷山大命令帕米尼歐組織士兵乘船渡過海峽。一百六十艘戰船和一大批貨船在海峽山揚帆橫渡，亞歷山大親自在旗艦上掌舵，船到中流時，他令人拋下一頭乳牛向海神普塞頓獻祭，還用一隻金碗盛滿酒，灑進海裡，獻給海神娘娘。登陸時，亞歷山大第一個跳下船，踏上亞洲的土地，並擲出手中的長矛。亞歷山大用這種方式，表示要「以矛贏國」，因爲，按照傳統，誰把他的矛擲入敵方的土地裡，就表示提出要對其國進行統治的要求。全軍登陸後，他下令在歐洲的出發地和在亞洲的登陸地同時築起祭壇，祭祀保佑他安全登陸的宙斯、雅典娜和赫拉克勒斯諸神。

亞歷山大常有一些驚人之舉，一般人很難理解，其實，在他這些看起來古怪的行動裡，包含有其深思熟慮的計劃和一定的目的。他在亞洲土地上的第一個行動，不是親自率領部隊火速前進。他只派遣帕米尼歐率領主力部隊向格拉尼庫斯河挺進，因爲那裡駐有波斯軍隊。他在亞洲的第一個行動，出人意料，竟是帶領一些部屬直奔特洛伊古城遺址上的伊利亞新城。他要去那裡瞻仰荷馬在其不朽史詩中讚美過的特洛伊王之城，去憑弔這個著名的古戰場。他從小就從杜波菲亞那裡接受希臘文化的教育，後又師從亞里士多德，深受荷馬史詩的影響，他對包括他的祖先在內的眾多英雄戰鬥過的這一地方一定心慕已久，現在機會來了，他能不去嗎？這個誘惑力太大了。當然，他此行還有別的用意。偵察敵情，看一看在他軍隊的側翼有沒有敵軍埋伏；把他的東征和九百多年前阿加曼農的充滿神話色彩的軍事行動聯繫起來，希臘人對特洛伊之役無人不知，把兩者聯繫起來可鼓舞士氣，使他的東征充滿英雄主義色彩；祈求保佑。

在伊利亞的雅典娜廟前，亞歷山大把自己的全副盔甲和武器與保存在廟中的、據說是阿奇里斯的盔甲和武器作了交換。後來他打仗時，就讓衛士在他前邊捧著這些武器。他的用意很清楚，他已取代了特洛伊英雄的位置，得到神的特別寵愛，他要把阿奇里斯的事業進行到底。據說他又到宙斯廟中向勇敢的特洛伊王子普瑞亞獻祭，乞求不要對阿奇里斯的後裔降災。

隨後，亞歷山大發現了阿奇里斯的墓，按照習俗，要淨身後才能祭奠祖先，他不顧衛兵的勸阻，脫掉衣服，跳進城邊的小河沐浴，隨從們爲他的虔誠所感動，也紛紛脫掉衣服跳入河中。沐浴後，亞歷山大和他的隨從一絲不掛地站在阿奇里斯墓前，他把油塗在墓碑上，又在墓的頂端放上花環，他的摯友赫斐斯申也把花環放在阿奇里斯的知心夥伴帕特洛克魯斯的墓上。亞歷山大還和他的夥伴們赤身裸體在墓前賽跑。裸體祭神是希臘的傳統風俗，表示對神的崇敬。亞歷山大此次特洛伊之行，在某種意義上，也可以說是一次宣傳活動，一次演出，應當說，亞歷山大是一個很傑出的演員和宣傳家。他借神靈以自重的目的顯然達到了。

憑弔特洛伊古戰場後，亞歷山大迅速返回軍中，率軍向格拉尼庫斯河挺進。當亞歷山大率軍到達格拉尼庫斯河西岸時，波斯人已在河對岸嚴陣以待。

在亞歷山大率軍渡過赫勒斯滂海峽後，波斯方面召開了一次軍事會議，商討對策，參加的有波斯騎兵統帥阿薩米斯、行省總督阿西提斯及雇傭軍首領邁農等。邁農是個作戰經驗豐富的將才，他認爲馬其頓的步兵比波斯的強得多，亞歷山大御駕親征，士氣正盛，在這種情況下，和亞歷山大硬拼，刀對刀，槍對槍，對波斯不利。他建議波斯人採用焦土政策，向後撤軍，燒毀村舍、莊稼甚至城池，這樣，因爲無糧無草，亞歷山大就無法立足。這是一個有戰略眼光的建議，如果波斯人採納，亞歷山大的東征便可能夭折，亞歷山大縱有天大的本事，也無法深入一個無糧草的敵國領土作戰。對於亞歷山大來說，幸運的是這個建議是一個希臘人提出來的，而不是波斯人提出的。阿西提斯首先站出來反對邁農的建議，他用不屑一顧的語氣嘲笑邁農，他說，他絕不允許自己人的房子有一間被燒。出席會議的波斯人都支持阿西里斯，他們不只是認爲邁農的建議是不可接受的，而且懷疑邁農是爲了保住國王封給他的官位才有意拖延戰爭。波斯人自有一套作戰方案，他們有一種大國優越感，他們看不起馬其頓軍隊，他們的國王大流士甚至認爲親自指揮這場戰爭，有失他大皇帝的尊嚴，因此他並沒有親臨前線。他的部下也和他一樣狂妄，他們對自己的士兵的作戰能力充滿信心，他們要和亞歷山大打正規戰，要在陣前一見高下。波斯人的自大和眼光短淺，導致這一戰役的失敗和給波斯帶來無法彌補的損失。

波斯方面當時約有二萬騎兵和稍少一些的步兵與希臘雇傭兵。波斯人把騎兵部署在河岸的邊緣上，沿河列成一個拉長的方陣，把步兵部署在騎兵後面。這種部署在戰術上犯了極大的錯誤，因爲受步兵的影響，騎兵根本沒有迴旋的餘地，難以發起衝鋒。東岸地勢較高，河岸陡峭，易守難攻，波斯人占有居高臨下的地形之利。

亞歷山大也在河西岸擺開了陣勢，中間是方陣步兵；方陣右翼爲近衛步兵、弓箭手和由長槍騎兵、輕騎兵、標騎兵以及近衛騎兵組成的混合兵力；左翼爲色雷斯、塞薩利和希臘的騎兵。亞歷山大派帕米尼歐指揮左翼，右翼則由他親自指揮。亞歷山大看出了對方排兵布陣上的錯誤，立即布置渡河進攻。但這時老將帕米尼歐提出了不同意見。帕米尼歐作戰經驗豐富，爲人謹愼。他認爲時間已晚，應在河邊紮營，波斯人由於畏懼我軍，必不敢在岸邊紮營。等明天拂曉渡河必無困難。現在渡河進攻會有極大的危險。馬其頓人要在如蝗的飛矢和梭鏢下，衝過湍流，再爬上陡峭泥濘的河岸，然後才能進攻嚴陣以待的波斯軍。這種行動太冒險了。他指出：

「出師首戰失利，對目前來說，後果將很嚴重，對戰爭全局來說，將更爲有害。」

帕米尼歐的意見不能說沒有道理，但亞歷山大卻認爲，機不可失，不能給敵人重新列陣的機會。他回答說：

「這我知道，帕米尼歐。可是，在我們那麼輕易地渡過赫勒斯滂海峽之後，如果讓這條小溪擋住我們的去路，我認爲這是可恥的。」

帕米尼歐是忠誠的，他沒有堅持自己的意見。

但亞歷山大也沒有立即令部隊渡河進攻，他在選擇最佳進攻時刻。在一段時間內，兩軍隔岸對峙，一動不動，雙方都不敢輕舉妄動。波斯方面在等待，等馬其頓人強渡時，迎頭衝殺。突然，亞歷山大一躍上馬，令托勒密率領一支騎兵中隊爲前鋒，令阿明塔斯率領近衛步兵、長槍騎兵和輕騎兵攻擊波斯軍左翼，吸引波斯騎兵增援左翼，從而削弱其中央的兵力，然後由他親自率領近衛騎兵、近衛步兵與方陣兵攻擊波斯軍中央。衝鋒號角一響，馬其頓士兵立即高呼戰鬥口號，奮勇撲入河中，向對岸衝去。面對馬其頓人來勢凶猛的攻擊，波斯人進行了頑強的抵抗。戰鬥異常激烈。當阿明塔斯的部隊衝到對岸時，波斯人的箭矢和標槍從高處雨點般地投射過來，一些波斯騎兵還衝到河邊阻擊。於是，在河岸上展開了一場騎兵大混戰，馬其頓人拼命要登上彼岸，波斯人則千方百計阻攔。馬其頓人終因寡不敵眾，加上地勢不利，傷亡慘重，許多士兵被急流沖走，另一些人在爬上對岸陡坡時陷入泥濘中不能自拔，有的死於箭矢或梭鏢之下，那些活著渡過急流爬上岸的士兵也來不及重整隊形就遭到攻擊。在這危急關頭，亞歷山大率領右翼部隊攻了過來，他身先士卒，領頭殺入敵陣，與波斯人展開近身肉搏。接著，馬其頓部隊一隊接一隊地渡河攻了過來，在東河岸形成一場騎兵大戰，鞍上人鬥人，鞍下馬戰馬，喊聲震天，酣戰如狂。混戰中，亞歷山大的部隊逐漸占了上風，這不僅因為他們英勇頑強、紀律嚴格，而且也因為他們用的長矛比波斯人的短標槍更厲害。

但波斯人仍在拼命抵抗，當他們發現頭戴白羽毛頭盔的亞歷山大時，他們中的幾員大將都不約而同地向亞歷山大處衝過來。古代戰場，主將都親臨前線，勇敢者往往身先士卒，戰鬥在最激烈的地方。主將的勇敢是激發部下將士戰鬥激情的重要源泉。但主將的失利或死亡，也往往會導致戰局的逆轉。波斯人就是想透過把亞歷山大陣斬馬下來反敗為勝。但亞歷山大卻在敵人的圍攻中顯現出他的無比勇敢。

亞歷山大在敵人的圍攻中，揮舞長矛，奮力抵抗。混戰中，他的長矛折斷了，他從衛士手中接過另一支，這時，一名波斯將領、大流士的女婿向他衝殺過來，亞歷山大一閃身，挺長矛刺中他臉部，挑於馬下。另一名波斯將領衝到，舉起大刀劈在亞歷山大頭上，幸虧有頭盔擋住，只劈掉了一塊頭盔。亞歷山大奮起神威，挺槍又把他挑於馬下，並用長矛刺透他的胸甲扎入心窩。這時，一名波斯將領已在亞歷山大身後舉起彎刀劈來，在這千鈞一髮時，亞歷山大幼時的夥伴、奶媽的兒子克雷圖斯拍馬趕到，一刀砍斷了這個波斯人的手臂，救了亞歷山大。波斯人圍攻亞歷山大未得逞，卻連損三將，士氣大傷。波斯騎兵已無力支撐，節節敗退。他們陣線的中央首先失陷，兩翼的騎兵也被突破，全線潰退，爭先恐後地奪路逃命，卻被後面的步兵擋住了去路，步兵騎兵糾纏在一起，自相踐踏，亂成一團。有一千多波斯騎兵被消滅，由於亞歷山大並沒窮追猛打，大部分波斯騎兵逃走了。

邁農率領希臘雇傭軍堅守陣地，拼死戰鬥。亞歷山大對這些爲波斯人賣命的希臘人，恨之入骨，親自率領方陣向他們衝擊，同時令騎兵從四面八方把他們包圍起來。雇傭軍死傷無數，只剩下二千人時才投降。只有邁農帶幾名衛兵逃脫了。

亞歷山大和波斯人的第一次正面戰鬥，就這樣以亞歷山大的完全勝利而告終。波斯方面損失慘重，有三名騎兵將領、二名雇傭軍將領、大流士的女婿和妻舅及阿爾西克斯國王的孫子等重要將領陣亡，波斯騎兵戰死二千，雇傭軍死亡更多，還有二千希臘雇傭軍作了俘虜。更爲嚴重的是這一仗大大挫傷了波斯人的士氣。

馬其頓方面，亞歷山大的親兵馬隊有二十五人陣亡，他後來命著名雕刻家萊西普斯爲這些陣亡者雕塑銅像，塑好後被豎立在希臘。陣亡的還有騎兵六十人、步兵三十人。第二天，亞歷山大把所有的陣亡者連同他們的武器和其他裝備一起埋葬了，並下令豁免他們的家屬的一切稅務和勞役。他對傷員也表示了極大的關懷，他親自看望每一個傷員，查看傷情，訊問所受到的照顧情況，鼓勵並聆聽每個傷員講述自己的戰鬥功績。爲了瓦解分化敵人，在重創敵人後，又故施仁慈，釋放了一些波斯俘虜，並下令掩埋了陣亡的波斯人的屍體。但對那些被俘的希臘雇傭軍，卻又露出了另一副面孔，他下令把雇傭軍的軍官全部殺掉，把其餘的人全都貶爲奴隸，戴上腳鐐，送到馬其頓去開墾荒地。在嚴懲這些爲波斯人賣命的希臘人的同時，卻又採取一個出人意料的行動來安撫和取悅雅典人。他把三百套波斯盔甲送到雅典，作爲給雅典娜的祭禮，並在獻詞中寫上「腓力和全希臘人（拉斯地蒙人除外）之子亞歷山大敬獻」字樣。

隨後，他任命馬其頓的一位將軍卡拉斯接任已逃跑的波斯總督阿西提斯的職位，管轄阿西提斯原來管轄的地區。他所任命的這位亞洲占領區的第一位官員，沒有採用馬其頓的官銜，也沒有採用希臘的，而是沿用波斯的總督頭銜。他還命令當地居民繳納和過去同樣數量的捐稅，並號召逃往山區的人返回家園。這是一項具有深刻意義的決定，它表明，亞歷山大要像波斯人那樣統治亞洲占領區；這也預示，亞歷山大帝國不是雅典帝國那樣的，而是近似波斯帝國的。

格拉尼庫斯河戰役後，亞歷山大的活動和措施顯示，他不僅是個傑出的統帥，也是個深謀遠慮的政治家。在處理政治問題上的手段，其靈活和老練絕不比其在軍事上的遜色。

格拉尼庫斯河一役雖不能說是場很大的戰役，但對於亞歷山大來說，這次戰役的勝利是有決定意義的。這次勝利使亞歷山大有了立足之地，爲他打開了小亞細亞西部的門戶。更爲重要的是，這次勝利增強了將士們對亞歷山大的信賴和追隨他獲取勝利的信心，也激發了波斯統治區不願受波斯統治者的反波斯的勇氣。

當然，格拉尼庫斯河的勝利只是一個初步的勝利。波斯軍的主力並沒受到多大的打擊，邁農也逃脫了，強大的波斯海軍還安然無恙。亞歷山大仍處於前後受攻的險地。前面有波斯陸軍，後面有波斯海軍和邁農率領的希臘雇傭軍。他必須排除波斯海軍和希臘雇傭軍對他的威脅，才能後顧無憂地向東進軍。他無力和波斯人在海上決戰，但他可以攻占沿海城市和港口，使波斯海軍失去根據地。這就是亞歷山大的下一步計劃。

亞歷山大率部南下，向萊地亞的首府薩狄斯挺進。該城守衛部隊指揮官不戰而降，主動向亞歷山大獻出堡壘和財寶。亞歷山大讓這個投降的指揮官保留原職，隨軍征戰，派一馬其頓軍官接管堡壘，允許薩狄斯人保持他們原有的風俗習慣。接著，他委派三名馬其頓軍官分別擔任萊地亞的總督、稅務官和堡壘司令，並留下一部分部隊駐守。

亞歷山大隨後來到以弗所。守衛以弗所的雇傭軍早在格拉尼庫斯河戰役的消息傳來時就逃跑了，亞歷山大的到來受到了居民的歡迎。亞歷山大取消了該城的寡頭政治，恢復了民主，召回了被放逐的居民。民主的恢復導致了多次集體報復行動，那些召來邁農的人、洗劫狄安娜女神廟的人、推倒腓力雕像的人等都被處死，支持僭主的人甚至他們的孩子都被憤怒的人們用石頭砸死。亞歷山大親自干涉，才制止了這種報復行動。他也因此而很得人心。

小亞細亞沿海一帶的希臘城邦的波斯總督紛紛逃往內地，亞歷山大幾乎沒有遇到什麼抵抗，順利地一個又一個地接收了這些城邦。他摧毀了各地的寡頭政治，建立起新的地方民主政權。他允許各地制訂自己的法律，並繼續繳納和過去繳給波斯一樣數目的捐稅。由於他打著「解放」和恢復民主的旗號，有一些城邦是把他當解放者歡迎的。但也有不歡迎並進行抵抗的。在米利都，他就遭到波斯駐軍的斷然阻擊。該城守將希望得到波斯艦隊的支援，守住該城。但波斯艦隊行動遲緩，坐失良機，致使該城港口被希臘艦隊搶先占領了，當波斯艦隊到來時，已經晚了，亞歷山大已在三天前就把米利都包圍了。由於得不到外援，這個重要的海港城市很快就被亞歷山大攻陷了。

劍劈戈爾迪烏姆之結

波斯人有一支強大的艦隊，掌握著制海權，但不知是什麼原因，波斯人沒有利用他們的這一優勢。他們既沒有利用艦隊去阻止亞歷山大橫渡赫勒斯滂海峽，也沒能在阻止亞歷山大占領小亞細亞沿海城市中有所作爲。波斯人甚至想都沒想利用這支強大的艦隊去擾亂馬其頓的後方，煽動希臘的反馬其頓勢力。

亞歷山大占領米利都之時，波斯海軍曾想挑起一場海戰，打擊亞歷山大的氣焰。亞歷山大的一些將領、特別是帕米尼歐，在陸戰勝利的鼓舞下，也想在海上打敗波斯人。帕米尼歐勸亞歷山大向米利都港口外的波斯艦隊發動進攻，因爲有一隻鷹落在亞歷山大船尾的海岸上，帕米尼歐把這解釋爲海戰的預兆，同時，他認爲，如果打勝了，對整個遠征有很大的好處，萬一打敗了影響也不會太大，因爲波斯海軍本來就控制了海上。他願意親自率領艦隊和敵艦決一死戰。亞歷山大認爲帕米尼歐的判斷是錯誤的，他指出，用一百六十隻戰船的小艦隊去碰一支有四百艘戰船的大艦隊，用那些缺乏訓練的水兵去對付久經訓練的由塞浦路斯和腓尼基水手組成的海軍，簡直是發瘋。在毫無把握的情況下，他不能拿馬其頓人的武藝和勇氣去冒險。如果打敗了，將會造成極大的損害，並會引發希臘人的暴亂。他還指出，那隻鷹是落在陸地上，這意味著，他將在陸地上打敗波斯海軍。

亞歷山大的分析是正確的，這證明亞歷山大的形勢判斷和指揮才能都高出他的副手一頭。他揚長避短，發揮陸軍的優勢。他認爲，只要把沿海的波斯海軍基地都占領了，也就等於打垮了他們的艦隊。這就是他從陸地上征服波斯艦隊的計劃。他不讓海軍出戰，下令嚴密把守米利都港口，阻止波斯海軍登陸，切斷波斯海軍的淡水供應，波斯海軍除在海面游弋外，無計可施，只好離開米利都。

西元前三三四年夏，亞歷山大乾脆解散了他的海軍，這一方面是考慮到這支希臘艦隊根本無法戰勝在數量上和質量上都占優勢的波斯人的艦隊；同時，他還擔心希臘海軍在戰敗的情況下會倒戈反叛；另一方面是財政困難，他沒有財力維持這支艦隊。解散海軍後，他把從海軍中抽出來的兵力補充到陸軍中，率軍向米利都以南的卡里亞挺進，去奪取波斯人的最後的海軍基地——卡里亞的首府哈利卡納蘇斯。

哈利卡納蘇斯是波斯帝國從小亞細亞到愛琴海南部通道上的主要海軍基地，戰略地位十分重要。該城地勢險要，城牆堅固，易守難攻。城外有一百四十五英尺寬、二十二英尺深的護城河，它向陸地的一面有三個衛城，包括西北角海岸上的薩爾馬西斯要塞和西南部靠海的小島上的「國王堡壘」。這裡集中了大批波斯部隊和雇傭軍，港口則有戰船駐守。守城的指揮官就是從格拉尼庫斯河戰場上逃脫的雇傭軍首領邁農，他早已被大流士任命爲小亞細亞地區的總督和海軍的總指揮。邁農作好了一切準備，他不只是要守住該城，他的目的是配合大流士，使亞歷山大處於兩面夾攻的境地。

西元前三三四年秋亞歷山大兵臨哈利卡納蘇斯城城下並面向該城安營紮寨。亞歷山大知道，該城不是一兩天就能攻下的，但也不能長期滯留在這裡，因爲有腹背受敵的危險，因此，必須盡一切可能早日奪取這個戰略據點。哈利卡納蘇斯城的攻防戰是異常激烈的。亞歷山大在這裡幾次受挫。他先是令部隊把護城河塡平，然後豎起攻城塔。但波斯守軍乘夜進行偷襲，雖被驚醒的馬其頓部隊趕了回去，那些好不容易豎起的攻城塔卻被燒毀了。就這樣，亞歷山大千方百計攻城，而邁農則想方設法守城。攻城時，攻城塔和扭力石弩發揮了巨大的作用，無數大塊石頭從塔上擂過去，威力無比；邁農也搭起木塔，從木塔上向攻城塔上射箭、投火把，力圖把攻城塔燒掉。經過多日的反覆拼殺、攻奪，雙方都死傷慘重，亞歷山大的部隊不僅有四五十人死亡，還犧牲了幾個著名的軍官。波斯方面損失更大，死亡近千人，負傷者就更多，城牆的一部分已倒塌，另一部分也已百孔千瘡。哈利卡納蘇斯已無險可守了，也沒有力量守了。在這種情況下，邁農和波斯將領歐戎托巴提斯開會，決定放棄該城，將部隊的一部分撤到島上的堡壘裡，一部分撤到名叫薩馬基斯的高地上。他們在撤出的同時，在大約當晚二更天，放火燒毀了用於對付攻城塔的木塔和一些軍械庫，城牆附近的民房也被燒毀，由於火猛風大，其他民房也被燒著了。亞歷山大見城內火勢猛烈，立即令部隊進城救火，捉拿縱火者，不管是誰，抓住就當場處決。他還下令士兵搶救屋裡被困的老百姓。

天明，亞歷山大發現該城已無保存價值，便令部下把全城夷爲平地，留下一些部隊駐守殘城和卡里亞地區。他考慮到波斯部隊和雇傭軍退守的堡壘和要塞地勢險要，圍攻要費很多時日，決定暫時放棄圍攻。這個決定是明智的。這兩個要塞直到一年後的西元前三三三年秋，經多次苦戰，才最終被馬其頓人攻下。

在卡里亞，亞歷山大做了一件出乎人們意料和有違他老師亞里士多德教導的事，他沒有像過去那樣，任命馬其頓人爲當地總督，而是任命卡里亞的一位女王爲卡里亞總督。這位女王叫阿達，原是老國王的妹妹和妻子，老國王去世後，她繼位爲王，在家族的內部衝突中，被趕下了臺，只占有阿林達一地。亞歷山大進入卡里亞地區，阿達就前往拜會，請求幫助，並把阿林達獻給亞歷山大。亞歷山大占領哈利卡納蘇斯和卡里亞全境後，任命阿達統轄卡里亞全境。這說明，亞歷山大已打破他只是馬其頓國王和科林斯同盟盟主的身分的局限，不僅馬其頓和希臘人是他的臣民，亞洲被征服地區的人民也是他的臣民。當然，他這樣做可以緩和當地人和馬其頓人的對立情緒，有利於鞏固他對這一地區的統治。爲了他的帝國，他已開始拋棄亞里士多德的亞洲人只能當奴隸的思想了。

同時，他還做了一件更令人難於理解和接受的事，阿達要認亞歷山大爲義子，亞歷山大竟高興地答應了。一位令人崇拜的馬其頓的偉大國王竟成了一位蠻族女王的兒子！這種繼嗣方式在古代是很普遍的，義子和親子有同等的地位。亞歷山大現在不是以征服者的身分而是以合法的君主的身分進行統治了。

他的上述行爲顯示了他政治家的胸懷，爲了達到目的，他可以採取任何手段，當然也可屈身爲一位土著女王的兒子。如果說，他的這一舉動使他的部下有些疑惑不解，那麼，他的下一個命令卻使部下歡欣雀躍，皆大歡喜。他的部下的不少將士，是新婚不久出征的。他下令讓這些人回馬其頓和妻子團聚，度過冬天，來年春天再返回。他派皇家警衛隊員托勒密作領隊，由尼阿丘斯組織船隻運送。他要求他們明年春天返回時，沿途招募騎兵和步兵，越多越好。

亞歷山大計劃利用冬天休整並征服周圍地區。他派帕米尼歐率三千步兵和二百騎兵向薩地斯、弗里吉亞進軍。他自己則率軍沿海岸線向萊西亞和潘菲利亞挺進。目的是占領沿海一帶，使敵人的海軍起不了作用。這次進軍很順利，大軍到處，沿途城堡紛紛前來歸順，弗西利斯的使者還獻給亞歷山大一頂金王冠，表示奉他爲他們的王。他委派總督等官員接管了萊西亞、弗西利斯等地。

亞歷山大離開弗西利斯沿海向北進軍途中，遇到阿斯潘達斯的全權代表前來獻城，但乞求不要在城內駐軍，亞歷山大答應了他們，但要他們繳納五十金泰倫特作軍費，還要他們把爲向波斯國王進貢而飼養的馬匹交出來。阿斯潘達斯的代表答應了。但隨後阿斯潘達斯人後悔了，不想履行他們的諾言。他們不但不把馬匹交給派去接收的馬其頓人，甚至款也不交。他們還加固城防，並把日用品搬進城裡。亞歷山大得知後，立即領兵前來把阿斯潘達斯團團圍住。兵臨城下，阿斯潘達斯人屈服了，他們派出代表，要求按原來的條件投降。亞歷山大同意他們投降，但條件變了，更苛刻了。原來要交的馬匹和錢款照舊交，錢款再增加五十金泰倫特，把最有權勢的那些人交出來當人質，服從他指派的總督，每年向馬其頓進貢。還要調查他們是否霸占了鄰區的土地，因爲有人控告他們。阿斯潘達斯人屈辱地接受了一切條件。

亞歷山大處理完阿斯潘達斯的事情後，率軍北上，向弗里吉亞挺進。沿途有只要大軍一到就開城投降的，也有據城固守的。但擋不住亞歷山大一路攻城奪寨。在塞拉那，駐守這裡的弗里吉亞總督，由於久等援軍不到，率領一千多守軍投降了。亞歷山大任命了新的弗里吉亞總督，然後率軍向戈爾迪烏姆進發，同時，命令帕米尼歐也率軍到那裡與他會合。

西元前三三四年春，亞歷山大和帕米尼歐在戈爾迪烏姆會師了，那些返回馬其頓和妻子共度冬季的新婚青年也在托勒密的率領下，來到這裡與亞歷山大會合，他們帶來了一支生力軍，其中有馬其頓步兵三千人、騎兵四百人、色雷斯騎兵二百人和艾吉里亞士兵一百二十人。幾路大軍會合使軍營一片歡騰，軍心振奮達到頂點。

亞歷山大要把這種高昂的士氣保持下去，爲此，他做了一件令軍心進一步振奮的事。

戈爾迪烏姆有一衛城，衛城上有戈兒迪和他兒子邁達斯的宮殿，宮殿裡放有一輛戈爾迪的戰車，車轅和車軛之間有個無法解開的結連接。關於這輛車和這個繩結有一個廣泛流傳的故事。故事說：戈爾迪是古時弗里吉亞的一個窮人，有一次，他正在耕地，忽然有一隻老鷹落在他的牛軛上，直到他卸牛時才飛走，戈爾迪以爲這一定是什麼兆頭，便到台米薩斯去找人釋疑，碰到一位姑娘，姑娘告訴他要回到現場去向宙斯獻祭，於是，戈爾迪就請這位姑娘一起去向宙斯獻祭，事後，戈爾迪娶了這姑娘爲妻，後來生了個兒子叫邁達斯，弗里吉亞苦於內戰時，有神諭說將有一輛戰車給他們載來一位國王，他將制止內戰。正在人們議論時，邁達斯和他的父母恰好駕著戰車來到這裡。弗里吉亞人以爲神諭應驗了，便立邁達斯爲王，制止了內戰。後來他把他父親的戰車放在衛城上，作爲給宙斯的謝禮，感謝他派那隻鷹下凡。這輛車還有一個故事，說誰能把車軛上的繩扣解開，誰就是亞洲的霸主。這個結非常結實，看不出頭尾，還沒有人能解開。亞歷山大聽說這個故事後，立刻產生了解開這個結的強烈欲望，他要透過解開這個結，使他的部下將士和老百姓相信，他就是亞洲的主人。

他很自信地帶領衛士來到衛城，但他經過仔細觀察後發現，這個結的兩端都巧妙地藏在結裡，用手根本無法解開，而他既然來了，勢成騎虎，不解開這個結，將會影響軍心，動搖部下將士和老百姓對他的信任和崇拜，好在神諭並沒有說用何種方式解結，在眾人的注視下，他拔出了寶劍，一劍就把這個繩結劈開了，同時他大喊一聲：「我把它解開了！」在場的人齊聲歡呼，讚譽他是超凡的神人，只有他才能這樣按神諭解開戈爾迪之結。

亞歷山大劍劈戈爾迪烏姆之結
（羅馬文藝復興時期的壁畫）

這天晚上，雷電交加，亞歷山大和他的將士更加高興，因爲通常都認爲，這是上天示兆諸神的意願將得到滿足。第二天，亞歷山大特向諸神獻祭，感謝他們事先示諭，事後證實。

亞歷山大劍斷戈爾迪之結這件事，也可能僅僅是亞歷山大的宣傳，但是，無可否認的是，它產生了巨大的轟動效應。亞歷山大不僅用這一出人意料的舉動，顯示他過人的智慧，也明白無誤地告訴人們，他要做亞洲的主人。他征服亞洲之行，現在成了神的旨意、神的安排。他因此而可贏得更多人民的擁戴，他的部下將士因此而更加振奮，他的敵人則因此而氣餒。

亞歷山大斬斷戈爾迪之結，表明他注意激發和提高將士的士氣，同時，他也透過關心將士的休息和娛樂來保持高昂的士氣。戰鬥的間歇，他常在軍中組織競技、文學和音樂比賽等活動。亞歷山大本人的生活也是有緊有鬆的，只要有可能，他也要享受悠閒的日子，遇上這樣的一天，他一起床便祭祀諸神，然後吃早飯，剩餘的時間或狩獵或執法或讀書或處理軍務。如果正在行軍而軍情又不緊的話，他往往挽弓練射，或從車上攀上躍下，鍛鍊體力。夜間紮營後，他要洗浴，他會召來廚師和麵包師，詢問他們是否已做好開晚飯的全部準備工作。

亞歷山大總是和朋友們共進晚餐，席間，他會花費很長時間邊飲酒邊和朋友們敘談。常參加這樣的聚餐的有他童年好友阿里斯坦德、赫斐斯申、克雷圖斯、哈巴魯斯及帕米尼歐之子菲洛塔斯等。亞歷山大偶爾也會喝得酩酊大醉，但一般而言，他是很有節制的，並不酗酒成性。酒酣耳熱時他會和部屬、朋友輕鬆地敘談童年的往事，了解他們的思想。這樣重溫舊誼可使他和朋友、部屬保持親密的關係。

亞歷山大的戈爾迪烏姆之行，不僅使軍心大振，也使他的威名響遍小亞細亞內地。亞歷山大要全力以赴去對付波斯國王大流士三世了。

第七章　重創大流士三世

伊蘇斯決戰

亞歷山大率軍進入亞洲後，雖取得了一連串的勝利，控制了小亞細亞的一半土地，並在這些地方扮演「同盟者」和「解放者」的角色，根據各地的不同情況，採取了不同的統治方式，只委派行政長官（有馬其頓人，也有本地人，有新派的總督，也有讓原波斯的地方長官繼任的）和留駐一些軍隊，就建立起一個較安全的後方，但是，在他西元前三三三年七月離開戈爾迪烏姆東進時，形勢仍是不容樂觀的和很不穩定的。

大流士三世的海軍並沒遭到什麼打擊，仍掌握著制海權。波斯海軍在邁農（西元前三三三年夏陣亡）和他的繼任者的率領下，攻奪安納托利亞沿海地區頻頻得手，奪回

大流士主力決戰時，發生了一件令人迷惑不解的奇事。

西元前三三三年十月，大流士已率領數十萬大軍來到索契，準備在這裡阻擊和圍殲亞歷山大的軍隊。對於大流士來說，這裡是理想的作戰之地，在它的西面是南北走向的阿馬努斯山，地勢險要，難於逾越；而索契卻在一塊開闊的平原上，非常適合他的千軍萬馬作戰。從南到北，翻越阿馬努斯山只有三條隘道：敘利亞關口、約拉之杜和阿曼尼亞關口。

這時，亞歷山大的軍隊已到達距索契只有三十英里的地方，但卻對三十英里外的大流士的部隊毫無所知，這是令人奇怪的，要知道，亞歷山大有一個很有效的情報網組織，爲他提供必要的情報和資料。

更令人奇怪的是，就在亞歷山大爲尋找大流

亞歷山大在伊蘇斯戰鬥中向波斯國王的軍隊進攻。左邊光著頭騎在馬背上的是亞歷山大，站在戰車上的是大流士三世。

士而越過阿馬努斯山的當天夜裡，大流士恰好也從北邊的阿曼尼亞關口翻過了這座山脊。兩軍相距僅數公里，如此近的距離，十六萬人還有後勤裝備，卻互相都沒有覺察到對方的存在，實在不可思議。

大流士是在索契等得不耐煩才離開的，他的一位部將、從馬其頓逃亡到波斯的希臘雇傭兵指揮官阿明塔斯曾竭力勸他耐心等待，不要離開索契這個適合人多、裝備多的波斯部隊作戰的地方。阿明塔斯認爲，亞歷山大發現大流士在哪裡，他就會追到那裡。但是其他將領都極力反對，他們斥責阿明塔斯別有用心，說他企圖暗中幫助亞歷山大，有意貽誤戰機，建議大流士主動出擊，說什麼大流士的騎兵就可以把亞歷山大全軍置於死地。狂妄的心態使大流士失去了判斷力，他聽從了大多數部下的意見，把輜重和金庫轉移到索契以南二百英里的大馬士革，率領大軍越過阿曼尼亞關口，結果他到了亞歷山大的背後。攻占伊蘇斯後，才知道亞歷山大已離開西里西亞向南進軍了，爲了洩憤，他把留在這裡的馬其頓傷兵全都殘酷殺死了，然後又率軍回身追擊亞歷山大，但不知是出於什麼原因，只追到比拉魯斯河就停下來了，並在這裡安營。這也許是大流士不願短期內，經受兩次翻越阿馬努斯山之苦，大流士隨軍帶著後宮女眷，還有許許多多的後宮奴僕、樂師、舞女和廚師。上行下效，許多將領也帶著家屬，他們好像並不是參加一次生死決戰，而是參加一場圍獵，他們太看不起馬其頓人了，他們好像是要讓家屬來參觀他們如何獵捕馬其頓入侵者的。這樣一支迷戀享樂和狂妄的隊伍當然不願翻山越嶺去追趕入侵者，而寧願坐等敵人上門送死。但這一決策其實是把波斯軍隊放到了被動挨打的險地，大流士紮營之地，處於山嶺和大海包圍中，地形狹窄，沒有迴旋餘地。

亞歷山大聽說大流士到了他的後面，還不大相信，派了一些人乘坐一隻三十槳快船到伊蘇斯去偵察一下，偵察兵回來報告，波斯軍隊的確在那裡安營紮寨。亞歷山大聽了，興奮異常，認爲這是天賜良機。他立即召開軍事會議，動員部下鼓起勇氣，打好即將到來的大戰。他認爲，他們一定勝利，這不僅因爲他們一直是勝利者，而且因爲老天爺站在他們這一邊。老天爺已把敗局放進了大流士的腦袋裡：他把自己的兵力禁閉在一個狹窄不利的地形中，卻把後面的開闊地留給了馬其頓部隊。他還進一步指出，波斯人雖多，但士氣不振。他說：「最重要的是，這一仗將是自由人和奴隸之間的大搏鬥。跟著大流士打仗的人是爲錢賣命，而拿到的錢也少得可憐；我們的部隊卻都是爲希臘而戰的志願軍。至於我們的外籍部隊，則又都是歐洲最勇猛善戰的戰士，他們的對手卻是亞洲最軟弱無能的烏合之眾。而且，在戰略上，你們有亞歷山大和大流士決一雌雄。」亞歷山大不僅是個傑出的軍事統帥，能正確分析和判斷形勢，抓住戰機，也是個優秀的宣傳鼓動家，能用富有煽動力的言辭激發部下的戰鬥激情、鼓舞鬥志。他還追述大家的英雄事蹟，讚揚並列舉每個人的功績，他說，這是最後一場大仗，打完後，就只剩下在全亞洲稱霸了。他甚至還用塞諾芬的萬人遠征大軍打敗亞洲人的歷史事例來堅定大家打勝這一仗的信心。他講完後，群情激奮，齊聲高呼，要他立即率領他們前進。

兩軍統帥戰前的表現已使勝利的天平傾向馬其頓一方了。

亞歷山大對部下作完動員，隨即率領全軍從原路返回，到比拉魯斯河南岸紮營，與大流士隔河相望。兩軍對峙，大戰在即。比拉魯斯河距伊蘇斯城僅八十九英里，故這場即將開始的戰役被稱爲伊蘇斯會戰。

波斯方面在軍隊的人數上要比馬其頓多得多，但沒有一個確切的數字。有人說總數有六十萬之多，其中希臘雇傭兵三萬，民兵六萬。有人說總數是五十萬，其中騎兵十萬。這顯然誇大了波斯的力量。伊蘇斯平原根本容納不下這麼多的隊伍，波斯帝國也不可能組建如此大的一支軍隊。還有人說波斯軍隊有騎兵和希臘雇傭兵各三萬。這一說也是誇大了的。但不管如何，波斯軍隊比馬其頓的多得多是無可懷疑的。否則就不會那麼狂妄。亞歷山大參加伊蘇斯一役的兵力，只有步兵兩萬餘人，騎兵五千人。

大流士三世也不完全是個無能之輩，不是個「紙老虎」，他即位之後，曾出兵鎮壓了小亞細亞各城邦的起義，並把埃及重新奪回到自己手中。他的部下對他也一直是忠誠的。現在他御駕親征，威勢嚇人。

波斯國庫充裕，軍隊裝備精良，士兵配備了盔甲、護脛、長矛、刀劍和盾牌，連戰馬都有鎧甲和披胸。大流士的將士是善戰的，他們決心爲他們的國王死戰，應當說，這是一支令人畏懼的軍隊。

大流士列陣以待，他自居全軍中央，這是波斯人的傳統。希臘雇傭軍約一萬五千人被調到陣前，雇傭兵的兩側是由弓箭手掩護的民兵；右翼海岸附近是騎兵。第一線的後面是亞洲各部族的地方兵力。在沿河岸地帶築起了一道柵欄來加強防衛。

亞歷山大仍把方陣放在中央，兩翼是輕裝步兵和騎兵，左翼由帕米尼歐和他的兒子菲洛塔斯指揮，受命要不顧一切守住海岸；右翼由亞歷山大親自指揮，他要集中兵力從他這一翼突破敵人的防線。

亞歷山大布置調度好了後，先是逐一視察各個營地，用感人的話語鼓舞士兵的鬥志，然後率領部隊緩緩前進，到進入波斯弓箭手的射程之內時，亞歷山大立即率領右翼部隊以迅雷不及掩耳之勢撲向波斯軍左翼，以雷霆萬鈞之攻勢一舉將其擊潰，接著他轉向波斯軍的中央，與大流士的御林軍展開激戰。亞歷山大在激戰中表現神勇，既是指揮官，又身先士卒；而大流士則在他的部下的護衛下，趾高氣揚地站在他的戰車上，他的敵人凶狠地攻擊他，他的部下奮身保護他。亞歷山大一見大流士，便向他衝去，要把他陣斬馬下。大流士的兄弟奧克撒拉斯立即聚攏所率騎兵橫攔在大流士戰車前面。奧克撒拉斯身高體大，身著盔甲，奮力死戰，把衝上來的人一個個打翻在馬下。

「但馬其頓人簇擁著亞歷山大高聲吶喊、互相激勵，突然出現在陣前。接著是一片令人目不忍睹的情景。只見大流士戰車四周僵臥著一些最高級將領，他們死得光榮，全部臉貼著地，就是在格鬥中倒下去的原樣，傷口都在前身。在這些死者當中可以找到傑出的地方總督和著名的將軍。這些死者周圍積屍累累，都是些藉藉無名的步兵和騎兵之輩。馬其頓人傷亡也很慘重，陣亡者死得十分悲壯。亞歷山大本人右股中劍。這時，大流士戰車上的幾匹挽馬被矛刺傷，痛得發起狂來，甩掉了頸上的軛，險些使大流士摔下車來。大流士害怕落入敵手當俘虜」（C・A・羅賓遜著《亞歷山大大帝》），便驅車拼命逃命，完全棄他的部下於不顧，進入山谷後，棄車跳上一匹戰馬奔逃，盾牌、大斗篷甚至弓箭都扔掉了。不可一世的大流士危急關頭盡顯懦夫的真面目。

實際上，大流士開始逃跑時，波斯方面並沒有完全失敗，希臘雇傭軍仍在拼命堅持，帕米尼歐的左翼在波斯軍的壓迫下後退，但大流士逃跑的消息一傳開，波斯軍便全軍潰散，人人爭相逃命。大流士的逃跑使波斯人失去了一切獲勝的可能。戰鬥變成了馬其頓人追殺逃跑的波斯人，夜幕降臨，馬其頓人才停止了追殺。戰鬥結束，戰場上屍骸遍地，其中絕大部分是波斯人的。

在這次戰役中，波斯大軍傷亡慘重，據托勒密說：追趕大流士的馬其頓部隊路上經過一條溝壑，溝壑被波斯軍人的屍體塡滿了。有人說，波斯方面有十萬人戰死，其中包括一萬名騎兵，這當然是誇大了的、不確切的數字。和波斯參戰的人數一樣，傷亡的人數，也沒有一個確切的數字。但戰場上留下了上千具波斯人的屍體是毫無疑問的。根據記載，亞歷山大的軍隊死亡了四百五十人，負傷四千五百人，這個數字可能是眞實的。

據普魯塔克的敘述，亞歷山大返回伊蘇斯後，他的部下把他引到大流士的大帳裡。帳內擺滿各種珍寶，琳琅滿目美不勝收。亞歷山大一走進大帳，立即被華麗的陳設所吸引，驚嘆不已。隨後，他脫去鎧甲，走向浴室，並邊走邊說：「讓咱們到大流士的浴室去洗掉戰鬥中的汗水吧！」他的一位朋友說：「不對，應該說是你亞歷山大的浴室，因爲被征服者的財產是屬於征服者的。」走進浴室，又爲浴室的奢侈和華麗而驚嘆。浴室的水管、大水罐和首飾盒都是造型優美的金製品，浴室裡瀰漫著香料和膏脂的氤氳香味。

浴後眾人把他帶到大流士專用的宴會廳，桌上已擺好豐盛的菜肴和精美的各種食具，亞歷山大轉身對朋友說：「看來這才像個國王的樣子啊！」他如此感嘆是觸景生情，他在馬其頓的樸素生活和波斯國王的奢侈豪華生活眞有天壤之別！

亞歷山大正要進餐，士兵報告說，被俘的大流士的母親、妻子（同時也是他的妹妹，波斯還有埃及，王室兄妹或姐弟結婚是平常事，甚至是理所當然的，目的是爲了保持王室血統的純潔。）和兩個未婚女兒看到了被繳獲的大流士的戰車、斗篷和弓箭，以爲大流士已死，啼哭不止。原來大流士逃跑時，不僅棄軍隊和輜重不顧，他的幾乎所有的家屬也都被他拋棄了，成了亞歷山大的俘虜。據說，亞歷山大聽了士兵的報告後，派人去給她們傳話，告訴她們大流士還活著，大流士逃跑時把武器和斗篷留在戰車裡了。還告訴她們，亞歷山大允許她們保留皇家的地位和一切皇家特有的東西。因爲他和大流士打仗不是出於個人恩怨，而是依法爲亞洲的主權而戰。

亞歷山大如此禮待大流士的家眷，目的顯然是爲了減輕波斯人的敵對情緒，數年之後，他爲使自己的統治地位合法化，甚至和大流士的一個女兒結了婚。大流士的這個女兒是他的第二個妻子，在娶她之前，也是出於政治目的，他娶了一位有權勢的伊朗貴族之女羅克珊娜。亞歷山大不是個好色之徒，他對大流士的妻子就從來沒有非分之想，儘管馬其頓人把她看作是亞洲最美麗的女人。亞歷山大也從未有過情婦，這可能是因爲他日理萬機根本無暇接近女色。普魯塔克說他雖生性急躁，常常暴跳如雷，卻並不沉溺於肉欲之歡，在這方面，他是極有節制的。

勝利的第二天，亞歷山大不顧自己的腿傷，親自探視和慰問了負傷將士，向那些勇敢作戰突出的人發了獎品，掩埋了雙方的死亡將士的屍體，爲自己一方的死者舉行了隆重的祭禮，設祭臺向諸神感恩。

拒絕和談

伊蘇斯會戰的勝利改變了亞歷山大的財政狀況。會戰結束後，亞歷山大派帕米尼歐到大馬士革奪取了大流士的金庫。從這次戰役中他獲得了二千六百枚金泰倫特和二千五百公斤的白銀。

伊蘇斯會戰的勝利改善和加強了亞歷山大的政治和軍事地位。這一勝利使整個希臘世界受到極大的震撼，斯巴達王與波斯艦隊合謀解放希臘的計劃流產了，亞歷山大擺脫了兩面受攻的處境，波斯人對東地中海的控制結束了。亞歷山大對所征服地區的統治也因此得到鞏固。

亞歷山大從越過赫勒斯滂海峽以來，只用了一年半的時間，兩次對陣戰大敗不可一世的波斯軍隊，驅逐了沿海城市的波斯駐軍，收服了無數的山區部落，征服了一塊其面積略小於現在的土耳其的地區，他在其占領區內，恢復了大多數城邦的民主政體，並開始建立起一套行政管理機構。他把波斯人統治時總督獨攬大權的制度改成由不同的人分管軍、政、財，總督既有馬其頓人，也有亞洲人。爲了促進經濟繁榮，他也開始從事大公共建築的重建工作，例如，他下令重建了以弗所的阿爾特彌斯神廟，這座廟是在他出生的那晚燒毀的。

亞歷山大十八個月所取得的成就是驚人的，也是空前的。他的父親腓力在赫勒斯滂海峽就停步不前了，他似乎已完成了他父親的未竟之業，實現了他的夢想。但他並不想就此止步，他在鼓動戰士勇猛作戰時，曾說伊蘇斯是最後的一場大仗，實際上，他的遠征的路還長得很，好像還只走了第一步。亞歷山大下一步向何處去，沒人知道，但有一點大家很快就清楚了，那就是他拒絕和大流士和談。

大流士從伊蘇斯逃跑後，不久就派使者給亞歷山大送來了一封信，請求亞歷山大把他的母親、妻子和孩子們還給他。他的信中並沒有絲毫自責之辭，也沒有提出用什麼來交換他的親人。反而對亞歷山大和他父親腓力的不友善的態度和挑起事端頗有微詞。信中說，自從大流士繼位爲波斯國王之後，亞歷山大也沒派使者到他那裡去重修兩國舊誼和盟約，反而率領全軍越界侵入亞洲，已給波斯臣民造成極大危害。因此，大流士不得已才率軍前來保衛國土和祖傳的主權。現在，他作爲一個國王，向另一個國王請求把他那被俘的母親、妻子和孩子們放回，並願意和亞歷山大修好結盟。他還提出，讓亞歷山大派全權代表跟隨他的代表到他那裡去，接受他提出的保證，同時，也代表亞歷山大向他作出保證。

大流士這封信顯示，他雖在戰場上被打敗了，在外交上，他仍要以一個國王的身分，平等地和亞歷山大談判。他無法透過戰爭取得的，或他在戰場上丟掉的，他想透過外交手段得到或要回來。他甚至把戰爭的責任完全歸罪於馬其頓。

亞歷山大怎能容忍戰敗逃跑的大流士在信中以平等者的口吻和自己談話，並責備自己無故率兵侵入亞洲。他寫了一封言辭嚴厲的信，派了一個使者給大流士帶去。這不是一封討論問題的信，而是戰勝一方給戰敗者一方的最後通牒。他在信中，首先開宗明義地指出：「雖然我國從來都未曾侵略過你們的祖先，但你們的祖先卻侵略過馬其頓和希臘其他地區，對我危害極大。我已經正式被任命爲全希臘總司令，並已率軍進入亞洲，目的是攻打波斯，報仇雪恥。」

亞歷山大在這裡說得很清楚，他是爲報仇雪恥而來。接著，亞歷山大進一步指出，戰爭是由波斯人挑起的，他列舉了波斯挑起戰爭的各種事例，其中包括入侵色雷斯、鼓動並用金錢賄賂希臘人來反對馬其頓、收買並腐蝕他的朋友來破壞他在全希臘建立的和平局面等確有其事的事情，但也有諸如指使人刺殺腓力、大流士非法占有王位的莫須有的罪名，當然，欲加之罪，何患無辭。結論便是，挑起爭端的是大流士，他是在忍無可忍的情況下才出兵的。出兵是被迫的，打勝仗和侵占對方土地則是天意。「因此，你應當尊我爲亞洲霸主前來拜謁。如果你擔心來到之後我會對你無禮，那你就可以派你的親信前來接受適當的保證。等你前來拜謁時，提出請求，就可以領回你的母親、妻子和孩子以及你希望得到的其他東西。只要我認爲你提的要求合理，就可以給你。將來，不論你派人來還是送信來，都要承認我是亞洲的最高霸主。不論你向我提出什麼要求，都不能以平等地位相稱，要承認我是你的一切的主宰。」

這就是亞歷山大的要求，他要主宰波斯的一切，他要把整個波斯都置於他的統治下。他在信的最後威脅說：「不然，我就會把你當作一個行爲不正的人對待。如果你想要回你的國土，那你就應當據守陣地，爲你的國土而戰，不能逃跑。因爲，不論你逃到哪裡，我總是要追的。」

這就是亞歷山大給要求結盟修好的大流士的答覆。顯然，亞歷山大在伊蘇斯一役後，已下決心侵占整個波斯了，要當亞洲的最高霸主了，這裡的亞洲霸主其實就是他心中的世界霸主。他說霸主而不說大皇帝，說明這個時候，在他的心中，他所要建立的帝國還是希臘式的，而不是波斯式的。但他已不能容忍任何人和他以平等地位相稱了，這已有點皇帝的味道了。亞歷山大的信徹底打破了大流士企圖透過外交方式停止戰爭的幻想，他現在只有兩條路，要嘛屈辱地投降，要嘛繼續戰鬥，和平解決已不可能。

帕米尼歐在大馬士革除截獲了大流士的財寶外，還俘虜了來向波斯人求援的斯巴達、底比斯和雅典的代表。亞歷山大令人將底比斯和雅典的代表無條件地釋放了。因爲亞歷山大把底比斯的居民都貶爲奴隸，他們派代表來向大流士請求幫助情有可原。他私下還對人說，因爲底比斯的兩個代表，一個是貴族，讓他回去照顧家庭，另一個則因爲是奧林匹亞運動會的優勝者。釋放雅典的代表是因爲這個代表是伊索克拉底的兒子，而伊索克拉底是他父親腓力的擁護者。其實，他是用這種手段來安撫希臘人。對於希臘人，他有時顯露嚴酷的一面，有時又顯示仁慈的一面。他就是用這種又打又拉的辦法來穩定希臘，穩定他的這一後方。對於斯巴達的代表則沒有這樣仁慈，下令把他關了起來。

不久，大流士又一次派使者來求見亞歷山大。這一次大流士不再以平等的地位和亞歷山大講條件，而是以戰敗者的身分向戰勝者求和。他提出他出一萬泰倫特，贖回他的母親、妻子和孩子們。他還提出兩國以幼發拉底河爲分界線，把河以西直到愛琴海的所有亞洲地區都割讓給亞歷山大。他請求亞歷山大娶他女兒爲妻，互相修好，結成盟邦。

大流士提出的條件太誘人了，占有幼發拉底河以西的全部亞洲地區，這是希臘人想都沒有想過的。我們不知道亞歷山大讀這封信是如何想的，但他的部下，跟他出生入死的將士中的不少人肯定願意接受這樣的條件，仗打完了，他們可以回家享樂了。他父親的老臣、他的副手、戰功卓著的老將帕米尼歐，沒有等亞歷山大表態，便站出來發表自己的意見。他提醒亞歷山大，波斯船隊仍在活動，並可能在希臘煽動人們反對馬其頓，大流士仍有很大的力量，而大流士提出的條件，使東征取得所有能夠合理預期的最好結果。他肯定地說，如果他是亞歷山大，他就會同意這些條件，停止戰爭，不再冒險。

亞歷山大此時的目光已不在他所占領的地方，他看得很遠很遠，他已經看見了他的帝國的遠景。他的部下沒有他那麼深邃的目光，看不了那麼遠。亞歷山大對帕米尼歐的意見不屑一顧，他有點嘲弄意味地回答說：「是的，如果我是帕米尼歐，我當然也會同意這些條件。」

亞歷山大和帕米尼歐的對話後來成了常被人引用的名言。對話不只是顯示了亞歷山大的幽默，也顯示了亞歷山大和他的親信之間已出現的裂痕。亞歷山大東征開始時所提的目的，復仇和解放小亞細亞的希臘城邦，都已達到了，馬其頓所取得的成就和所擁有的威望已遠遠超越了過去，在以帕米尼歐爲代表的馬其頓人看來，該滿意了，戰爭該結束了。亞歷山大本人不是也說過伊蘇斯會戰是最後一場大戰嗎？他們不知亞歷山大要把他們帶到何處去，他們開始不理解他們的國王的行動了。

亞歷山大給大流士回了一封十分傲慢的信，信中說，他不需要大流士的錢；也不願意只得到他的國土的一部分而非全部，因爲大流士的全部財產和整個國家都已經是他的了；假如他願意的話，他當然可以娶大流士的女兒，大流士不給，他也可以娶。至於大流士本人，如果他願意從他手裡得到友誼的話，那他就應當親自前來。

亞歷山大這封信完全關上了和談的大門，杜絕了和解的一切可能。亞歷山大給大流士的第一封信，還只是把已占領的地區看成是他的，並沒提出另外的土地要求，而這封信，竟把波斯的全部國土和所有的財產都視爲自己的囊中之物，其思想變化之快，非常人所可想像。

亞歷山大的回信打碎了大流士的和談的一切幻想，開始準備和亞歷山大再決一死戰。

第八章 控制東地中海

南下計劃

伊蘇斯戰勝後，亞歷山大雖一再拒絕大流士的和談要求，卻也沒有貿然率兵去追擊敗逃的大流士。亞歷山大雖然在戰鬥中神勇非凡，往往冒著生命的危險，身先士卒。但在戰略上，他卻是非常穩重的，絕不輕易冒險。他的作戰計劃都是深思熟慮的結果，都是建立在對形勢的正確判斷的基礎上的。當時，擺在亞歷山大面前的有兩條進軍路線，一是東進，追擊大流士；另一條是沿腓尼基沿岸南下，占據沿岸城市，打擊並摧毀波斯海軍，控制整個東地中海。

追擊大流士，是誰都能想到的，但此時進行追擊卻是十分危險的。大流士新敗，但卻仍有巨大的不容輕視的戰鬥力。伊蘇斯一役給波斯帝國的打擊也比馬其頓人所估計的要輕，大部分波斯騎兵在波斯的一些傑出將軍的率領下，有秩序地撤退到波斯統治區內，駐紮在未被馬其頓軍占領的地區，並在當地招兵買馬，很快就成爲一股可觀的力量。從戰場上逃跑的大流士也很快在巴比倫尼亞集合起一支隊伍。大流士雖寫信求和，但也一直在作抵抗的準備。波斯人仍有一戰之力，甚至仍有打敗亞歷山大的可能。亞歷山大深入波斯腹地作戰，沒有了像小亞細亞希臘城邦那樣所給予的支持和歡迎，「解放」、「民主」和復仇等宣傳也失去了作用，必然會遭到當地居民的頑強抵抗，馬其頓軍隊有可能成爲像是「一座在敵人領土上游移不定的小島」（E・巴迪安）。深入波斯腹地作戰更爲困難的是，戰線拉長，後勤供應更加難於保障。而後勤供應的好壞，正是亞歷山大能否成功的關鍵所在。對於亞歷山大的後勤供應線來說，還有一個致命的威脅，那就是波斯海軍。波斯海軍一直是個使亞歷山大頭痛的問題。亞歷山大沒有可與波斯海軍對抗的艦隊，他原定的計劃是在陸地上打擊波斯海軍，占領波斯海軍的港口，征服大流士建造軍艦和徵集士兵的地方，這一計劃由於亞歷山大攻占了小亞細亞沿海的一些港口城市而取得了部分成功，但並沒有解除波斯海軍對亞歷山大後方的威脅。腓尼基沿岸仍受波斯控制，波斯的腓尼基艦隊已駛入愛琴海，正在尋找機會進襲希臘。希臘的斯巴達也仍然堅持和馬其頓對抗。在這種情況下，在沒有制海權的情況下，如果亞歷山大率軍向東深入波斯腹地，東地中海沿亞洲海岸線一帶就有落入波斯海軍之手的危險，後果是不堪設想的。亞歷山大，一個偉大的軍事家，當然不會這樣去冒險。

亞歷山大在對形勢作了正確判斷後，認爲在追擊大流士之前，必須摧毀波斯的腓尼基艦隊。雖然他自己沒有海軍，但他確信，他只要攻占了腓尼基諸城，奪取了腓尼基艦隊的大本營和基地，波斯海軍就會瓦解，艦隊的水手就會棄船投奔他，因此他決定率軍沿腓尼基沿岸南下，甚至推進到埃及，以便將整個東地中海置於他的控制之下，然後再去追擊大流士。

亞歷山大在南下之前，任命塞流古爲西里西亞總督、托勒密爲地中海沿岸地區的總督，同時還保留他們在軍隊的職務。隨後又任命米農爲下敘利亞總督，並撥給他希臘聯軍騎兵，駐守該地。作了這些安排以後，亞歷山大親率大軍向腓尼基進發。

腓尼基的沿海城市有二十多個，它們雖然承認波斯的宗主權，卻都是些與希臘城市一樣的獨立的小王國。腓尼基人素以經商、航海和殖民著稱。工商業十分發達，每個城市都是一個貿易中心，每個城市都有自己的艦隊，彼此之間，充滿矛盾和競爭。其中最重要的城市是西頓和推羅。這兩個城市也是波斯帝國艦隊的重要基地和港口。

亞歷山大的進軍，開始非常順利。由於腓尼基人對波斯和大流士的統治不滿，不少

希臘。而在希臘，眼下拉斯地蒙人正與我作戰；雅典現在雖還算安分，但也只是懼怕我方而不是親近我方。不過，一旦我戰勝推羅，就能占有整個腓尼基；而且波斯海軍中最強大、最精銳的腓尼基這部分就有很大可能轉到我方。因爲就腓尼基的櫓工和水兵來說，當他們的城鎮已入我手之時，就不可能有勇氣再爲別人出海冒險。再進一步，塞浦路斯或者主動投降我方，或者我以海軍襲擊，輕易地把它占領。到那時，如果我方以馬其頓艦隊加上腓尼基海軍控制海面，而且塞浦路斯又已在掌中，我方將穩操制海權。在這種情況下，我軍再遠征埃及將如探囊取物。得到埃及之後，即不必再擔心希臘和我本國。到那時，國內既已安定，又有我們日益增長的威望，整個大海又和波斯以及幼發拉底河此岸廣大地區完全隔絕，我們遠征巴比倫即可毫無後顧之憂矣。」

亞歷山大在這裡對他爲什麼要南下腓尼基，爲什麼一定要攻占推羅，爲什麼要遠征埃及，說得非常清楚。他的目的就是摧毀波斯海軍，掌握制海權，穩固後方，以便遠征巴比倫、追擊大流士時，無後顧之憂。這就是他的南下計劃。

推羅攻堅戰

爲了堅定將士們奪取推羅的信心，亞歷山大還聲稱他做了一個夢，他在夢裡見赫拉克勒斯引導他進了推羅城。他的占卜師阿里斯坦德解釋說，這個夢意味著，推羅城可以攻下，但要付出很大的力氣，因爲赫拉克勒斯的成就是用力氣取得的。而在另一方，據說，很多推羅人夢見太陽神阿波羅要離開他們到亞歷山大那裡去。爲了不讓阿波羅離去，他們隨即把這位尊神的塑像綁起釘在座墊上面，就好像阿波羅是個普通的叛逃者，在投向敵人時，被發現逮住了。這樣兩個夢反映了對陣雙方的心態，有他們的希望、決心甚至還有一些對對方的恐懼。推羅人的恐懼好像更大些，而希望卻小些。

要攻占推羅城的確是非常困難的，亞歷山大決定先修築一條從陸地通向推羅的寬二百英尺的長堤。在進行這一工程中，亞歷山大親臨現場，對工程的每一步驟都親自進行指導，並不時發表鼓動性的講話，還對幹活特別出色的人給予獎勵。開始時，由於近岸地區水淺，施工地區又在推羅人的作戰器械射程之外，工程進行得很順利。但當工程推進到接近推羅城時，水深已達十八英尺，施工地區也已處於推羅人的作戰器械的射程之內，施工的將士不斷遭到從推羅高聳的城牆上射來的排箭的襲擊，更爲嚴重的是，制海權仍掌握在推羅人手中，推羅人駕駛三行槳位戰船不斷向長堤攻擊（這種三行槳位戰船是古代常用的戰船，由三組人，而不是三層人劃槳，每組約有六十名槳手，因此而得名。全長約一百二十英尺寬二十英尺，船頭裝有一個大金屬撞錘，船上載有兩棲作戰士兵）。推羅人的戰船一會兒衝擊這邊，一會兒衝擊那邊，使馬其頓人的築堤工程在許多地方都無法進行。

爲了保護自己、控制局勢，亞歷山大令人在堤上修築起兩座塔樓，塔高達一百五十英尺，與城牆等高，塔樓外層包上皮革以抵擋火箭，樓內安裝石弩用以射擊三行槳位戰船。推羅人針鋒相對，他們在一條大船上裝滿乾柴、樹脂、瀝青和硫磺，在船頭豎起兩根桅杆，又在每根桅杆上拴上兩根桁杆，桁杆上懸掛著裝滿易燃物的大鍋。他們還在船尾壓上重物，使船頭儘量升高。風一起，他們就在船上放起火來，用戰船拖著這著了火的船向長堤猛撲過來，轉眼間，塔樓和長堤便都著了火，由於桅杆被火燒壞，大鍋內的易燃物便全部傾出，塔樓和長堤的火勢立即大得不可收拾。亞歷山大馬上命令從陸地這邊把堤道加寬，以便在上面修建更多的塔樓，同時命令工匠製造更多的石弩。

這時，亞歷山大已意識到，他必須有他自己的三行槳位戰船，因爲如果他沒有自己的艦隊，他就沒法控制海面，而沒有制海權，他就很難攻下推羅城。於是，他親自率領一支部隊去西頓和其他腓尼基城市，集合他自己的船隊。而腓尼基沿岸各城市的國王，得知大流士在伊蘇斯戰敗、自己的城市被亞歷山大占領後，紛紛率領自己的艦隊離開波斯艦隊，來投靠亞歷山大。很快，就有八十艘腓尼基三行槳位戰船和一百二十艘塞浦路斯戰船歸降了亞歷山大。爲了能有更多的木材來建造更多的戰船，亞歷山大隨後又率軍進山，去採伐黎巴嫩的著名雪松。

在山中，亞歷山大還曾冒死救出他青年時代的老師雷西馬楚斯。行軍途中，有一次，天色已晚，他們兩人沿陡峭的山路徒步而行，大多數馬其頓人已走遠，亞歷山大不願丟下年老體弱的雷西馬楚斯。他可以看見遠處敵人的點點篝火。夜裡非常冷，他摸到最近的一堆篝火旁，刺倒火邊的兩個敵人，抓過一根燃燒的樹枝，再跑回到自己那一小隊人中，用這根樹枝點起一堆大火，嚇跑了敵人。亞歷山大時常做出這樣一些忠於友情和與部下共患難之事，反映了他深得人心的另一面。

他返回西頓時，從伯羅奔尼撒趕來的四千名希臘雇傭兵也已來到這裡。亞歷山大終於在西頓集結起一支有二百多艘戰船的龐大艦隊。現在亞歷山大可以和推羅人在海上一決雌雄了。他率領足夠多的近衛軍登船，令艦隊以密集的隊形由西頓向推羅駛去。他自己在右翼，塞浦路斯諸王和他在一起；由尼塔高拉斯和克拉特拉斯共同指揮左翼。艦隊駛到推羅時，在海面上停泊，想把推羅的海軍引出來交鋒，但推羅人一見亞歷山大艦隊如此龐大威武，大驚失色，自知他們的海上優勢已蕩然無存，便拒不出港作戰，並在海港入口處密布戰船，封鎖海港。同時，他們加固了城牆，並在城垛口豎起木塔，以便從塔裡向外射箭擂石。他們還把許多大塊圓石推到海裡，形成許多石堆，以便阻止敵船靠近城牆。

亞歷山大一面令海軍封鎖了城北、城南的兩個港口；一面令人把大量的石弩等擂石器搬到堤道上和船上，這些擂石器都是由從塞浦路斯和腓尼基招來的工匠製造的。一切準備好了後，亞歷山大便下令堤上的木塔和海上的船同時向前推進，向城牆發動進攻。但是，亞歷山大的進攻遭到推羅人的有力抵抗，他們從面對長堤的城牆的高塔裡向外發射火箭，用一些加了裝甲的船隻衝斷攻城船隻的錨索，而那些被推到海裡的大圓石，又使攻城的船隻無法靠近城牆。因此，爲了使運載攻城器械的戰船能靠近城牆，亞歷山大令人用小艇把這些當道的圓石搬開，推羅人就派人潛水割斷船錨的纜繩。於是，馬其頓人便改用鐵索代替纜繩，推羅的潛水員才無計可施。然後，亞歷山大用起重器把大圓石塊吊起來，再用擂石器把它們投進深水中去。

這樣，通向城根的水道就被掃清了，船隻很容易地就開到城牆根前停泊，發動總攻擊的時候到了。

推羅危急了，但推羅人不願坐以待斃，不甘心就這樣失敗了，他們要進行最後的一搏，決定主動出擊，摧毀馬其頓人的船隊，奪回制海權。他們乘封鎖北端港口的塞浦路斯艦隊的船員回大陸用午餐，亞歷山大也下船回他城南的帳篷裡去的機會，讓滿載最熟練的水手和最善戰的水兵的十艘戰船出擊。它們利用港內的船帆的掩護一字形慢慢地、靜悄悄地駛出港口，突然向塞浦路斯艦隊發動攻擊。塞浦路斯艦隊由於船員下船用餐去了，猝不及防，四艘戰船被擊沉，剩下的一些船被推到岸邊砸毀。

但是，這時的推羅的海軍力量已無法和亞歷山大的海軍抗衡，只能得逞一時。亞歷山大從岸上用餐回來，看到塞浦路斯艦隊被推羅人偷襲的慘狀，立即令水兵趕快上衝出；自己則親自率領幾艘大戰船，環繞城牆追擊推羅人的船隻，城牆上的推羅人看到亞歷山大親率艦隊出擊，就大聲呼喊自己的艦隊回來，但已經晚了，推羅船隊發現亞歷山大艦隊攻來，已來不及掉頭逃回港內了，只有幾隻船好不容易地逃出了險境，絕大部分艦艇都遭到亞歷山大艦隊的衝擊，許多船隻被撞壞了，一艘五行槳位戰船和一艘四行槳位的戰船當場被俘。

推羅人的偷襲失敗了，他們的海軍遭到了致命的打擊。推羅人失去了海軍的支援，亞歷山大的船隻就直接駛到城根前攻城，並在靠城牆處多處搭上了浮橋。然而，推羅人仍拼死抵抗，馬其頓人攻城時，他們從城上往下撒網，把套進去的人投入水中，他們用一種叫鐵蒺藜的兵器把攻城的馬其頓士兵拽下城去，他們把鋒利的鐮刀綁在長竿上割斷大撞錘的繩索，使大撞錘失去作用，他們把燒熱的大鐵塊投向攻城者，他們還把滾燙的沙子從城牆上往下倒。戰鬥異常酷烈，推羅人這時犯了個錯誤，他們把俘獲的馬其頓人押上城頭，當眾殺死，並把屍體拋進大海，這更激發了馬其頓人的鬥志。

亞歷山大使用了當時最先進的諸如撞錘、攻城塔、穿城螺旋錐等所有攻城武器，推羅城牆最終還是被轟塌一大段。亞歷山大立即命令一些三行槳位戰船朝兩個港口駛去，打擊港內的敵人，命令其餘的戰船繞城行駛或停泊在淺水處，從四面八方向推羅人投擲梭鏢、射箭。亞歷山大自己率領艦艇駛到城根處，搭板立即從船上搭到城牆上，阿德米塔斯率領士兵第一個登上了城牆，亞歷山大也隨後率部爬了上去。他既是攻城的勇士，也是其他指戰員英勇行爲的目擊者。阿德米塔斯站在城頭鼓勵戰士往上衝時，被一枝矛刺中，當場死亡。但亞歷山大還是率領部隊把敵人逐下城牆，隨即進入市區，追擊敵人。同時，腓尼基艦隊和塞浦路斯艦隊也分別攻入南北兩個港口，擊毀了港內的推羅人的剩餘船隻，奪占了港口附近的城牆。

推羅人見城牆大部分落入亞歷山大之手，便紛紛逃離城牆，退到阿基諾聖殿進行頑抗，結果被亞歷山大一舉殲滅。這時攻克兩個港口的亞歷山大部隊也開始在城內進行大屠殺。由於馬其頓軍隊久攻不下，多次受挫，士兵心中已經積滿了怒氣，一旦攻入城中，便狂性大發，把推羅城當成了屠宰場，見人就殺。當時有八千推羅人被殺害。馬其頓方面，阿德米塔斯和隨他衝上城牆的二十名戰士全都戰死了，整個圍城戰共約有四百人犧牲。推羅的一些要人城破後逃到赫拉克勒斯神廟避難，其中有推羅國王，還有一些迦太基來客。他們受到了亞歷山大的仁慈對待，被赦免了。而其餘的未死的三萬推羅人和外籍人則全都被賣爲奴隸。

推羅就這樣被亞歷山大攻占了。這一戰役從西元前三三二年一月開始，到同年七月末攻占該城結束，歷時七個月，是古代歷史上最慘烈的一次攻城戰。對於亞歷山大來說，攻占推羅是他建立他的大帝國必不可少的重要一步，成功了，他的計劃就向前推進了一步，如果失敗了，他的全部計劃就都可能落空。因此他不惜花費巨大的人力財力，採取一切手段攻下推羅。攻下了，仍不肯放過推羅人民，其手段之狠毒，令人髮指。如同他毀滅底比斯一樣，他毀滅推羅也是向那些不服從他統治的人民發出警告，發出一種信息。對於推羅人來說，這是一場毀滅性的災難。一個多世紀以後（西元前一四六年）推羅人的殖民城市迦太基同樣也遭遇一場毀滅性的災難。

亞歷山大如願以償，向赫拉克勒斯獻祭，把轟垮城牆的那架石弩獻給神廟，舉行全軍武裝大遊行和海軍大檢閱來表示對他的敬意。又在赫拉克勒斯神廟的大庭院裡舉行體育比賽和火炬賽跑。

占領推羅後，亞歷山大有了一支強大的海軍，波斯人的艦隊潰散了，東地中海已基本控制在亞歷山大手中了。但亞歷山大卻認爲他還必須占領埃及，這本是他計劃的一部分，只有占領了埃及，才能說是控制東地中海，才有一個鞏固的大後方。同時，這個有著古老文明的地方的神奇和財富也吸引著他。西元前三三二年冬天，亞歷山大率軍從推羅出發，向南挺進。敘利亞和巴勒斯坦的其餘部分也都紛紛歸順，但通往埃及的路仍不平坦，他在敘利亞南部的邊境要塞加沙，受到一支阿拉伯部隊的頑強抵抗。

加沙是通往埃及的必經之地，具有重要的戰略地位。加沙城市坐落在距海岸一英里的一個高崗上，四周有非常牢固的城牆圍繞，城牆周邊都是很深的沙土，城對面的大海的海邊有許多水坑。波斯總督巴提斯率領一支阿拉伯雇傭軍據守在這裡，他想依仗這裡的險要地形、堅固城牆和儲備豐富的物資，與亞歷山大對抗。他堅信他的堡壘是永遠攻不破的。因此，他決定不讓亞歷山大進城。

亞歷山大當然不會讓這個孤立無援的要塞擋住他前進的路。他一到達，就布置攻城。他令人安裝擂石器，但操縱擂石器的人卻說，高崗太高了，強攻是攻不下這座城的。亞歷山大有了攻打推羅的經驗，根本不把加沙放在眼裡，他的好強心，使他不願在任何困難面前退卻，越是難攻越要攻下。而且，如果他攻不下加沙，便會對他已樹立起來的威望造成極大的損害。高崗太高，亞歷山大就令人繞城修築一道土崗與高崗相對，修築好了後，就把擂石器放在土崗上，好平射石彈轟擊城牆。但在土崗修築好了、擂石器也在上邊安裝好了時，城裡的阿拉伯人突然大舉出擊，居高臨下、猶如急雨般地向馬其頓部隊射箭投石，要把馬其頓部隊趕下新修的土崗，燒毀擂石器。亞歷山大不顧個人的安危，親自率領近衛隊支援受攻的馬其頓部隊，頂住了阿拉伯人的攻擊，但他本人卻負了傷，一顆石彈穿透他的盾牌和胸甲，打進了他的肩膀。

亞歷山大的傷使攻城暫時停了下來，傷好後，攻打推羅的擂石器也從海上運來了。亞歷山大立即下令把土崗加高加寬加固，環繞全城，同時令人再從城牆下挖坑道，準備爆破。一切準備好了後，所有的擂石器都被搬到土崗上，一聲令下，同時開始轟擊，被認爲牢不可破的城牆立即被轟得彈坑累累、面目全非。由於城牆下面好些地方被掏了洞，城基逐漸下沉，城牆隨之下陷倒塌，掉進下面的地道裡。而在此同時，地面上的馬其頓部隊也用石彈把城牆轟平了好大一片，牆倒人亡，加沙守軍傷亡慘重，但仍拼死抵抗，一連頂住了馬其頓人的三次大衝鋒。亞歷山大最後把馬其頓方陣調上來，組織第四次衝擊。馬其頓戰士從四面八方猛撲上去，被挖空地基的城牆被推倒了，被石彈轟得鬆鬆垮垮的城牆被撕開了一個很大的缺口，大批梯子搭到城牆上，馬其頓戰士展開了攻城大競賽，爭先恐後地搶登敵城。隨後，大批馬其頓戰士一營一營地登上城牆，城門被一個個打開了，全軍也隨即開入城中。接下來，和在推羅一樣，又是一場慘絕人寰的大屠殺。成年男子被殺得一個不留，婦孺都被賣爲奴隸。加沙成了無人的空城，亞歷山大再把附近部族招來城內居住，使它成爲新的爲自己所用的要塞。

亞歷山大攻占加沙費時兩個月，就這樣，在一年之內，他先後在推羅和加沙兩地導演了兩齣人間大悲劇，但隨後卻又在耶路撒冷導演了一齣頗爲滑稽的人間喜劇。耶路撒冷是猶太人的聖地，一直和推羅很友好，亞歷山大攻打推羅期間，耶路撒冷曾援助推羅，給推羅提供糧食。亞歷山大認爲耶路撒冷的這種行爲是不可饒恕的，決心給予懲處。在攻占了加沙後，亞歷山大便回軍包圍了耶路撒冷，並令人搭起攻城塔，準備攻城。

耶路撒冷無險可守，耶路撒冷的人民也不敢和亞歷山大對抗，他們擔心推羅、加沙的惡運降臨到自己頭上，便群集在耶和華神殿，要求大祭司想辦法解救他們。這可難住了這位大祭司，苦思冥想一夜，終於想出了一個辦法，有沒有用，就只有天知道了。他隨即向全體市民宣布，他已經得到神的啓示，耶路撒冷可以得救了。他的辦法就是，他和他的廟裡的所有祭司都穿戴整齊，在他的率領下，態度莊嚴地向劍拔弩張的馬其頓陣地走去，馬其頓人看見城內走出這樣一支隊伍，覺得好奇，並沒有阻擋他們。想看看他們要做什麼。這隊人一直走到亞歷山大面前，然後以十分虔誠的態度仰天祈禱：「萬能的神啊，耶路撒冷人求您保佑年輕的馬其頓國王吧……」

奇蹟發生了，本是下決心要好好教訓耶路撒冷人的亞歷山大，突然態度變了，竟以同樣的虔誠態度在大祭司面前跪下，垂首撫胸，用希臘語說了一句表示感謝的話。一場眼看馬上就要發生的大屠殺就這樣戲劇性地化解了。表面上看，亞歷山大喜怒無常，實際上，這件事反映了亞歷山大高人一等的政治智慧，他並不是嗜殺成性之徒，雖然爲達到目的他不擇手段，但能不戰而屈的人似乎更符合他的要求。他對推羅、加沙和耶路撒冷的不同處理方式，是在向全世界宣布這樣一個信息：順亞歷山大者昌，逆亞歷山大者亡。

第九章 法老與阿蒙神之子

進軍埃及

現在南下埃及的一切障礙都已掃除了，神秘的埃及已近在眼前。西元前三三二年十一月，亞歷山大率軍從加沙出發，令海軍從腓尼基啓航，水陸兩路同時向埃及進軍。很快兩路大軍就都到達了位於尼羅河東口的埃及邊境要塞柏路西亞，踏上了埃及的土地。

埃及位於非洲大陸東北角，早在西元前六〇〇〇年就產生了國家，是古代文明的發源地之一。尼羅河孕育的埃及文化對世界文明的發展有著巨大的影響。西元前五二五年，波斯人征服了埃及。埃及成了波斯帝國的一個行省。波斯人對埃及實行高壓和掠奪政策，苛徵重賦，虐待僧侶，霸占良田。波斯人的野蠻統治和殘酷掠奪，激起了埃及人民一次又一次的反抗，人民起義此起彼伏，遠在大流士三世繼位以前，波斯人在埃及的統治就已有名無實了。

埃及人和希臘人很早就有了相當頻繁的交往，文化上互相影響，商賈間互通有無。被西方譽爲歷史之父的希臘歷史學家希羅多德曾到過埃及。在他的歷史著作中，記述了那裡許多引人入勝的奇聞軼事。例如：怎樣用藥物塗屍防腐，怎樣捕捉鱷魚，怎樣造金字塔等等。亞歷山大一定看過希羅多德的書，他肯定對這些埃及文明的奇蹟懷有濃厚的興趣。他的母親奧林匹婭斯迷戀神秘宗教，受他母親影響，亞歷山大對埃及的宗教可能也有一種敬畏之情。對於亞歷山大來說，埃及之行，既是一次征服，也是一次探險。

與征服小亞細亞和腓尼基等地相比，亞歷山大的埃及之行是十分輕鬆的。由於埃及人痛恨波斯人的統治，他們把亞歷山大的大軍當成王者之師，當成解放者。波斯的埃及總督馬扎西斯也早已在柏路西亞迎接亞歷山大，因爲他早已得知大流士兵敗伊蘇斯，也知道腓尼基、敘利亞和阿拉伯的大部分地區都已落入亞歷山大之手，而且他自己手中也沒有波斯軍隊，不要說他不願抵抗，就是想抵抗也沒有可打仗的兵。馬扎西斯一見亞歷山大到來，就客客氣氣地迎接他和他的軍隊進入埃及城鄉各地。這種情況使亞歷山大感到意外，也使他驚喜。他一路征戰而來，本以爲在埃及這樣一個古老、文明而又具有戰略意義的地方，一定會遇到更加激烈的抵抗。誰知一進入埃及就受到地方總督和埃及人民的隆重歡迎和友好接待，埃及不戰而降，這太讓亞歷山大高興了。亞歷山大在柏路西亞留下一支部隊駐守，然後水陸兩路大軍直奔古都孟斐斯，沿途各地居民都來歸順，不費吹灰之力就占領了沿途一帶，順利地到達目的地。

在孟斐斯，爲了表示對當地宗教信仰的尊重，亞歷山大特地向當地主神阿皮斯獻祭，還舉行了體育和文藝比賽，希臘的一些著名的藝術家也趕來參加。

亞歷山大在孟斐斯的行動贏得了埃及人民的好感。亞歷山大的做法完全不同於波斯人，波斯人曾搗毀他們的神廟，屠殺了他們認爲是阿皮斯的化身的神牛。亞歷山大還接受了埃及人授予他的法老的稱號。法老是埃及國王的稱號，埃及人認爲法老是神，他的意志是至高無上的。埃及人授予他這一稱號，說明埃及人承認他是他們的合法的統治者。亞歷山大接受這一稱號，是要表明他的統治不同於波斯人，是爲了使他的統治更容易被埃及人接受。只要有利於他的統治，他是樂於接受各種稱號的，何況法老這一稱號還給他蒙上了一層神聖的光環。

亞歷山大在埃及做的影響最大的一件事是他在這裡建起了一座城市，一座以他的名字命名的城市。西元前三三一年的一天，亞歷山大帶著他的衛隊和他的智囊團，乘船來到尼羅河三角洲，上岸蹓躂時，突然萌發了要在這裡建造一座城市的想法，在他的隨行的科學家的幫助下，他很快就選定了未來城市的位置，這是個非常適合建立城市的地方，位於尼羅河最西端河口以西，由於地中海海水的衝擊，這裡不受河水泥沙的淤塞。亞歷山大對這座城市的興建，滿懷熱情，投入了很大的精力。他親自爲城市設計草圖。什麼地方建市場，什麼地方蓋廟，蓋什麼廟，哪些是希臘神的，哪些是埃及的，城牆修在哪裡等等，他都一一在草圖上標畫出來。他還向神明獻祭，得到很好的啓示。他的占卜師阿里斯坦德也預言，這座城市將來在各方面一定都很興旺，特別是土地上的收益更是興旺。

亞歷山大在埃及建立這座新城市當然不是突發之舉，而是和他過去所做的其他事情一樣，是深思熟慮的結果，是他計劃中的大帝國的不可缺少的一環。這座亞歷山大城並不是亞歷山大建議建立的第一座城。在這之前，已經有了幾個亞歷山大城，在這以後，在亞洲所到之處建立的亞歷山大城據說有七十座之多。這些城市大都位於戰略要地，除殖民、安置年老體弱或負傷的戰士外，還可作爲該地區的軍事要塞。但在亞歷山大所建城市中最爲成功、作用最大的卻是埃及的這座亞歷山大城。亞歷山大城的戰略地位特別重要，處於東地中海的中心地帶，面向希臘和小亞細亞，東鄰腓尼基，背靠埃及。如果亞歷山大最後戰勝大流士，這裡就可作他的大帝國的首都，最少也可成爲一個大行政中心，同時，在推羅被夷爲平地後，新建的亞歷山大城可以塡補空白，成爲這一地區的新的商業中心。事實上也的確如此，雖然修築亞歷山大港花費了數年時間，消耗了大量的人力和財力，但不久之後，它就以它少有的優越地理位置而得以成爲東地中海的最主要的港口，燈塔島守衛著港灣（後來亞歷山大的一位後繼者在島上建起一座高四百英尺的燈塔，被世人譽爲世界七大奇蹟之一）。城與島之間築起了一條長堤相連，從而形成了東北和西南兩個港口。城內有埃及人、希臘人和猶太人等三個居民區。

居民人口很快就增加到一百萬。它不僅成爲一個工商業中心，它也是一個科學文化中心，市內的亞歷山大圖書館是古代文化最有名的收藏處，可惜在西元前四八年毀於一場大火。亞歷山大城的建立是亞歷山大對人類歷史的重要貢獻。

亞歷山大城是按照希臘模式建的，同時也吸收了一些埃及的風格，如埃及神廟和埃及人居住區的建設等，這裡也透視出亞歷山大是要使他的帝國成爲希臘文化的傳播者，而同時卻又能廣泛融合各地的傳統文化。他的這一想法在當時是非常超前的、崇高的。

正在亞歷山大熱心於他的城市建設時，有人從愛琴海來到埃及，向亞歷山大報告，愛琴海上位於赫勒斯滂海峽附近的提尼多斯島的波斯守軍已起義投誠，米提利尼已被攻克，開俄斯島、累斯博斯島和科斯島也都歸順了馬其頓。馬其頓海軍已進駐各島，那裡已完全成了馬其頓的天下。被俘的幾個島的僭主和波斯占領軍的頭目也已押送到這裡，聽候亞歷山大處置。亞歷山大放了那幾個僭主，而把其他的人關押起來。

朝拜阿蒙神

現在埃及已被兵不血刃地占領了，愛琴海已成馬其頓一家的天下了，波斯海軍已被完全消滅了。亞歷山大城也正在興建中，在這裡該做的或計劃做的都已做了，該是去追擊大流士的時候了。但是像過去常有的情況一樣，亞歷山大的下一步行動又一次完全出人意料，他沒有發兵亞洲，而是去利比亞，去拜訪那裡的阿蒙神。他把建城的事交給哈巴魯斯，讓塞琉古留守，統領軍隊。他自己則帶領一支二千人的衛隊、十位考古學家和地理學家啓程去利比亞的阿蒙神廟，隨同的還有他的親信將領托勒密。

這座阿蒙神廟坐落在利比亞沙漠的錫瓦綠洲，在希臘人的心目中，這座神廟的地位僅次於底比斯的阿波羅神廟，而且，由於它遠離希臘，又在沙漠中，就更具神秘色彩。阿蒙的神諭具有神驗，無人懷疑。據說，希臘的柏修斯和大力神赫拉克勒斯都曾來到這裡問卜，而柏修斯和赫拉克勒斯卻又都是亞歷山大的祖先。這可能是亞歷山大此行的一個目的，去向阿蒙神問卜，問問自己的未來。亞歷山大認爲阿蒙神也是自己的祖先，他可以祈求阿蒙神的護佑，使自己未來的一切行動都披上神的意旨的外衣。當然，他此行也可贏得埃及人的好感，有利於他在埃及的統治。如果他能取得神廟祭司們的支持，他就成了埃及的合法統治者。他對能否以阿蒙神的名義統治埃及是很重視的，因爲他知道，他雖然很輕易地就占領了埃及，但要有效地統治它卻是不容易的。

亞歷山大此行的另一目的可能是軍事性的，他沒有按慣常的路線，從孟斐斯出發，穿越沙漠，直奔阿蒙神廟。而是沿著海岸向西。顯然，亞歷山大是要借此行偵察沿海的情況，因爲這裡的西端有希臘重鎮昔蘭尼，他要弄清楚昔蘭尼的態度，他要知道，在他離開埃及去追擊大流士時，埃及的這一邊會不會遭到攻擊。因此，亞歷山大一直沿海岸

撒哈拉沙漠中的錫瓦綠洲，這裡有阿蒙神的著名廟宇。亞歷山大從海邊來這裡，約有200公里的距離。

而行，大有直奔昔蘭尼之勢，直到碰到了昔蘭尼派出的使臣，並接受了使臣遞交的獻城降表，才離開海岸，前往沙漠。

亞歷山大的穿越沙漠之行是十分艱苦的，甚至可以說，是一次死亡之旅。波斯國王岡比西和他率領的波斯大軍就曾在這茫茫無境的沙漠裡全軍覆沒。亞歷山大一行進入沙漠不久，就迷失了方向，除了沙漠，一望無邊的沙漠，什麼都沒有。連嚮導都不知往哪裡走。白天，酷熱簡直使人無法忍受，火熱的陽光，滾燙的沙子，似乎要把人烤焦。晚上，嚴寒卻也使人禁受不起，刺骨的寒氣幾乎要把人凍僵。乾渴、勞累、饑餓、酷熱、嚴寒，馬疲、人乏，一些人倒下了，更要命的是，他們不知往哪裡走，不知那神秘的神廟還有多遠。一些人心生不滿了，他們不知爲什麼要去那神廟，不知爲什麼要這樣穿越沙漠去那神廟。這時，鼓勵他們前進的，也許就是他們的國王亞歷山大也和他們一樣在忍受這旅途之苦。爲了充饑他們開始殺馬，馬殺完了，便開始殺駱駝。但他們仍不知往哪裡走，要走多遠。據阿里安的書裡記述：當時，在他們前面出現了兩條大毒蛇，並向他們發出聲音，亞歷山大便令嚮導跟著蛇走，最後，蛇把他們帶到了神廟那裡。但也有人說是兩隻烏鴉把亞歷山大引導到神廟的。這些帶有神奇色彩的傳說，其實都是要把亞歷山大到神廟說成是神的意旨。不管如何，雖經歷了千辛萬苦，亞歷山大還是如願以償了。他很欣賞這個地方，對沙漠中竟有如此一個綠洲，十分驚奇。阿蒙神廟的祭司們以法老的禮儀接待了亞歷山大。亞歷山大向阿蒙神獻祭，並答應保護祭司的各種權利，祭司們則在神廟裡爲亞歷山大舉行隆重的授名儀式，這是埃及歷代法老都必須接受的儀式。通過這一儀式來說明他的法老稱號是神授的，因而可以享受至高無上的權利。

亞歷山大個人還被祭司單獨帶到內殿瞻仰，並和祭司進行了對話。這段對話後來被大加宣揚。據說，祭司稱亞歷山大爲阿蒙神的兒子。但據普魯塔克說，這是個誤解。那個祭司出於友好的問候，對亞歷山大說：「Opaidion（啊，我的兒子）。」但這個祭司是外國人，他把最後一個希臘字母錯讀成：「Opaidios」這句話可以分寫成「O Pai Dias」，於是便成了：「啊，宙斯的兒子。」

亞歷山大之所以要宣稱自己是阿蒙神，或宙斯的兒子，除了要在埃及人面前樹立自己的合法的至高無上的地位外，還和這樣一個傳說有關。傳說，腓力有一次對奧林匹婭斯說，他是不是亞歷山大的生父，他自己也拿不準。這個傳說又同另一傳說聯繫在一起。腓力在一次戰鬥中被打瞎了一隻眼，但傳說這隻眼不是由於他勇敢戰鬥而失去的，而是因爲一天夜裡當宙斯化作一條毒蛇跟他的妻子同枕而眠時，他從鑰匙孔向裡窺視而被宙斯弄瞎的。特爾斐神廟的神諭也早就預言他會一目失明。

亞歷山大並沒有公開宣布他和祭司談話，他聲稱自己在阿蒙神廟獲得了神諭，但對其內容卻秘而不宣，這更增加了神諭的神秘性。據說，他曾寫信給他母親，說要把神諭的內容告訴她，但他一直征戰在外，至死也沒有告訴她。不過他以神之子自居是毫無問題的，亞歷山大甚至讓人把自己戴著阿蒙神的公牛角的頭像鑄在銀幣上，公開讓大家奉自己爲神之子。埃及阿蒙神廟祭司說亞歷山大是神之子，是一種東方式的模糊觀念，因爲在埃及人看來，所有的法老都是神之子，這就像中國把皇帝稱爲天子一樣。但按希臘人的觀念，神之子意味著他的父母或父母中的一個是神。有關腓力和亞歷山大的某些傳說可能就是希臘人的這種觀念。

亞歷山大在錫瓦綠洲待了一些時候，他在這裡還和當地的一位名叫普薩蒙的哲學家進行了交談。普薩蒙指出，亞里士多德把人類分成高貴的和低賤的兩類，把亞細亞人看作野蠻人和天生的奴隸，是不公正的。亞歷山大毫不猶豫地表示他贊同普薩蒙的這一觀點。普薩蒙接著進一步指出，既然王權和統治都是神的賜予，那麼全人類就都必須服從受命於神的統治，這裡並沒有民族之分，各民族的神也沒有什麼不同，只是名稱不一而已。亞歷山大欣然同意，但他又補充說，神能預見未來，告訴人應該怎樣去做，保護天下的好人，因此希臘人和埃及人都受到神的保護。亞歷山大這裡所顯示的思想境界要比他的老師亞里士多德高得多，開闊得多。亞里士多德固執地認爲只有希臘人是文明的，而亞歷山大卻認爲埃及人和希臘人一樣，他後來還這樣總結說，人們應該把所有的好人視爲自己的同族，只有壞人才是異族。亞歷山大的這種思想和亞里士多德比較起來，簡直有天壤之別。他的這種觀念，最早可能是受了伊索克拉底的影響。伊索克拉底曾說過：「凡分享我們的文化而非我們同血統的人，均應叫做希臘人。」當然，普薩蒙的話又使他的認識前進了一步。他這時可能已認識到，這種觀念可能會成爲促進帝國統一的推動力。

亞歷山大在錫瓦綠洲了卻了心願後，從另一條近路回到孟斐斯。他對埃及的政務進行了整頓，把全埃及分成兩個省，分別任命埃及人多勞斯皮斯和坡提西斯爲兩省總督，但坡提西斯不願就任，於是就讓多勞斯皮斯統轄全境。總督沒有軍權，亞歷山大任命了手下的兩個將領分任孟斐斯和柏路西亞的駐軍司令。西部的利比亞總督和東部阿拉伯人居住區的總督則任命了兩個希臘人擔任。他指示地方官吏用他們慣用的方法管理他們的轄區，也就是說保留他們原有的政治制度和行政管理權利，但有一個條件，就是必須繳納他所要求繳的貢賦。他還指派馬其頓人普塞斯塔斯和巴拉克拉斯爲留駐埃及的陸軍大將，坡萊蒙爲留埃及艦隊司令。亞歷山大對埃及的特點和實力感到吃驚，認爲把全埃及委託給一個人掌握是不穩妥的，因此他把埃及政府分派給許多軍官掌握。

第十章 亞洲之王

回師亞洲

從西元前三三二年末到西元前三三一年春，亞歷山大在埃及停留了四個多月，時間雖不長，卻在埃及做了不少工作。在埃及建立了一套有效的統治機構；到錫瓦綠洲聆聽了阿蒙神諭；建立了亞歷山大城。波斯在地中海的勢力已被徹底清除了，亞歷山大的後方穩固了，他現在可以後顧無憂地追擊大流士了。

西元前三三一年春，亞歷山大率軍離開埃及，從孟斐斯啓程，返回腓尼基。到達推羅時，受到了先行到達的海軍艦隊的歡迎。在這個曾經進行過拼死誅殺的地方，部隊進行了休整。亞歷山大也許對自己在這裡誅殺過甚有點不安，又一次向赫拉克勒斯獻祭，並舉行體育和文藝競賽來娛樂士兵和保持高昂的鬥志。亞歷山大還在這裡接見了雅典來的代表團。雅典代表團請求亞歷山大釋放原在格拉尼庫斯河戰役中俘虜的雅典雇傭軍。這些雇傭軍被俘後一直在馬其頓服苦役。雅典人曾在西元前三三三年春向亞歷山大請求過一次，但當時亞歷山大考慮到波斯海軍正向他發動反擊，他不能在這樣的關鍵時刻「減弱希臘各城邦對他的懼怕心理」，因而拒絕雅典人的請求。但這一次，亞歷山大爲了對雅典不參加斯巴達的反馬其頓活動的行爲表示鼓勵，答應了雅典人，釋放了所有的雅典俘虜。隨後，他聽說伯羅奔尼撒有一個擁護他的起義正在醞釀中，便派安福特拉斯率領艦隊去支援那些對波斯戰爭的前途有信心、且不願意聽從拉斯地蒙人的伯羅奔尼撒人。同時，還命令腓尼基和塞浦路斯合派一百艘戰船到伯羅奔尼撒去。

不久，亞歷山大決定進行財稅管理改革。他讓科伊拉諾斯掌管腓尼基的稅收，菲羅克森那斯負責小亞細亞地區的稅務，徵收各希臘城邦爲「復仇戰爭」而繳納的貢品。亞歷山大之所以設這兩個稅務官，是因爲這些城邦在名義上是自治的，它們並不隸屬總督，設這兩個官就是爲了監督它們的捐稅和貢品的繳納。這種管理方法一直繼續到西元前三三〇年春希臘軍隊返回希臘爲止。亞歷山大還任命哈帕拉斯重新擔任財務總監，負責保管他隨身的錢財。哈帕拉斯是亞歷山大少年時的夥伴，腓力當年曾懷疑他和亞歷山大的其他一些夥伴挑撥他們父子關係而把這些人放逐了，腓力死後，這些人都受到重用，哈帕拉斯就被任命爲財務總監，但他後來卻開了小差，回來後，亞歷山大不僅沒有處罰他，反而又委以重任，可見亞歷山大對他的這班少年時夥伴的信任和重視。

做了這些安排後，西元前三三一年夏，亞歷山大本人親率大軍經大馬士革和阿勒頗，向幼發拉底河進發，到達幼發拉底河上游的薩普薩斯時，與正在這條河東岸架橋的帕米尼歐的部隊會合了。本來大流士派了原爲利亞總督的馬扎亞斯率領三千騎兵（其中有二千是希臘雇傭兵）在這裡守衛，但馬扎亞斯在伊蘇斯被亞歷山大打怕了，聽說亞歷山大率領大軍即將到來，便率軍向東撤退了。亞歷山大因此很順利地架好了橋，渡過了河。過河後，本可直接進軍巴比倫，但他聽說大流士正糾集了一支大部隊在底格里斯河等著和他決戰，這正合他心願，他就是要找大流士決戰，因此他沒有去巴比倫，而是立即率軍穿越美索不達米亞，趕往底格里斯河。但到達底格里斯河時，卻既沒發現大流士的蹤影，也沒發現他留下的守衛部隊。部隊過河後，亞歷山大下令停止前進，稍作休息。這一天是西元前三三一年九月二十一日，晚上出現了月全食。在古代，這種天文現象往往會引起部隊情緒的惶恐，其實亞歷山大本人也十分相信預兆。爲了消除部下的疑慮和祈求神靈保佑，亞歷山大向月亮、太陽和大地獻祭。他的占卜師阿里斯坦德宣稱，這次月食對馬其頓部隊和亞歷山大有利，大戰即將在本月內發生，所獻的犧牲預示亞歷山大將獲勝。過河後的第四天，偵察兵報告說，平原上發現敵人的騎兵，但人數不詳。亞歷山大立即令部隊以戰鬥隊形前進。隨後，偵察兵又飛馬來報告說，他們估計敵人的騎兵不超過一千人。亞歷山大隨即率領皇家衛隊、一個步兵中隊和偵察兵快速前進，而讓其餘部隊隨後跟上。但波斯騎兵一發現亞歷山大親自率領部隊攻過來時，立即調頭就跑。大部分波斯騎兵都跑脫了，但也有一些被追上殺死，一些成了亞歷山大的俘虜。亞歷山大從俘虜口中得知，大流士的大部隊在離這裡不遠的高加米拉村。

大流士在求和不成後，便一直在努力聚集軍隊，準備和亞歷山大進行一次新的決戰。從戰略思想來說，大流士這種想透過戰場上兵對兵將對將的大規模戰鬥來打敗亞歷山大的想法是極端錯誤的。伊蘇斯已證明，在戰場上，大流士不是亞歷山大的對手。大流士的唯一取勝之道，就是在這場戰爭開始時，希臘雇傭軍統帥邁農所建議的，採取堅壁清野政策，不與敵人進行陣地戰，這樣，由於亞歷山大在敵區作戰，戰線太長，給養就會發生困難，就會陷入敵區大海中而疲於奔命。這是亞歷山大最害怕的。可惜大流士和波斯將領的盲目自大和傲氣使他們不願也不屑這樣做，他們寧願對陣一決高下。大流士爲這一仗作了充分的準備，但是，正如有人所指出的，其實最必要的準備是把大流士本人調離指揮崗位。大流士召集了儘量多的兵力，到底有多少，現在已無從知道，有人說有步兵一百萬、騎兵四萬，這顯然是誇大其辭，估計波斯的兵力可能是八萬左右，這個數目已大大超過亞歷山大所能投入戰鬥的兵力了。大流士準備了一種新的武器來對付亞歷山大的方陣兵，裝有大彎刀的二百輛戰車，還有一種馬其頓人沒見過的「武器」：十五頭戰象。他的精良騎兵被用短矛武裝起來，因為以往的戰鬥已證明標槍用起來不靈便。大流士吸取了伊蘇斯戰役的教訓，選擇了一個開闊的平原作戰場，為了便於戰車和騎兵馳騁，把不平的地方都鏟平了。

亞歷山大從俘虜口中得知大流士的上述情況後，沒有立即率隊去攻擊大流士，而是讓部隊在原地停下來，好好地休息了四天。然後，他把輜重牲口和非戰鬥人員留下，自己帶領作戰部隊開赴戰場，戰士除武器外，什麼都不帶。部隊以戰鬥隊形前進，到可以看見敵人的距離時，他下令方陣停止前進，而把將領召集到一起，商討下一步行動。多數人主張立即進攻，帕米尼歐則建議暫時就地紮營，對戰場和敵人的部署作一次全面的周密的偵察。亞歷山大採納了帕米尼歐的意見，讓部隊按戰鬥序列部署就地紮營。亞歷山大自己則親自率領偵察兵對未來的戰場做了細密的偵察，回來後，又召集將領作了簡單但卻富有煽動力的戰前動員，指出即將開始的戰鬥，是一次解決整個亞洲主權問題的戰鬥，因此每個人都要在戰鬥中顯示英雄本色。要大家回去鼓勵自己的部下。將領們受到很大的鼓舞，紛紛表示決心。會後，他下令部隊吃飯休息。但這時老將帕米尼歐卻建議亞歷山大趁黑夜偷襲敵軍。理由是，夜間攻擊更加出敵不意，易於引起敵人的更大的驚慌，造成更大的混亂。亞歷山大對這一建議不以爲然，他回答說，偷來的勝利是不光彩的，他要正大光明地去奪取勝利。其實他是考慮到，夜間偷襲，雖容易造成敵方的混亂，但也容易引起己方的混亂，不確定因素太多，他不願冒這個險。這顯示出亞歷山大既勇敢而又謹慎的性格，他是不打無把握的仗的。說完他就上床睡覺去了。

和亞歷山大一方的從容鎮定、對勝利充滿信心相反，大流士一方卻顯得驚慌不安、精神緊張，大流士害怕亞歷山大夜間突然襲擊，讓戰士全副武裝、枕戈待旦。

兩軍還沒交鋒，勝利的天平已倒向亞歷山大一邊了。

高加米拉大捷

第二天，西元前三三一年十月一日，清晨，士兵們已在吃早飯，而他們的統帥亞歷山大卻仍高臥未起。大戰在即，形勢緊急，帕米尼歐只好走進亞歷山大的大帳將他喚醒，責問他爲什麼像打了大勝仗似的睡大覺，而不像馬上就要打一次最大的仗。亞歷山大沒有回答帕米尼歐的責問，反而笑著問他是不是他沒有意識到他們已經勝利在握了。確實，亞歷山大已把一切都籌劃好了，他已成竹在胸了，因此他才能放心睡覺。說完他走出營帳，作戰前的最後調度。

亞歷山大投入的兵力有騎兵七千、步兵四萬。考慮到敵人的兵力人數大大超過己方和二百輛帶彎刀的戰車，亞歷山大將整個部隊收縮爲方形陣地。方陣居於中央，右翼是最精銳的騎兵——亞歷山大的親兵馬隊，由亞歷山大親自指揮，騎兵的左側有步衛兵押陣。左翼由帕米尼歐負責，有精銳的提沙里騎兵和希臘盟軍的騎兵。爲了對付敵方戰車，亞歷山大將擲石兵、弓箭手、標槍手擺在方陣之前。由於敵人人多，自己一方一定會遭到圍攻，因此主陣線一定要比通常的短，爲此，亞歷山大在每一翼的後面又另派駐一支兵力，如果波斯人從那邊攻來，這支兵力就出擊波斯軍的側翼。方形陣地的第四邊由雇傭兵組成位於方陣之後。波斯人如果從後面攻擊，就由他們迎戰。亞歷山大的布置是周密的，最重要的是亞歷山大的布兵排陣是建立在知己知彼的基礎上的。

波斯方面，大流士仍和過去一樣，在陣中央，他高高立於戰車上，作爲最高統帥，俯視著整個戰場。在他的周圍有國王親屬組成的近衛步兵和近衛騎兵，有二千希臘雇傭兵，還有印度和卡里亞的騎兵和米地亞的弓箭手。在他們前面有五十輛戰車和十五頭戰象，後面是亞洲各民族的騎兵。左翼有一千名巴克特里亞騎兵和一千名身著鎖子甲的薩卡騎兵，還有一些帶彎刀的戰車。指揮官是非常英勇的巴克特里亞王子比修

部分波斯騎兵都跑到了比修斯作戰的地方。波斯軍的正面立即成爲一個兵力薄弱的缺口。

亞歷山大立即抓住這稍縱即逝的機會，把近衛騎兵和近衛步兵組成一個楔形隊列，快速插入敵陣缺口，他們高呼著戰鬥口號，衝向大流士身邊。大流士的近衛急忙抵擋，短兵相接，戰鬥異常慘烈。這時，馬其頓方陣的其餘戰士手持長矛壓向敵人，方陣隊伍整齊嚴密，長矛如林，殺聲震天。大流士的近衛部隊被成片成片地刺倒，大流士一見馬其頓方陣逼近，便又重施故技，放棄指揮責任，丟下他的士兵，撥轉馬頭就逃。但是，亞歷山大這時卻顧不上去追擊他了，因爲帕米尼歐負責的左翼出了問題，他必須趕去支援。

在比修斯率領的波斯左翼騎兵與亞歷山大的右側騎兵鏖戰時，馬扎亞斯也率領波斯軍的右翼向由帕米尼歐率領的馬其頓軍左翼騎兵衝擊，一些印度和波斯騎兵突破了馬其頓的左翼陣線，直奔馬其頓人的後方營地。這支波斯騎兵隊伍勇敢善戰，殺死許多馬其頓士兵，使馬其頓左翼陷入困境。波斯軍的目的是要劫掠亞歷山大後隊的輜重營，這裡不但有輜重和牲口，還有被押解到這裡的大流士的母親、妻子和女兒。如果讓波斯軍隊成功地把她們救了回去，必將大大挫傷馬其頓將士的鬥志。這是大流士成功的一著，可惜他自己先逃了，這一著也沒能挽回敗局。

亞歷山大接到帕米尼歐的求援信那一刻，正是亞歷山大出發追擊大流士之時。他立即回師，轉向左翼波斯騎兵的背後，配合帕米尼歐，形成對波斯騎兵的前後夾攻之勢。這時，由比修斯率領的波斯左翼騎兵也向這邊包抄過來。雙方騎兵迎面相遇，展開了一場騎兵大戰，由於距離太近，已無法投擲長矛，也無法整理隊形，只能面對面地衝殺，近身搏鬥。在這種拼殺中，只有殺了敵人才能活命，因此戰鬥異常激烈，亞歷山大的六十名近衛騎兵戰死沙場，他的好幾位夥伴包括赫斐斯申都負了傷。

但是，大流士的率先逃跑，動搖了軍心，苦戰的波斯右翼和比修斯率領的騎兵也無心戀戰，波斯軍隊全線潰退，爭相逃命。亞歷山大立即改變方向追擊大流士，一直追到天黑，然後讓騎兵休息了半夜，又接著猛追到距戰場有三十五英里之遙的阿貝拉鎮，還是沒追上。這是因爲亞歷山大爲解帕米尼歐之危，耽誤的時間太長了。和在伊蘇斯一樣，大流士本人逃脫了，他的戰車和弓箭卻留下了，成了亞歷山大的戰利品。帕米尼歐也率部追敵十二英里，占領了高加米拉的大流士御營，俘獲了波斯人的運輸隊、大象隊和駱駝。

高加米拉戰役就這樣以亞歷山大的勝利而告終。據阿里安的記述，亞歷山大的部隊只有一百人戰死，馬匹損失了一千多匹，而波斯軍隊戰死的竟達三十萬，俘虜的數字比打死的還要多。這顯然是一些有意縮小勝利一方的損失，而隨意誇大失敗一方的傷亡人數的虛假數目，因爲在古代，在武器和作戰技術相當的情況下，是不可能以如此小的損失來取得那麼大的戰果的。遺憾的是，我們現在已無法知道雙方的傷亡人數了。但有一點是肯定的，這確實是亞歷山大打的漂亮的一仗，是亞歷山大以少勝多、以較小的損失取得極大戰果的一仗。亞歷山大獲勝的原因，雖眾說紛紜，甚至有人說，勝利的原因不是由於亞歷山大的精明幹練，而是因爲大流士太無能了，但無論如何，亞歷山大的傑出指揮才能，他的勇敢，是他獲勝的重要原因。大流士又一次大敗而逃。他的失敗當然是和他的無能和膽怯分不開的。但戰略上的失算也是一個重要的原因。大流士自始至終都沒能採取一個正確的戰略方針。完全寄希望於陣地戰可能是導致一而再的失敗的一個不容忽視的原因。

大流士失敗了，而且是徹底地失敗了。爲了擺脫亞歷山大的追擊，他馬不停蹄地一路狂奔，沿途有一些殘兵敗將聚集到他周圍，其中有巴克特里亞的騎兵，有殘餘的二千希臘雇傭兵和其他部隊。他帶著這些部隊不敢去名城巴比倫，也沒有去帝國首都蘇薩，因爲他知道亞歷山大一定會奪取這兩個地方，儘管蘇薩有著帝國的無數寶藏，他也顧不得了，保命要緊。高加米拉的慘敗已使大流士完全喪失鬥志了。他帶著殘餘部隊遠遁到米底亞去了。

大流士現在已不成其爲對手了，亞歷山大也並沒有急著去追他。他收兵回到高加米拉，準備爲這次戰役的勝利好好慶賀一番。需要慶賀的還不僅是高加米拉戰役的勝利，從希臘也傳來了令亞歷山大十分興奮的消息。在亞歷山大取得高加米拉戰役勝利的前夕，他的留守馬其頓和希臘的大將安提柯，徵召科林斯同盟各城邦的軍隊，對一直拒絕歸順並時常煽動希臘城邦反叛的斯巴達發動了進攻，在邁加洛波利斯城下一舉打敗了斯巴達人，他們的國王阿基斯三世也在戰鬥中喪命。這去掉了亞歷山大一塊心病，確保了後方的安全，解除了亞歷山大對他的後方的擔心。

亞歷山大在高加米拉舉行了盛大的祭神活動，感謝諸神的庇佑，同時，大肆犒賞眾將士，獎給他們金錢和財產。全軍上下無不興高采烈、歡天喜地。亞歷山大也自詡爲亞洲之王，不久，他就常以亞洲之王自稱了。這說明，他已不把大流士當作是波斯國王，亞洲的主人已是他亞歷山大了。亞洲的一切都屬於他了，他可隨意支配和取用了。當然，亞歷山大的亞洲就是波斯，他的亞洲之王就是波斯之王。他不知道波斯之外亞洲還有一個比波斯更大的中國，他甚至也不知恆河流域也有非常發達的文明。但就波斯而言，他這個亞洲之王的稱號好像也叫得早了些，他要最終征服全波斯，還有很長的路要走。不過，高加米拉一役的結果的確敲響了波斯帝國的喪鐘，波斯帝國的滅亡已是無法挽回的了，歐洲人的確要成爲亞洲人的主人了。這是歷史上的第一次，以後還會多次發生。

第十一章 波斯帝國的滅亡

進占巴比倫和蘇薩

亞歷山大在高加米拉祭神和犒賞將士後，又建立了兩座城市，以確保交通線的安全和控制鄰近地區。不久，亞歷山大率軍向今天的巴格達以南的巴比倫進發。

巴比倫，在古代的一段很長的時間裡，都是兩河流域的政治文化中心，它雖幾經興廢，卻一直是兩河流域文明的一個象徵。當時的巴比倫城是新巴比倫王國國王尼布甲尼撒建立的。規模十分宏大，城市是方形的，每邊長二十二公里，城牆有八・五米高，是用磚砌和油漆澆灌而成，非常堅固。四匹馬拉的車可以在寬闊的城牆上奔馳。全城有一百扇用銅做的城門。城牆周圍還有很深的護城河。幼發拉底河從城牆下流進來，穿城而過。尼布甲尼撒的原意是要使巴比倫城成爲牢不可破的。但事與願違，堅固的城牆並沒能阻擋敵人進入該城。除城池堅固外，巴比倫還有相當可觀的軍事力量，在高加米拉戰役中指揮大流士的右翼部隊與帕米尼歐激戰的馬扎亞斯也逃到了這裡。巴比倫本可和亞歷山大一戰的，但是，馬扎亞斯已毫無鬥志，巴比倫城的首腦們也已對大流士完全失望，想改換門庭，投靠新的主子。因此，當亞歷山大率領大軍走到距離巴比倫城不遠的地方時，便受到馬扎亞斯、巴比倫的政府官員、神職人員和居民的熱烈歡迎。他們帶著獻給新主子的禮物，當然，最重要的，是他們將城市、堡壘和財寶拱手送給亞歷山大。亞歷山大在歡迎者的歡迎聲中，像一位阿契美尼德王朝的君主一樣，登上一輛戰車，以勝利者的姿態進入城中。這是西元前五三八年歡迎居魯士一幕的重演。當時，巴比倫人也是這樣歡迎居魯士的，也把居魯士當成救世主。

亞歷山大入城後，沒有把巴比倫人當被征服的人民對待，而是盡一切可能安撫他們，把自己打扮成他們的救世主。他下令把被波斯國王薛西斯破壞的廟宇、特別是巴比倫人最崇拜的拜爾的廟宇，重新修建起來。他在這裡還遇到了迦勒底人，聽從了他們有關神廟的建議，特別是對拜爾神的祭祀。神廟修好後，他便完全按照他們的宗教儀式向拜爾神獻祭。他這樣做當然主要是爲了贏得當地人民的好感和宗教人士的支持，使他的統治披上合法的受命於神的外衣，但也有祈求神的保佑的用意。他在埃及也是這樣做的。在行政安排上，他也採取這種安撫拉攏的政策。他任命曾在伊蘇斯和高加米拉兩次和自己作戰的馬扎亞斯爲總督。這一安排顯示了亞歷山大政治家的胸懷，他不只是改變了把亞洲人都當作是蠻族的看法，早在西元前三三四年就改變了，而且他還不念舊惡。要知道，在高加米拉戰役中，馬扎亞斯曾使帕米尼歐陷入困境，他手上是沾有馬其頓人的鮮血的。但在任命馬扎亞斯爲總督的同時，軍事和財經方面的職務則委任馬其頓軍官擔任。他還任命曾在西元前三三四年把薩迪斯獻給他的米色瑞尼斯爲亞美尼亞總督。

亞歷山大盡可能地安撫巴比倫人，巴比倫人也想盡一切辦法來取悅馬其頓

位於巴比倫皇宮旁邊的廟宇，亞歷山大每日提供供奉的地方。

人，他們急於想在亞歷山大面前留下一個好印象。他們不僅獻出了大量貢品，而且把該地的一些奇觀顯示給馬其頓人看。例如，有一天晚上，在夜色越來越濃時，他們把這裡常噴湧而出的石油潑灑在街上，然後他們再站到街的一頭把火炬扔到石油上，火焰眨眼間就燒到街的另一頭，整條街道立即成了一條火龍。

亞歷山大讓部隊在這裡休整了整整一個月的時間，可能是古城的美妙的文化吸引了他，因爲亞歷山大對各地的優秀文化有著濃厚的興趣，但在這樣一個大城市停這樣長的時間，卻也嚴重損害了軍紀，暴露了征服者醜惡的一面。用拉丁文寫亞歷山大傳記的柯蒂斯．魯弗斯在描寫亞歷山大軍隊在巴比倫逗留的情況時寫道：「國王在巴比倫停留的時間比任何地方都長，同時也更加嚴重地損害了軍紀。沒有一座城市比這裡還要道德敗壞，也沒有一座城市比這裡更適合去勾引人們無節制的欲望。父母以及丈夫容忍他們的女兒和妻子與陌生人通姦，只要付錢就行。狂歡暢飲在整個波斯都是國王們和他們的宮廷大臣所喜愛的活動，而巴比倫人是最沉湎於醉酒和放蕩不羈之中的。出席宴會的婦女們，開始還穿著體面的服裝，接著脫掉她們的上衣，漸漸地已置所有的羞恥於不顧，最後竟然，如果容許這麼說的話，已是一絲不掛。小女孩是不允許這麼做的，她們都是已婚婦女和未婚的姑娘。這樣丟臉的出賣肉體卻被他們當作是一種禮貌。那支征服了亞洲的軍隊三四天來醉心於這種恥辱的放蕩縱欲之中。毫無疑問，如果還有敵人的話，他們已是無力再戰了。」

幸好亞歷山大本人不是一個醉心於享樂的人，適當地娛樂一下部下，是他團結將士和提高他們的戰鬥激情的一種常用的手段。一個月後，也就是在西元前三三一年十一月，亞歷山大率部向蘇薩進軍。蘇薩位於今天伊朗境內海拔四千多公尺高的扎格羅斯山山腳下，是波斯帝國的首都，它歷經幾代君主，儲存有無數寶藏。得知亞歷山大正向蘇薩前進，蘇薩總督的兒子在半路迎接，途中還碰到菲羅克森那斯的信使，菲羅克森那斯是亞歷山大在高加米拉戰役剛結束時派到蘇薩去的。他讓信使送來的信說，蘇薩人已準備獻城歸順，而且把全部財寶都封存好了，準備獻給亞歷山大。和在巴比倫一樣，十一月底，亞歷山大在波斯官吏、貴族、神職人員和當地居民的歡迎下，進入波斯帝國的首都，接受了所有的皇家財寶，其中包括價值五萬多泰倫特（約九千萬美元）的金幣和金塊。象徵著波斯國王的權力無所不在的一罐罐尼羅河水和多瑙河水，也都落入亞歷山大之手，這標誌波斯國王的全部權力都已轉移到亞歷山大手中。

波斯國王薛西斯從希臘劫掠的所有東西，也轉交給了亞歷山大，其中有兩座雅典人的銅像，這兩人都是西元前六世紀的誅戮暴君者。亞歷山大派人把這兩座銅像送回雅典。亞歷山大是要希臘人記住，他是在爲希臘人復仇。

爲了慶祝勝利，亞歷山大按傳統禮節舉行了祭神大典，感謝並祈求神靈的保佑，隨後又舉行了火炬賽跑和體育運動會。亞歷山大每到一地，只要有時間，便要舉行體育運動會，這一方面是爲了娛樂將士，另一方面也是爲了把希臘人的生活方式介紹給當地的居民。亞歷山大把他自己看成是希臘文明的傳播者，他要把希臘文明傳播到他的帝國的每一個角落。舉辦這種完全希臘式的體育運動會就是他這一總計劃的一部分。在地方行政安排上，和在巴比倫一樣，任命了一個波斯人爲蘇薩地區總督，但軍權則交給馬其頓將領。這時，安提柯爲他召集的大批增援部隊也來到了蘇薩，增強了亞歷山大的兵力。同時，由於奪得了阿契美尼德王朝的巨大財富，經濟上也寬裕了。

火焚波斯波利斯

亞歷山大的下一個目標是波斯波利斯。波斯波利斯是波斯帝國的另一都城，位於蘇薩東南五百公里處，靠近今天的設拉子。這裡是波斯帝國的另一政治中心，有巨大的列柱式豪華宮殿，有國王的金庫和大量寶藏。但亞歷山大的這次進軍卻不像前兩次那樣順利，這不僅是因爲這次進軍沿途要穿過山巒起伏的山地，而且因爲沿途遭到山地居民和波斯軍隊的抵抗。亞歷山大先是粉碎了山地居民的抵抗，這些山地居民要求亞歷山大經過他們的地區時要交買路錢。然後親自率領小部分精兵向有波斯軍隊把守的山口進發，而讓帕米尼歐率領大部隊和輜重沿大路前進。

這個隘口是進入波斯省的門戶，地勢非常險要，懸崖峭壁中只有一條山路可通行，一夫當關，萬夫莫開。波斯省總督還在隘口外修築了一堵高牆，守軍據說就有四萬步兵和七百騎兵。亞歷山大率軍到達這個隘口後，立即進攻，但由於敵人占了地形之利，無功而返。亞歷山大意識到，只能智取，不能強攻。於是，他設計了一個兩面夾攻的計劃。留下一部分隊伍在高牆前紮營，由克拉特拉斯指揮，聽見亞歷山大發出的號角聲，便向敵人發動進攻。亞歷山大本人則率領另一部分部隊繞道到敵後發動攻擊，並吹響號角。亞歷山大率部趁黑夜出發，由一個俘虜帶路，通過另一條崎嶇難行的山路，繞到敵人後邊，襲殺了守衛的哨兵。天亮時，突然對波斯總督的大營發動攻擊，克拉特拉斯聽見號角聲也立即向敵人進攻。敵人腹背受敵，無心戀戰，爭相逃命，被馬其頓人一陣圍殺，只有少數騎兵逃走了。

過了隘口，亞歷山大率部急速向波斯波利斯挺進，在波斯駐軍還沒來得及在城內搶劫財物之前，就衝入城中，擄獲了大量珍寶和十二萬六千泰倫特的金幣和金塊（約二．五億美元）。爲了安撫波斯人，亞歷山大到距波斯波利斯五十公里的古都帕薩爾加德去拜謁了波斯帝國的創建者居魯士的陵墓，因該墓年久失修，已多處毀壞，他還提出要重修居魯士的陵墓。但就在他極力拉攏並親近波斯人的時候，卻做出了一件完全出人意料的事情，他在從帕薩爾加德返回波斯波利斯後，下令把波斯波利斯的宏偉王宮燒毀。這是一件很奇怪的事，他過去雖先後毀滅了底比斯城和推羅城，但和燒毀波斯波利斯王宮完全不同。亞歷山大進入波斯波利斯後，受到了這裡的貴族和平民的盛情接待，無一日不舉辦宴會和舞會來娛樂亞歷山大和他的將士們。王宮的豪華宏麗也使他感到波斯文明的偉大。當他第一次坐在波斯帝國黃金華蓋下的御座上時，他和他的部下都爲他成了「萬王之王」而激動不已。他的一位老友科林斯的德瑪拉圖斯竟突然大哭起來，說道：那些沒能眼見亞歷山大登上大流士寶座就身先死的希臘人眞是無福。亞歷山大也陶醉得讓將官們向他行匍匐跪拜禮。他對這個王宮無絲毫厭惡仇視之意，而充滿仰慕之情，現在成了他自己的了，他怎會把它毀掉，令人難以理解。據說帕米尼歐曾勸他不要這樣做，說他這樣任意毀掉已經屬於自己的財富是不智之舉，而且會使人覺得他不想把亞洲的主權緊緊地握在自己的手中，只不過是要以勝利者的姿態在亞洲巡遊一番。這會破壞他與亞洲人合作的計劃，損害他的地位和聲望。但亞歷山大沒有聽取他的這位副手的意見。

亞歷山大事後解釋說，他是爲希臘人復仇，波斯人曾在雅典大肆破壞，燒毀廟宇，對希臘人還犯下了其他數不清的殘暴罪行，因此他要報復，要叫他們賠償，以示懲罰。亞歷山大的這種理由是站不住腳的。要報復，進城時就應當報復，爲什麼要等進城備受歡迎和隆重接待之後，而且，燒毀王宮也不能算是對波斯舊時代的人物的任何懲罰，何況王宮已歸亞歷山大所有。

還有一個流傳甚廣的說法：有一次宮裡盛宴，賓客如雲，其中也有婦女。有一雅典女人泰絲，是個名不見經傳的人，是普托拉米家的小姐，也有人說是個妓女。在大家都喝得醉醺醺時，她說，走遍亞細亞之後，如能在大流士的王宮裡放上一把大火，讓子孫後代說，一個隨著亞歷山大征戰的女人給予波斯人的懲罰比他的全體將士所給予的還要重，那才有意思哩！在一片狂呼亂喊的喝采聲中，亞歷山大頭戴花環興奮地喊著親自爲她開道，參加宴會的人，人人手執火把，把王宮點燃。

當然，這只是一則並沒有什麼事實根據的傳說，傳說的目的也許是爲亞歷山大開脫，但也反映了人們對燒毀王宮的不滿，那麼宏偉壯麗的建築就這樣開玩笑地化爲灰燼。這是令人髮指的罪行。

最可靠的說法來自阿里安和普魯塔克，他們認爲，這場大火是亞歷山大蓄意放的，可是他又立即下令撲滅了這場大火。放火和滅火這樣兩個截然不同的舉動都充滿了戲劇性，但目的是一致的。大流士還沒有死，波斯仍有大片土地沒有被占領，仍有不少的民族不願屈服於馬其頓人，波斯仍有力量一戰。波斯王宮是阿契美尼德王朝的象徵，燒毀它，可在精神上給波斯境內反馬其頓勢力沉重的打擊，摧毀他們的鬥志。滅火也有同樣的目的。他要用這場大火向世界宣告，阿契美尼德王朝的統治結束了，他亞歷山大已取而代之了，他是亞洲的新主人了，亞洲以及世界人民的命運現在都掌握在他亞歷山大手中了。當然，他燒毀波斯王宮也是因爲他不可能把他的帝國的政治中心放在這裡，而又不放心在他離開後，仍留下一個王朝權力象徵的王宮。但他燒毀波斯王宮之舉卻給他的部下、給希臘和馬其頓人造成一種錯覺，戰爭結束了，他們可以回家了，這和亞歷山大想的根本不是一回事。

大流士之死

高加米拉戰敗後，大流士逃到了米地亞的首府埃克巴塔納（今伊朗哈馬丹），他決定在這裡停一下，看看亞歷山大是否會立即追上來，如果亞歷山大不立即追擊他，而是留在蘇薩和巴比倫暫不前進，他就在米地亞等一等，根據亞歷山大的新動向，再決定自己下一步行動。如果亞歷山大繼續追擊，他就想到內地去，撤退到遙遠的巴克特里亞去。他一方面把婦女和輜重撤退到東部，另一方面他準備採用堅壁清野政策，行軍所經之處，統統燒光掠光。這本是戰爭一開始雇傭兵首領邁農提出的建議，當時波斯將領不屑一顧。現在實行，已經晚了。大流士這時所有的兵力，只剩下騎兵三千、步兵六千了，其中包括希臘雇傭兵殘部、巴克特里亞人的精銳騎兵，還有幾個像比修斯這樣的戰將。

亞歷山大得知大流士的情況後，立即率軍離開波斯波利斯，快速北上，直奔米地亞的埃克巴塔納城。但在亞歷山大的大軍離埃克巴塔納只有三天路程的距離時，大流士已在五天前逃離該地了。

亞歷山大沒有立即去追擊大流士，而在埃克巴塔納停下來。這好像不是他的一貫作風，是什麼原因使他這樣做，至今仍不完全清楚。有可能是他和他的將領們在是否繼續追擊大流士的問題上發生了矛盾。他的部下可能認爲，波斯帝國的首都都已被占領了，波斯的王宮也被燒了，波斯帝國已經滅亡了，戰爭結束了，沒必要去追擊大流士了。他們還認爲埃克巴塔納是東方最遠的地方，不要再往前去了。征戰多年，離家又如此遠，將士們早就有厭戰情緒了。但亞歷山大不如此想，他的目標遠沒達到，他的征戰之路還長得很。這是一個無法解決的矛盾，而且隨著時間的推移，矛盾會愈來愈大。

亞歷山大在這裡對軍隊作了一些調整。他解散了他的希臘盟軍。他給每個人都發了全餉並犒賞一份禮物。派人護送他們返回家園。如果他們願意留下來，也可以個人名義重新入伍。不少希臘士兵選擇了留下來。

解散希臘盟軍是亞歷山大一生中的一個轉捩點，他的盟軍統帥的頭銜也就隨著盟軍的解散而去掉了。這也意味著爲希臘復仇的戰爭結束了，科林斯同盟作爲他的統治工具，仍然保留，因爲他在和希臘諸城邦打交道時仍用得著，但亞歷山大在戰爭中和希臘人的特殊關係已經不復存在了。自此以後，亞歷山大率領的就不是什麼同盟軍而只是帝國大軍了。

亞歷山大還命令帕米尼歐把在蘇薩、波斯波利斯等地掠獲的金銀財寶帶到埃克巴塔納城，交給哈帕魯斯，由哈帕魯斯負責保管這批價值十八萬泰倫特（約三・二四億美元）的財寶。同時給他留下六千馬其頓部隊負責警衛。

在作了這些安排後，亞歷山大不顧一些將士的不滿，又開始追擊大流士。他命令帕米尼歐率領雇傭軍、色雷斯部隊和地方騎兵以外的其他騎兵，通過一條雖較艱險卻較近的捷徑追擊；他自己則率領皇家衛隊、騎兵偵察兵、馬其頓方陣兵、弓箭手和艾吉里亞部隊繼續他追擊大流士的大進軍。亞歷山大率部飛速前進，由於行軍速度太快，許多馬匹倒下了，許多士兵也因疲勞過度而掉隊了。但亞歷山大並沒有因此而放慢速度，繼續飛速前進，只用了十一天的時間就趕到了拉迦（今德黑蘭附近），第二天又急行軍五十英里，到達帕提亞沙漠邊緣的里海關口。但他還是慢了一步，大流士已經過了這個關口，逃到東邊的荒漠中去了，不過，許多跟隨他的人都離開他回家去了，還有他的一大批隨從投降了亞歷山大。亞歷山大面對帕提亞沙漠沒有貿然前進，他讓部隊在這裡休息了五天，並任命了一個波斯人爲米提亞總督。然後他率軍向帕提亞前進。帕提亞是波斯帝國的一個行省，相當於今天伊朗的呼羅珊地區。這裡土地貧瘠，人煙稀少，大流士又實行堅壁清野政策，這給亞歷山大的後勤工作造成很大困難。第二天，走到有人煙地區的邊緣時，因爲再往前走，就進入荒漠地區，爲了儲備今後的給養，亞歷山大專門派了一隊騎兵和少數步兵去收集糧秣。

這時，從大流士處逃來了巴比倫皇族巴基斯坦尼斯和原爲利亞總督馬扎亞斯的兒子按提貝拉斯，他們向亞歷山大報告說，巴克特利亞總督比修斯、騎兵司令那巴贊斯和阿拉科提亞和索格吉亞那的總督巴散提斯等人合夥劫持了大流士，剝奪了他的王權。聽到這一消息，亞歷山大立即挑選出一支精兵隊伍，只帶上兩天的給養，以前所未有的速度追擊，而讓其餘的部隊以平常的速度隨後跟進。亞歷山大通宵達旦地急速行軍，一直到第二天中午，他才讓部隊稍事休息，又日夜兼程往前追趕。天亮時，到達那個來投降的巴基斯坦尼斯逃離的營地，但敵人已經走了。在這裡得知，大流士確實是被比修斯等劫持了，並被囚禁在一輛篷車裡帶走了。比修斯已取而代之掌握了一切大權，巴克特利亞騎兵和跟隨大流士逃跑的波斯部隊都支持他，因爲現在在他的轄區，而他又和大流士有親屬關係。忠於大流士的少數波斯軍隊和希臘雇傭軍雖不贊成廢黜大流士，卻也無可奈何，只能逃入深山。比修斯等人之所以廢黜和劫持大流士，是因為他們認為，大流士已失人心，但他們可用大流士作和亞歷山大談判的籌碼，用大流士換取有利的條件。亞歷山大決定繼續全力追趕。當地人給他指了一條近路，但這條路上既無人煙，又無水。亞歷山大為了更快地前進，命令五百騎兵把馬讓給他挑選的裝備精良的步兵。他親自率領這五百步兵上馬，抄近路快速追趕。由於沿途無水，一路奔馳下來，所有的人都乾渴難忍，一些士兵發現了一點水，他們便用銅盔盛著水送給亞歷山大，而亞歷山大又把水還給他們。眾將士都被亞歷山大這一舉動感動了，高聲歡呼讚美。他們立即上馬繼續趕路，當夜前進了五十英里。離開拉迦後，五天行軍二百英里。

破曉時，亞歷山大和緊隨他的六十名部下終於趕上了敵人，被追得狼狽不堪的波斯人一見亞歷山大追來，大部分只顧逃命，作鳥獸散了，只有少數人掉頭進行抵抗，但被亞歷山大一陣衝殺，也跑了。比修斯帶著關在大篷車裡的大流士逃了一段路，見亞歷山大很快就要追上來了，那巴贊斯和巴散提斯立即把大流士刺傷，棄之不顧。他們自己卻帶著六百騎兵逃掉了。亞歷山大追上時，除見丟棄一地的金銀財寶外，士兵們還在一輛馬車上發現了奄奄一息的大流士，他被用金色的鏈子捆著，身上被梭鏢刺得傷痕累累，一個士兵給他喝了一點水，他說，他感謝亞歷山大善待他的家小，說完，這位波斯國王，這位萬王之王就死了。

一直在追逃跑者的亞歷山大返回時，見到的只是大流士的屍體。我們不知亞歷山大當時是種什麼心情，他可能爲沒有生擒他的這個對手而遺憾，他也可能爲這樣一個大帝國的國王就這樣可憐地死去而感到惋惜，他脫下自己的戰袍蓋在大流士的屍體上，下令將他的遺體送到波斯波利斯他母親處，以君王之禮把他和波斯的歷代國王葬在一起。

大流士死時（西元前三三〇年夏）五十歲，在位十八年，雖沒有什麼了不起的政績，也沒有重大的劣蹟。在波斯人的眼中，他並不是一無是處的昏君，甚至有人認爲：「大流士身居王位，當之無愧，因爲他比所有其他的波斯人都勇敢。」他曾在一次一對一的格鬥中，打敗過一個卡迪西亞首領。他的不幸在於他的對手是亞歷山大，是亞歷山大這樣一位歷史上少見的軍事天才。和亞歷山大相比，他的確顯得愚蠢、膽怯和虛弱。他一敗再敗，最後落得個眾叛親離，成爲亡國之君，慘死在自己的親信手下。這對於他個人來說，確實是個悲劇，但就歷史而言，波斯王朝的覆滅也許並不是壞事。

大流士死於自己人之手，這對於亞歷山大來說，可能是最好的結果。如果他生擒了大流士，殺了他，可能會引起波斯人的仇恨，不殺他也會有很多麻煩。現在好了，亞歷山大還可以借爲大流士復仇，去追殺比修斯等人，去征服還沒有征服的地方，他後來正是這樣做的。

大流士之死使亞歷山大可以向世界宣告，那個曾經在亞洲、非洲和歐洲稱王稱霸二百多年的大帝國不再存在了，滅亡了。他亞歷山大現在不僅是希臘世界的主人，也是亞洲的主人、世界的主人了。亞歷山大的勝利是希臘人對亞洲人的勝利，在某種意義上說，也是希臘文明對波斯文明的勝利，但同時又是東西方文化的新的融合的開始，是一個新時代的開始。

第十二章 處死帕米尼歐父子和追殺比修斯

處死帕米尼歐父子

大流士的死亡並不是戰爭的結束，波斯人和帝國境內的一些其他民族並沒完全放下武器，他們還在繼續進行抵抗。大流士的堂弟、原巴克特利亞總督比修斯自稱是波斯國王薛西斯的繼承人，亞洲之王，他回到了他的轄區巴克特利亞，也就是中國古籍上的大夏，他不僅得到巴克特利亞部隊、一大批波斯軍隊的擁戴，北方的西徐亞人也要和他結盟。如果不盡快消滅，有可能給亞歷山大的統治造成很大的麻煩，成為抵抗亞歷山大的旗手。

但是，在亞歷山大想盡快出兵去追擊比修斯時，遇到了來自內部、來自他的馬其頓將士的強烈不滿和抵制。亞歷山大部下的不滿主要在兩個方面：一是他們對沒完沒了的戰爭有日益增長的厭戰情緒，他們遠離家鄉，長年征戰在外，有強烈的返回故鄉與親人團聚的願望和要求。亞歷山大當年發動戰爭時所提出的目的，什麼解放，什麼復仇，他們認爲都已達到了，波斯的都城占領了，大流士死了，戰爭結束了，他們征戰多年，飽嘗艱辛，爲的是實現亞歷山大所提出的：「把戰爭帶到亞洲，把黃金和財富帶回希臘！」現在該帶上豐富的戰利品返回家鄉，盡情享受了。他們不明白爲什麼亞歷山大還要繼續打下去，也不知亞歷山大要把他們帶到什麼地方去。二是文化觀念上的不滿情緒也在增長。希臘人有自認爲自己是唯一的文明人，而其他人都是野蠻人，都是蠻族的成見，他們看不起亞洲人、非洲人，看不起他們的文化和宗教，看不起他們的生活習俗。他們對亞歷山大出於統治的需要，對當地的宗教表示尊重，起用一些當地人當地方行政長官，甚至採用一些波斯人的禮節等等作法，由不理解到不滿。因爲這損傷了他們的自尊心，分享了他們的利益。

對亞歷山大不滿的代表人物是亞歷山大的副手、戰功卓著的老將帕米尼歐和他的兒子、亞歷山大最主要的青年將領菲洛塔斯。帕米尼歐是亞歷山大父親腓力的舊臣，有些倚老賣老，功高壓主。他不時提出一些和亞歷山大意見相左的建議，西元前三三一年他建議亞歷山大接受大流士求和的要求，西元前三三〇年又勸阻亞歷山大焚毀波斯波利斯的王宮，更爲嚴重的是，當亞歷山大在埃克巴塔納命令帕米尼歐率領一支部隊抄近路追擊大流士時，帕米尼歐竟拒不受命，按兵不動，這是一種對亞歷山大不忠的行爲。他的抗命的後果是悲劇性的。亞歷山大在處理他所不信任的部下時，和他指揮作戰一樣，非常果斷，毫不拖泥帶水。儘管帕米尼歐是位作戰經驗豐富的老將，又有顯赫的戰功，亞歷山大還是很快就免去了他的全軍副統帥之職，而任命克拉特拉斯取代他。

帕米尼歐抗命丟了兵權，他的兒子菲洛塔斯也在西元前三三〇年因被人控告陰謀叛亂而被逮捕。菲洛塔斯是亞歷山大少年時的夥伴、最受信任的將領之一，戰爭一開始，他就被亞歷山大委以騎兵司令的重任。但隨著時間的推移，他逐漸成了馬其頓軍隊中對亞歷山大不滿者的代表人物。在亞歷山大向將士們宣布，他計劃去裡海作一次考察時，遭到了強烈的反對，這是將士們厭戰情緒的一次發洩，亞歷山大感到震驚。他開始懷疑部下對自己的忠心了，並準備進行必要的整頓。就在這時，他接到密告，說有人正在密謀謀殺他，菲洛塔斯參加了這一陰謀活動，並是其中的核心人物。亞歷山大勃然大怒，立即令人逮捕菲洛塔斯，交給將領們公審。亞歷山大早在埃及時就接到過這樣的報告，但他當時對帕米尼歐父子非常信任，根本不相信會有這種事。那時亞歷山大和菲洛塔斯的關係是親密無間的。菲洛塔斯是馬其頓的名門望族之後，亞歷山大和馬其頓貴族的關係在進入亞洲之前，並不完全像東方的君臣關係。臣見君也無須行跪拜禮，國王和貴族在一定程度上還可平等地商討問題。所以帕米尼歐還敢對亞歷山大說什麼，如果我是亞歷山大我就怎麼怎麼這樣的話。在東方臣下是無論如何也不敢用這種語氣和君主說話的。但後來亞歷山大愈來愈像東方的君主了，他甚至要求部下對他行跪拜禮，君臣的親密關係淡化了，等級觀念強化了。菲洛塔斯雖完全聽命於亞歷山大，但並不那麼謙卑，那麼恭順，甚至有些專橫恣肆，不可一世，連他的父親帕米尼歐都爲他擔心，勸他說：「兒啊，氣焰要收斂一下哩！」但菲洛塔斯並沒聽父親的勸告，仍我行我素，這招來了亞歷山大的不滿。現在亞歷山大已是萬人景仰的至尊，他再也不能容忍馬其頓貴族的驕橫，不能容忍他們對自己無上權威的挑戰，他要用菲洛塔斯來做個樣子，起殺一儆百的作用。

菲洛塔斯被五花大綁地帶到亞歷山大和眾將領面前進行公審，亞歷山大首先斥責他，要他招供自己的罪行，但菲洛塔斯申辯說，他並沒有犯什麼罪，他沒有背叛亞歷山大和馬其頓，他只想知道，這場戰爭要打到什麼時候才能完。菲洛塔斯拒不認罪，那些揭發者只好出來指證，他們揭發菲洛塔斯的犯罪事實是：有一個普通的馬其頓人陰謀反對亞歷山大，有幾個青年軍官發現後，報告了菲洛塔斯，但菲洛塔斯雖每天去亞歷山大帳篷兩次，卻沒把這事向亞歷山大報告。這就證明菲洛塔斯知情不報，有意包庇罪犯，圖謀不軌。接著亞歷山大又召開了軍隊代表大會，因爲馬其頓的法律規定，叛國罪由國王審訊，在馬其頓境內由人民代表大會判決，在境外由軍隊代表大會判決。軍隊代表幾乎是清一色的步兵，而騎兵大都是貴族，有不少菲洛塔斯的同情者。開庭後，菲洛塔斯在代表面前進行了自我辯護，亞歷山大用嚴刑拷打逼他認罪，最後，代表大會以叛國罪判菲洛塔斯死刑，立即執行。於是在場的馬其頓人就用標槍把菲洛塔斯和他的同謀刺死。

處死菲洛塔斯，當時和後來都有人認爲證據不足，是一冤案。當時軍隊中瀰漫著厭戰情緒，發牢騷，出怨言，成司空見慣之事，亞歷山大本人也知道，而謀殺國王，卻顯然是捕風捉影的事，菲洛塔斯當然不會用這種事去驚擾亞歷山大。而他的一些競爭對手便以此誣告他，亞歷山大則借此除掉一個不崇拜他的家族。他把菲洛塔斯看作是那些在腓力去世時覬覦王位者其中之一個。

處死菲洛塔斯事情並沒結束。按照馬其頓的法律規定，陰謀造反者，其親屬也要連坐處死。亞歷山大殺了兒子，也不放過老子，他派親信給埃克巴塔納的駐軍將領送去一紙命令，他們接到命令後，就把他們往日的上級、腓力時期的老臣、全軍副統帥帕米尼歐秘密處死了。處死兒子還經過審訊，由軍隊代表大會判決，而處死老子則只需亞歷山大一個命令。據阿里安的記載，亞歷山大處死帕米尼歐，是因爲他覺得，帕米營，這時，被追得無路可逃的波斯高級將領、騎兵大將那巴贊斯、帕西亞和赫卡尼亞總督福拉塔弗尼斯等都前來投降。在這裡停了幾天，亞歷山大又率兵向赫卡尼亞內地的扎德拉卡塔城進發。在扎德拉卡塔，亞歷山大和另外兩路人馬會合了。亞歷山大在這裡接受了與比修斯分道揚鑣的波斯帝國首相拉巴爾查尼斯、重臣阿爾塔巴扎斯和他的三個兒子的歸順。跟他們一起來的還有一千五百名希臘雇傭軍的代表和希臘各城邦派駐波斯帝國的使臣。亞歷山大對來歸順的波斯人很寬容，給他們榮譽地位，稱讚他們對大流士的忠心；而對希臘人卻很嚴厲，他拒絕和他們談任何條件，因爲他們跟著外國人打希臘人，犯了嚴重的罪行，只有集體投降，由他來決定怎樣處置他們。如果他們不願意這樣做，他們可以自己決定採取什麼方法來保護他們自己的安全。雇傭軍的代表當即表示，全體雇傭兵都同意投降，因營地較遠，請亞歷山大派專人前去把他們帶來。亞歷山大同意這樣辦，派了兩個將領去接收希臘雇傭軍。亞歷山大在營地接見了他們和希臘各城邦派駐波斯的使臣。對希臘雇傭軍，凡是在希臘各城邦跟馬其頓議和並結盟之前就在波斯部隊服役的，亞歷山大放了他們，恢復他們的自由；其餘的則都編入馬其頓部隊，繼續服役。對於各國使臣，亞歷山大也根據不同情況區別對待，斯巴達和雅典的使臣被監禁起來，因爲雅典使臣明知違犯聯盟章程卻仍然來波斯，而斯巴達的使臣則因爲沒有在斯巴達加入希臘聯盟後卸任。非同盟國的使臣都被釋放了，因爲這些國家派使臣到波斯並沒有什麼不對。亞歷山大在這裡顯示了他政治家的風度。

在接收希臘雇傭軍時，亞歷山大還率部進攻馬爾地安人。馬爾地安人所居地區，交通閉塞，與外界很少往來，居民生活十分貧困，但卻勇猛好戰。他們有很長時間沒有受到外族的入侵了，因此沒有做任何抵抗入侵者的準備。當亞歷山大率兵攻來時，他們非常吃驚，來不及作任何抵抗，但有一大批人逃到山裡去了。他們認爲，山高路陡，亞歷山大不會到這樣遠的山裡來。而亞歷山大偏又追來了，他們無處可逃，只好派代表出來投降，獻出領土。亞歷山大委任波斯人、原塔普里安總督奧托夫拉達提斯爲馬爾地安和塔普里安的總督。

然後，亞歷山大率部向赫卡尼亞的最大城市（也是王宮所在地）扎德拉卡塔，他在這裡停了十五天，向神獻祭和舉行體育競賽。接著率軍進入阿瑞亞境內，到達蘇西亞城時，阿瑞亞總督薩提巴贊斯前來迎接，亞歷山大讓他留任阿瑞亞總督。並派一名近衛兵將領率四十名馬上標槍手在沿路站崗，以免後續部隊通過時騷擾阿瑞亞人。亞歷山大想在當地居民中樹立一個好形象，不能說做得不好，但效果卻不像他所期望的那麼好。

這時有波斯人來向亞歷山大報告說，比修斯已不再叫比修斯了，而稱阿太薛西斯，接著亞歷山大就繼續向巴克特利亞前進，追擊比修斯。沿途征服了德蘭吉亞人、迦德羅西亞人和阿拉科提亞人，委派了新的總督。西元前三二九年冬季，他率部到達塔爾拉克河畔印度人居住的地區。他一路行來，克服了很大的困難，饑餓、疲勞、積雪、寒風使部隊吃了不少苦頭。將士們有時只能靠獵取野生動物爲食，不少人病倒了，還有許多戰馬凍死在雪地上。

就在亞歷山大向巴克特利亞艱苦挺進途中，又傳來薩提巴贊斯再次在阿瑞亞進行叛亂的消息。薩提巴贊斯從比修斯處得到二千騎兵後，又侵入阿瑞亞，發動當地人跟著他造反。亞歷山大只好又分出一部分兵力來對付薩提巴贊斯。這次他沒有親自回師鎮壓，而是派波斯人阿塔巴扎斯和兩位騎兵將領率兵去征討，同時令帕西亞總督前往支援，對薩提巴贊斯形成東西夾攻之勢。一開始，薩提巴贊斯的部隊進行了頑強的抵抗，和馬其頓的騎兵部隊展開了一場激戰，但隨著薩提巴贊斯臉上中槍而死，他的部隊瓦解了，抱頭鼠竄了。

而亞歷山大這時已率部進抵興都庫什山，但因大雪封山，部隊只能等冰雪融化才能過山，就在這期間，即西元前三三〇—三二九年，他在這裡，在加茲尼城的舊址上建立起一座新城，親自命名爲高加索的亞歷山大城，因爲亞歷山大認爲興都庫什山脈就是高加索山脈向西的延伸。他向平常祭祀的神獻祭，任命波斯人普羅克西斯爲該地區的總督，派騎兵軍官內勞克西尼斯爲軍事總監，給他留下了一些部隊。

春天到來時，亞歷山大開始率領部隊向北進軍，翻越興都庫什山。這是座非常大的山脈，山高路險。亞歷山大選擇了一條路程雖遠但地勢較低的哈瓦克山口，但部隊還是因積雪難行和給養短缺而大吃苦頭。最後亞歷山大率部翻過了群山，進入巴克特利亞。

巴克特利亞，中國稱之爲大夏，爲波斯帝國一個行省，居民屬雅利安民族，好鬥善戰。在比修斯的領導下，他們聯合粟特人，對抗亞歷山大的入侵。比修斯有七千巴克特利亞部隊，他採用堅壁清野政策，把興都庫什山下一帶大肆破壞，想把他自己和亞歷山大之間的地方都變成一片荒地和廢墟。他認爲這樣一來，亞歷山大就來不了了。但出乎他的意料，亞歷山大還是來了，大山、積雪、饑餓都沒能阻擋住他進軍。駐紮在奧克蘇斯河南岸的比修斯得知亞歷山大的大軍逼近時，立即用船把部隊運過河，過河後把船燒毀，然後率部往粟特地區撤退，巴克特利亞騎兵不願跟隨比修斯逃跑到粟特去，分成小股各奔家鄉。他們後來受幾個親王的領導，期望「焦土」會使亞歷山大放棄巴克特利亞而去征服印度。

亞歷山大北進到得拉普薩卡，部隊稍事休息後，就向東攻占了巴克特利亞的最大城市阿爾諾斯和巴克特拉。巴克特拉是巴克特利亞的首府，被稱爲「人間天堂」，但現在該城連同它周圍的廣大地區都被比修斯和他的粟特同盟者斯皮塔米尼斯與歐克西亞提斯夷爲平地了。隨後，巴克特利亞的其他地區相繼歸順，亞歷山大在阿爾諾斯要塞留下駐軍，並任命一個波斯人爲該地總督。

占領巴克特利亞後，亞歷山大率部進抵奧克蘇斯河，準備渡河繼續追擊比修斯。奧克蘇斯河是亞歷山大部隊在亞洲所經過最大的一條河，河寬一千多公尺，又特別深。亞歷山大在沒有一條船的情況下，試圖渡河，他開始想打樁架橋，但因河底是沙土，水流湍急，根本無法打樁，而且附近又缺少木材，從遠處運來又需時日。爲搶時間，亞歷山大令部隊把蓋帳篷用的獸皮集中起來，做成許多塞滿草料的皮筏。亞歷山大就用這些皮筏在五天內順利地把部隊運過了河。

在亞歷山大決定進軍奧克蘇斯河時，他遇到了他出兵以來從未遇到的問題，他最精銳的騎兵隊伍之一塞薩利騎兵譁變了。塞薩利騎兵一直隸屬帕米尼歐，在高加米拉戰役以及整個遠征中，戰功顯赫。就是這樣一支隊伍，現在公然違抗命令，不再跟隨亞歷山大前進。他們的譁變，一方面是對亞歷山大處死帕米尼歐不滿的發洩，另一方面也是對無止境的征戰感到厭惡和對前途的悲觀。亞歷山大雖然非常需要這支精銳部隊，卻無法挽留他們；他也不能像對待帕米尼歐父子那樣去懲罰他們，因爲這是集體行動，是一大批人的聯合行動。亞歷山大無可選擇，只好將他們遣散回家，同時把那些超過服役年齡的老兵也一起送回家。但這樣一來，亞歷山大就面臨兵源不足的問題。實際上，亞歷山大雖戰無不勝，處境仍很危急，他身在遙遠的亞洲，到處都是仇視馬其頓的異族人，部隊又充滿厭戰情緒，一支精銳部隊又離他而去，在這種情況下，稍有閃失，就可能導致遠征的失敗，甚至全軍覆沒。適可而止，班師回朝，可能全軍都皆大歡喜。但這不符合亞歷山大的性格，在亞歷山大的經歷中，就從來沒有退縮過。他毫不動搖地決定繼續追擊比修斯，同時他採取了一項空前的具有歷史意義的政策。他決定從周圍地區招募新兵以補充兵源。

亞歷山大從亞洲地區招募新兵，當然是出於軍事的需要，但這也是他構造他的新帝國的一項重要內容。亞歷山大所設想的帝國是把歐亞融爲一體的大帝國。他任命一些波斯人當地方行政長官，他自己有時穿波斯服裝，採用一些波斯禮儀，尊重當地的宗教信仰等都有此意。不過，亞歷山大還從來沒有把軍權交給亞洲人，他的軍隊中也沒有亞洲人部隊。他的軍隊還是一支純粹的歐洲軍隊，現在他開始把亞洲人補充到他的軍隊中去，從而爲實現他的各民族聯合的大帝國的理想前進了一大步。

亞歷山大在過奧克蘇斯河前，還派人逮捕了阿瑞亞的總督，因爲他有反叛之意，任命騎兵將領斯塔薩諾接替他的總督職務。

亞歷山大率部渡過奧克蘇斯河後，立即向比修斯所在地粟特前進。這時，斯皮塔米尼斯派信使來了，說他們已把比修斯逮捕了，可以把他交給亞歷山大。亞歷山大令托勒密帶領一部分軍隊火速前往接收，托勒密用四天走了十天的路程，到達斯皮塔米尼斯的營地，但斯皮塔米尼斯已帶領大部分隊伍跑了，並把比修斯留在一個村莊裡。托勒密率領一隊騎兵包圍了這一村莊，然後向村裡的波斯兵宣布，如果他們交出比修斯，他們可以安全離開。於是，波斯兵放開路，讓托勒密和他的部下進村。托勒密很快就捉住了比修斯，然後派人報告亞歷山大。亞歷山大令把比修斯脫光身子，五花大綁，戴上木枷，押到他那裡去，托勒密一一照辦。

亞歷山大見到比修斯時，對他進行了審問。有意思的是，亞歷山大沒有責問比修斯爲什麼堅持與馬其頓對抗，而是責問他，爲什麼要把大流士抓起來，大流士是他的王上，又是他的堂兄，是他的恩人，爲什麼還要給他戴上鐐銬到處奔波，最後還要把他殺死？比修斯的回答和他堅持抵抗亞歷山大的身分有點不符，他在戰場上的英雄氣概蕩然無存。他回答說，這件事不是他一個人決定的，而是當時大流士所有隨從的共同決定，目的是向亞歷山大討好，保全他們的性命。比修斯回答的眞實性可能有點問題，因爲這些話都出自亞歷山大部下的記錄。不過，亞歷山大的問話是完全可以相信的。他在這裡不是以征服者的身分而是以大流士的保護者的身分說話，他是在爲大流士復仇，如果大流士在天有靈，不知有何感想。其實亞歷山大痛恨比修斯不是他殺了大流士，而是他不屈不撓地進行抵抗。比修斯被嚴刑拷打後，被送到埃克巴塔那。後來，在那裡，比修斯被割掉鼻子和耳朵，然後當著米地亞人和波斯人的面把他處死了，他的屍體還被綁在兩棵折彎的樹上，撕成兩半。亞歷山大想用這種極端野蠻的刑法來警告與他對抗的人。但他的這一做法遭到不少人的非議。阿里安在敘述這件事後評論說：「有人說亞歷山大在抄襲米地亞人和波斯人的豪華和在仿效蠻族土司把手下臣民當作低等動物對待方面，都搞得過火。這個說法我同意。我也不贊成他不穿馬其頓的傳統服裝而改穿米地亞服裝，特別是因為他是赫拉克勒斯的後代，就更不該如此。尤其是，他把長期以來一直戴著作為勝利者標誌的馬其頓帽，換成被征服了的波斯人的頭巾，他並不感到羞恥。」

阿里安的話說明，亞歷山大的一些作法，不僅當時許多人不理解，就是一個多世紀以後的希臘歷史學家阿里安也不理解。希臘人的自大狂，使他們對其他文明不屑一顧，他們認為自己是征服者，甚至穿被征服者的衣服都被看成是一種可恥行為。而亞歷山大的目的卻是要淡化征服者與被征服者的區別和界限，他以偽君罪和用波斯的法律、刑法處決比修斯，就是為了使人們、特別是波斯人不把這看成是馬其頓人殺了一個波斯人，而是亞歷山大幫助波斯人抓住並處死了波斯的一名弒君犯。他在這裡表明他認為對君主不忠是臣下的最嚴重的罪行，其實這也是維護他自己作為君主的權威。

的軍事征服行動就不會停止。

但是，他還沒有來得及去征服新的地方，已征服的地方就出現了大麻煩。在中亞的廣大地區，在沙漠和草原，他碰到了前所未有的困難，陷入了一場長達兩年之久（西元前三二九—前三二七年）的游擊戰的泥潭中。這一次的對手和他過去所碰到的完全不同，他要對付的粟特人的領袖斯皮塔米尼斯，根本不和他進行對陣戰，而是不斷進行伏擊和奇襲，你大軍來了，他就跑，你大軍走了，他又來了。而且，和過去不同，亞歷山大要對付的不只是哪一支部隊，而是粟特、甚至還有巴克特里亞整個部族，每一個村莊都是一個堡壘，一個戰鬥單位，使亞歷山大不得不一個城鎮一個城鎮去攻打，這也是他從來沒有碰到過的情況。過去，一般地說，只要占領了首府，這一地區就被占領了。

其實，比修斯一被俘，斯皮塔米尼斯就成了亞歷山大最難對付的敵人了。當亞歷山大率軍進占了粟特的首府馬拉坎達（撒馬爾罕）並抵達北部的邊界藥殺水河（今錫爾河）時，分散到各處去收集糧草的馬其頓士兵卻被當地的粟特人殺了，這些反叛的粟特人躲在十分陡峭、極其崎嶇的大山中，由於地勢險要，亞歷山大幾次進攻都無功而退，許多人都負傷了，亞歷山大本人也被一支箭射穿了腿，腿骨部分破碎。但最後還是攻下了。據說，據守的三萬人，被殺了一部分，從懸崖上跳下去摔死了一部分，活下來的還不到八千人。

攻占了邊境要塞後，亞歷山大計劃在藥殺水河邊修建一座城，這座計劃中的城市仍以他自己的名字命名，稱爲「邊區亞歷山大」。他認爲這裡的戰事已畢，便召集巴克特里亞和粟特地區的部落酋長到巴克特拉城開聯席會議，粟特人的首領斯皮塔米尼斯不僅沒奉召來開會，反而召集本地區的牧民，公開起義，參加者有三萬人之多。起義者對留駐各城鎮的馬其頓軍隊發動了突然襲擊，攻下了這些城鎮，殺死了全部駐軍。

亞歷山大得知這一消息後，十分吃驚，如果不及時進行鎮壓，讓起義者和西徐亞人會合，再攻擊他們就非常困難了。因此他立即回師北上，去鎮壓那裡的造反者，奪回被他們占領的城鎮。

當時，造反者集中在邊境的七個城鎮要塞中，爲了抵抗亞歷山大的軍隊攻城，他們加強了城防工事。不過，亞歷山大有豐富的攻城經驗，這些邊境小城是抵擋不住的。他令人事先就製造了許多雲梯，他攻打的第一個城鎮叫迦扎。同時他令克拉特拉斯帶領一部分軍隊去攻打那個叫西羅波利斯的最大城市，以免這裡的敵人去支援其他被攻的城市。他親臨迦扎指揮攻城，令部下向一座不很高的土牆攻擊，同時把梯子在四周靠城根放好。攻擊令一發，步兵開始攻城，標槍手、弓箭手和投石器一起向城上守軍發射箭石，各種投射物如傾盆大雨般地落到城牆上，頃刻間，城牆上就無一人把守。

於是城牆根前的梯子都豎立起來了，攻城部隊立即爬梯上城，迦扎城就這樣攻下了。隨之而來的是一場大屠殺，亞歷山大下令把敵人斬盡殺絕，把婦女、小孩和全部繳獲都帶走。然後亞歷山大又立即率兵去攻打第二座城，如同第一座城一樣，這第二座城也很快被用同樣的方法攻下了。對俘虜也如法處理。接著又兵進第三城，第二天，也是一舉攻下。

亞歷山大在攻占一個又一個城鎮的同時，還派騎兵到另外兩城去，監視城裡的敵人，防止他們逃跑。因爲，他估計他們在聽到附近城市被占領時，會趕在他到來前逃跑。事實正如他所料，那兩個還沒被攻占的城市的守軍，看到前面城市起了大火，聽了幾個從被攻占城市裡逃出來的人所敘述的他們城市的慘禍，便決定盡快棄城逃跑，但一出城，立即陷入亞歷山大派來的騎兵的包圍圈，大部分被殺死。就這樣，亞歷山大兩天就連下五城。對被攻占的城市，亞歷山大採取了極端殘酷的斬盡殺絕的政策，幸存者也全都被貶爲奴隸。

攻下五城後，亞歷山大率軍向最大的城市西羅波利斯前進。這座城是居魯士建的，城牆比其他城市高，城裡的軍隊人數也最多。克拉特拉斯爲防備城裡的部隊出來支援其他城市，已經在城的四周挖了一道溝，修了一條柵欄。亞歷山大來後，本準備用擂石器轟擊城牆的一邊，轟開缺口，再從缺口衝進去。但後來亞歷山大發現有一條引水渠從城牆下通過，當時正是冬天枯水季節，水渠裡沒多少水，士兵可通過水渠鑽入城內。於是，亞歷山大一面令部隊全力攻城，吸引敵人注意力；一面自己親自帶頭從渠道鑽進城裡去，進去後，立即從裡邊把城牆的幾個門打開了，把其餘的部隊接應進城。粟特兵一見他們的城市已落入敵手，立即掉頭向亞歷山大和他率領的部隊發動猛烈的進攻。激戰中，亞歷山大被一塊石頭砸在腦袋和脖子上，克拉特拉斯也中了一箭，其他將領負傷的也不少，但最終馬其頓人還是把該城攻占了。據說，守城的有一萬五千人，被打死的有八千，其餘的都躲到要塞裡，亞歷山大在要塞外紮營圍困，敵人堅持了一天，終因缺水而投降了。

第七座城沒費多大勁就攻下了，城內的敵人被通通殺光。亞歷山大就這樣血洗了邊境這七座城鎮。這是亞歷山大對拒不投降者、對反叛者的一貫做法，在底比斯、在推羅，我們都看到同樣的慘劇。

這時，北方大草原上的西徐亞人的一支部隊開抵藥殺水河（今錫爾河）畔，想趁粟特人反叛亞歷山大之機，聯合粟特人，攻打亞歷山大。

西徐亞人也稱斯基泰人，西元前九世紀，活動在阿爾泰山以東地區。周宣王（西元前八二七年～前七八一年在位）時期，對獵狁（匈奴）用兵，迫使他們向阿姆河流域地區退卻，並趕跑了那裡的馬薩格泰人。馬薩格泰人西遷進入了西徐亞人的地區，又迫使西徐亞人西遷，引發了一場民族大遷徙。西徐亞人是出色的牧民、優秀的騎士，後來，他們在西波斯地區到哈里滋斯河（克孜勒河）流域一帶建立了一個王國。強大時曾侵入敘利亞，其勢力範圍一度達到埃及邊境，後雖被趕出安納托利亞，卻仍然控制著俄國南方大部分地區和伊朗北部邊境地帶。在鹹海地區居住的西徐亞人則和達哈人混居而同化，成爲安息人。另外還有一些單獨活動的西徐亞人部落，他們活動在匈牙利和東普魯士一帶。

在強大的西徐亞人陳兵境外的同時，又有消息傳來，說斯皮塔米尼斯已率部包圍了留守馬拉坎達（撒馬爾罕）的部隊。當時亞歷山大並沒有十分重視斯皮塔米尼斯的這一行動，只派了一支由近衛騎兵和一千五百名雇傭兵組成的隊伍，由翻譯官發拉科斯和三名軍官率領，前去救援馬拉坎達的駐軍。而他自己則忙於他所計劃的新城的建設，他用了二十天的時間修築了城牆，同時對該城的未來的居民也作了安排：任何願意在這裡定居的希臘雇傭兵，附近各部族中曾參加修建新住宅區的人以及馬其頓部隊裡一切不適於服現役的人，都可在城內定居。和他建立其他城市一樣，他要把這座城市建成一座移民城市，一個軍事要塞，一個傳播希臘文化的中心。他還在這裡向神獻祭並舉行了騎術和體育比賽。

這時，陳兵藥殺水河北岸的西徐亞人不斷地向南岸的馬其頓人挑釁，向河對岸射箭

（這一段河道不寬），大聲冷嘲熱諷，污辱亞歷山大，說亞歷山大不敢動西徐亞人，如果他敢動一下，他就會知道西徐亞人和亞洲蠻子有什麼不同。這是激將法，想激怒亞歷山大，讓他過河到他們熟悉的地方和他們作戰。亞歷山大也的確被激怒了，不過他主要還是想好好教訓一下西徐亞人，使他們不敢侵犯邊境。因此他決定渡河攻打西徐亞人，並下令部隊準備渡河的皮筏。但在他獻牲問卜時，卻顯示了不吉的兆頭。一直深信神靈的亞歷山大只好暫時放棄了渡河攻擊西徐亞人的念頭。但西徐亞人仍不斷進行挑釁，亞歷山大忍無可忍，決定不管吉凶如何，都要渡河。當他再次就渡河問題獻牲問卜時，他的占卜師阿里斯坦德告訴他，兆頭還是危險。亞歷山大回答說，他已經征服了整個亞洲（當時歐洲人所知道的亞洲），在這個時候，他寧願冒天下最大的危險，也不當西徐亞人的笑柄。阿里斯坦德是亞歷山大非常信任的首席占卜師，他這次顯然是有意阻止亞歷山大渡河，這也可能是馬其頓貴族的願望，因為他們不願再捲入和強大的西徐亞人的無把握戰爭中去，而且西徐亞人地區非常荒涼，毫無吸引力。

在亞歷山大的命令下，馬其頓士兵在三天內就造了幾千隻皮筏。亞歷山大率領部隊來到河邊，擺好陣勢，見對岸敵人沿河馳騁，立即令投石手用石弩向西徐亞人發射石彈，石彈如雨點落到對岸西徐亞人頭上或身上，非死即傷，這使他們驚慌萬狀，沒有想到石彈能打這麼遠，有這樣大的威力，甚至有一枚石彈還穿透了一個人的盾牌，又穿過護身甲，把他從馬上打下來。於是他們開始從河岸往後退。亞歷山大見敵人秩序開始紊亂，立即下令吹進軍號，親自率領部隊強渡，首先登岸的是弓箭手和投石兵，他們登岸後立即向西徐亞人射箭投石，阻止他們靠近，掩護騎兵和步兵渡河。全軍登岸後，一場奇特的馬其頓人從未打過的大戰開始了。亞歷山大首先派一部分部隊進攻，而西徐亞人卻採取沙漠戰的戰術，圍繞包抄，飄忽不定，殺一陣不見了，一下子又鑽出來了。這是西方世界從未聽說過的戰術，後來被稱爲帕提亞戰術，不可一世的羅馬軍團也在這種戰術面前一籌莫展，潰不成軍。

不過，亞歷山大很快就把弓箭手、騎兵和其他輕裝部隊組成一支突擊部隊，親自率領追擊西徐亞人，靠近敵軍時，一部分騎兵向敵人衝擊，而亞歷山大則率領其餘騎兵成縱隊向敵撲去，使敵人無法迂迴包抄。西徐亞人傷亡慘重，開始潰逃，亞歷山大率兵猛追，但沒追多久就被迫停了下來，因爲天氣炎熱，乾渴難忍，亞歷山大在追擊途中喝了不乾淨的水而腹瀉不止。亞歷山大病倒了，他的部下不得不把他抬回營地。這正好應驗了阿里斯坦德的預言。

不久，西徐亞國王派了一個使團來見亞歷山大，對已經發生的事表示遺憾，並申明這件事不是西徐亞國家的行動，而只是一些強盜做的。但國王本人還是願意承擔責任，他將依照亞歷山大的要求辦理。亞歷山大考慮到西徐亞人的確不好對付，打下去並沒有一定獲勝的把握，而且現在也不是追擊西徐亞人的時候，便趁機下臺，表示了對西徐亞國王的信任，不再追擊。

在亞歷山大與西徐亞人大戰時，馬拉坎達要塞的馬其頓駐軍對圍城的斯皮塔米尼斯進行了一次成功的反擊，打退了敵人主力。隨後，斯皮塔米尼斯聽說亞歷山大派來的援兵快到時，立即解圍，佯裝撤退。發拉科斯和同來的軍官求勝心切，見敵人撤退，不辨眞假，就率部向後緊追不捨，一路還漫不經心地對西徐亞牧民發動攻擊。斯皮塔米尼斯乘機把六百名西徐亞騎手吸引到他的隊伍中，有了西徐亞人的加入，膽子更壯了，他擺好陣勢，等待馬其頓的追兵的到來。馬其頓部隊來了，他們就圍繞馬其頓的步兵方陣兜圈子，不停猛射排箭，發拉科斯率部向他們衝擊時，他們又輕易地避開。他們的馬匹精力充沛，跑得快，而馬其頓部隊的馬匹則因長途跋涉，又缺少草料，早已疲憊不堪。在西徐亞人和粟特人的連續不斷的猛衝猛打下，馬其頓人既無法守住陣地，又無法撤退，大批士兵中箭，或死或傷。發拉科斯於是把部隊撤退到波利提米塔斯河河邊的山谷中，想靠這裡的茂密的樹木躲避敵人的箭矢。但在敵人的騎兵的追擊下，馬其頓軍慌忙渡河，結果遭到敵人痛擊，有的被亂箭射死，有的被拖入水中。馬其頓軍走投無路，沒死的都躲到河心的一個小島上，被敵軍圍住，也全都死在箭下。據說，發拉科斯在危急時，曾以自己不熟悉軍事爲由，要其他軍官接掌指揮權，但其他軍官都不接受。因爲他們覺得這超出了亞歷山大的指示範圍，同時也怕承擔責任。結果在互相推讓、無人負責的一片混亂中全軍覆沒。逃得性命的騎兵只有不到四十人，步兵有三百人左右。一支馬其頓部隊全軍覆沒，這在亞歷山大率兵出征以來還是第一次，消息傳開，一定會大大挫傷將士的士氣，因此，亞歷山大得知這一噩耗後，立即封鎖了消息，嚴禁生還者洩露眞相，違者處死。同時，他下決心爲死難者復仇，立即率兵朝馬拉坎達疾進。這時斯皮塔米尼斯又率部包圍了守衛要塞的部隊，但在得知亞歷山大正率兵逼近時，他未等亞歷山大到來就率兵逃跑了。亞歷山大以每天平均四十五英里的速度前進，在第四天趕到馬拉坎達，緊追逃跑的斯皮塔米尼斯，追到那支馬其頓部隊被殲滅的地方，埋葬了死者，然後再繼續追擊，一直追到沙漠的邊緣。爲了讓反叛者同樣嘗嘗戰爭的殘酷，他回兵把整個地區都徹底破壞了，把逃入堡壘內躲著的部族土著都殺了。

但是，波斯東北部的戰爭並沒結束，這裡似乎所有的人都對馬其頓人心懷敵意，斯皮塔米尼斯又一次逃脫了，不知什麼時候在什麼地方他又會突然出現，進行偷襲，高山、草原和沙漠給他們提供這種打了就跑的條件。亞歷山大第一次陷入了游擊戰的泥潭中，過去那種長驅直入、勢如破竹的情況，那種敵人聞風披靡不戰而降的場景不見了，現在每一城鎮都要反覆爭奪，每一要塞都要精兵把守。西元前三二九年冬，亞歷山大不得不把部隊撤到巴克特里亞休整和過冬。

在巴克特里亞，亞歷山大接見了西徐亞的使團，西徐亞老國王死了，新王剛繼位。新國王讓使團帶來許多禮物，並向亞歷山大表示，西徐亞人願意服從他的領導。爲了加強兩國的友誼和同盟，他們的國王還希望把他的女兒嫁給亞歷山大。如果亞歷山大不願意，他就希望把西徐亞各地的總督和其他要人的女兒嫁給亞歷山大的最信任的追隨者。這一不同民族聯姻的建議後來亞歷山大眞的採納了，不過不是和西徐亞女子，而是和波斯姑娘。西徐亞國王還說，如果亞歷山大要召見他，他願意來聆聽亞歷山大的指示。亞歷山大向使團表達了他和西徐亞友好的願望，但說他暫時還不需要用聯姻的辦法和西徐亞結盟。

亞歷山大還接見了科拉西尼亞的國王發拉斯馬尼斯。發拉斯馬尼斯說他們住在科其亞和阿馬宗女人國的邊界上，如果亞歷山大想遠征科其亞和阿馬宗的話，他願意當嚮導，並爲遠征軍提供一切供應。亞歷山大向發拉斯馬尼斯表示了謝意，並和他友好結盟。亞歷山大還告訴他，他現在考慮的是印度，因爲征服了印度，就等於把全亞洲都掌握在手，在他成爲亞洲霸主後，他就要回到希臘去，然後統帥全部兵力遠征黑海一帶，那時再請發拉斯馬尼斯實現他現在的諾言。亞歷山大這些話是他第一次公開發表他的遠征計劃，透露出了他的最終目的，就是要征服整個世界。當然，亞歷山大的世界是當時歐洲人所知的世界。

這兩次外交活動反映出，亞歷山大帝國的影響已遠遠超出了原波斯地區，周邊的一些國家和部落也紛紛討好亞歷山大，理所當然地把他看成當時世界的霸主，要求和他結盟。

亞歷山大雖然把印度作爲他下一個征服的目標，卻不可能立即進行。他做事是謹慎的，在後方不穩的情況下，在粟特的反叛勢力仍在大肆活動的情況下，他是不會貿然進軍的。他在西元前三二八年還是要集中兵力圍剿追擊粟特的反叛勢力。他的恐怖政策並沒有使粟特人屈服，他接到報告說，許多粟特人逃到他們的堡壘裡，拒不服從亞歷山大派去的總督的領導。西元前三二八年春天，亞歷山大再次率軍北上粟特地區，同時，他在巴克特利亞留下了一支由克拉特拉斯指揮的強大軍隊，用來防止各部族的搗亂和鎮壓造反者。當他率軍回到奧克蘇斯河，並在河邊紮營時，在他帳篷附近發現一個水泉，和一個油泉，往外冒水和油。托勒密得知這一奇蹟後報告了亞歷山大，亞歷山大讓占卜師阿里斯坦德占卜一下這神靈顯示的預兆，阿里斯坦德占卜的結論是，這眼油泉象徵著將進行的戰爭的艱苦勞累，但勞累之後會有勝利。亞歷山大爲這一預兆祭了神，祈求保佑。

隨後他把他自己率領的軍隊分成五部分，分別由赫斐斯申、托勒密、坡提卡斯、科那斯和阿塔巴扎斯指揮一、二、三、四隊，他自己率領第五隊。前四隊對粟特地區進行一次拉網式的掃蕩，攻打那些在山頭陣地和堡壘中堅守的敵人和接受前來投降的人。他率領第五隊向馬拉坎達方向掃蕩。在全部兵力橫掃粟特大部分地區到達馬拉坎達後，他又作了新的布置，派赫斐斯申到粟特各城鎮去重建居住區；派科那斯和阿塔巴扎斯率軍去賽提亞（土耳其斯坦），捉拿躲在那裡的斯皮塔米尼斯；他自己則率領其餘部隊攻占那些仍被叛軍占據的粟特地區，沒費多大力就達到了目的。

正當亞歷山大忙於粟特地區的戰事時，斯皮塔米尼斯卻又率兵回到巴克特利亞地區，突然對這裡的一座堡壘發動攻擊，這座堡壘的司令完全沒有想到會遭到敵人的攻打，措手不及，駐軍被全殲，司令本人也做了俘虜。過了幾天，他又率軍包圍了扎瑞亞斯帕城，並搶了不少財物裝車運走。扎瑞亞斯帕城有一些近衛騎兵因病留在這裡，現在病好了，見敵人來攻，便集合城裡的雇傭軍對圍城的敵軍發動了一次出其不意的攻擊，奪回了被搶的財物，殺死了大批趕車的人，但在他們回城時，遭到斯皮塔米尼斯的伏擊，幾乎全軍覆沒。克拉特拉斯聽到報告後，立即率兵從巴克特拉趕往扎瑞亞斯帕，但斯皮塔米尼斯得知克拉特拉斯趕來時，又迅速逃向沙漠，克拉特拉斯緊追不捨，在距沙漠不遠處追上了敵人，一場激戰後，斯皮塔米尼斯丟下了一百五十多人的屍體，逃進了沙漠。馬其頓部隊只好眼望著敵人逃走，停止追擊。

亞歷山大不能深入沙漠去進行追擊，便進一步加強各地的駐軍。他給科那斯增派兩個營的方陣步兵、兩個中隊的近衛騎兵、全部標騎兵以及新編的巴克特利亞和粟特輕騎兵部隊，讓所有這些部隊都在粟特地區的營房過冬，一面監視，一面設伏，等斯皮塔米尼斯竄出來騷擾時，把他抓住。

斯皮塔米尼斯發現到處都有馬其頓部隊駐守，便領兵向科那斯及其部隊所在地進攻，他在途中輕易地誘使三千西徐亞騎兵加入了他的隊伍，但西徐亞人並不是他的堅定的夥伴，正如阿里安所敘述的：「這些西徐亞人極端貧困，既沒有村鎮，又沒有定居之處，所以他們對於家園毫無顧慮。因此，只要有人勸，很容易就能把他們拉去打仗，不管打什麼仗都行。」透過阿里安的敘述我們可以看出，西徐亞人和粟特人不同，他們並不是眞正反對亞歷山大，他們沒有粟特人的那種民族感情。當科那斯得知斯皮塔米尼斯正率領騎兵逼近時，就帶領隊伍上前迎戰。一場激戰開始了。結果，斯皮塔米尼斯的各部族騎兵不敵馬其頓騎兵，搏殺中死亡了八百多人，而科那斯一方只陣亡了騎兵二十五名和步兵十二名。斯皮塔米尼斯潰逃時，粟特人和大部分巴克特利亞人都離開了他，投降了科那斯。而西徐亞人則搶劫了他們的同夥巴克特利亞人和粟特人的運輸隊後，跟隨斯皮塔米尼斯逃到沙漠裡去了。但後來他們得知亞歷山大親率大軍向沙漠裡追來時，便殺了斯皮塔米尼斯，割下了他的頭，送給亞歷山大，對亞歷山大表示友好，想以這一行動避免亞歷山大的指責和軍事進攻。

斯皮塔米尼斯死了，亞歷山大去掉了一個頑強的敵人，但粟特的戰事仍未完，仍有人拒不屈服，堅持與亞歷山大對抗。不過，時值嚴冬，亞歷山大讓所有的部隊，包括科那斯和克拉特拉斯率領的部隊，都到諾塔卡休息。同時，在這期間，他還對各地的地方長官進行了調整，撤換了不忠誠的總督，任命了幾個新的地方總督。

西元前三二七年春，亞歷山大率軍向索格地亞那山進發。這座山是粟特人的最後的一個據點，有許多粟特人在這裡堅守，斯皮塔米尼斯的主要盟友、背叛了亞歷山大的巴克特利亞人歐克西亞提斯的妻子和女兒也在這裡。亞歷山大率部到達後，發現這座山地勢非常險要，四面都是懸崖峭壁，無法進攻；圍困也不行，因爲那些部落軍民儲備有大量糧草，可以長期死守。而且山裡積雪很深，馬其頓部隊很難接近。不過，亞歷山大還是決心攻下這個據點。他先叫他們派人下山談判，許諾他們，只要把陣地交出來，就讓他們安全返鄉。山上的人聽了後，一陣狂笑，叫喊讓亞歷山大去找有翅膀的人來攻占他們的陣地，他們不怕沒有翅膀的人。勸降不成，亞歷山大決定硬攻。他宣布，第一個衝上山頂的可得到十二泰倫特頭獎，第二個得二獎十一泰倫特，第三個得三獎十泰倫特，依此類推，前十二名都可得獎。重獎之下，人人都想當第一個衝上山的英雄。亞歷山大挑選了有圍攻山寨經驗、善於攀登石壁的三百人，組成一個突擊隊。他們每人都帶了一些原是固定帳篷用的小鐵栓和麻繩，趁黑夜出發，從無人把守的石壁最陡的地方往上攀登。他們把鐵栓釘在石壁的縫隙中，繫上繩子，吊在懸崖上往上攀。天亮時，攀登成功，占領了崖頂，只有大約三十個人在攀登中摔死。他們按事先的約定，在崖頂向馬其頓營地揮動旗子。亞歷山大看到後，立即派傳令官向部落兵前沿陣地的哨兵喊話，叫他們往山頂看，亞歷山大請來的有翅膀的天兵已經占領了他們的懸崖山頂，他們的唯一出路就是投降，別再耽誤時間了。

部落官兵抬頭一看山頂，嚇得目瞪口呆，他們不明白馬其頓人是怎麼上去的，眞以爲有神靈幫助馬其頓人，而且他們也不知山頂有多少馬其頓人，驚慌中他們投降了。

這一次勝利使亞歷山大得到了一個意料之外的收穫，一個令他傾心的美女。在俘虜中有不少婦女小孩，其中包括歐亞西克提斯的老婆和幾個女兒。在他的這幾個女兒中，有一個叫羅克珊娜。亞歷山大的部下告訴他，除了大流士的妻子之外，她是全亞洲最可愛的美人。結果，亞歷山大和羅克珊娜兩人一見鍾情。這可能是眞的，一個英俊的年輕國王，一個絕世的美女，相愛是再自然不過的事了，也是個理想的結局。但對於亞歷山大來說，事情並不如此簡單，他愛上一個巴克特利亞部落領導人的女兒是有更深的含義的。這可從他對另一個美女，一個公認比羅克珊娜更漂亮的美女的截然不同的態度得到一個反證。這另一個美女就是大流士的妻子，她也是亞歷山大的俘虜，按照希臘的戰爭法，被征服者的一切，都由征服者支配，都歸征服者所有。亞歷山大當然可隨意處置大流士的妻子，納她爲嬪妃，雖是亞洲式的，卻也是很自然的。但亞歷山大這位精力旺盛的年輕人，面對這位自己可以隨意處置的絕世佳人，卻毫不動心，這說明，只要需要，他可以抵制任何美色的誘惑。他對大流士的妻女完全以禮相待，仍以王后、公主相稱。以致後來大流士知道這種情況後，也被亞歷山大對自己妻子的尊重所感動，竟說出這樣的話：「如果我不能繼續在亞洲稱王了，我祈求您（宙斯）千萬別把這個主權交給別人，只交給亞歷山大。因爲他的行爲高尚無比，對敵人也不例外。」亞歷山大對大流士的妻子以禮相待，要的就是這樣的效果，他不僅要在軍事上征服波斯，他還要在精神上征服波斯人。他後來爲大流士報仇，懲罰大流士的叛徒，他後來娶大流士的女兒爲另一妻子都是出於他的統治的需要。他愛上並娶羅克珊娜爲妻也是由於他的政治和軍事的需要。亞歷山大不是那種愛美人而不要江山的人，他是把江山放在第一位的。粟特和巴克特利亞地區的人民的頑強鬥爭使他長期陷在這裡而不能去征服印度，現在有這樣一位美妙的女子可做自己的妻子，又可透過這一婚姻改善和這一地區人民的關係，由敵對而友好，何樂而不爲。

亞歷山大正式向羅克珊娜的母親提出求婚要求，羅克珊娜的母親高興地答應了。接著，完全按波斯習俗爲一對新人舉行了隆重的婚禮。

一代帝王亞歷山大的婚姻大事、他的母親奧林匹婭斯和他的大臣們多年前就爲之操心的大事，就這樣草率地在遠離故鄉的地方解決了，這其實是一次戰地婚禮。從這一婚姻可以看出亞歷山大是把他的政治軍事活動放在第一位的。婚姻在他的生活中顯然是居於從屬的地位的。他的第一個妻子竟是一個蠻族女子，這可能也是出乎大多數希臘人和馬其頓人的意料的。顯然，在亞歷山大的心目中，他已沒有希臘人的那種狹隘觀念，他是把他的帝國看成是個世界帝國而不僅僅是馬其頓帝國。

他的這一婚姻產生了他所要求的政治效果。歐克西亞提斯聽說自己的女兒成了亞歷山大的妻子，便投降了，並要陪同亞歷山大去科瑞尼斯要塞勸降。

亞歷山大沒有沉醉在新婚的甜蜜中，他很快就率軍去征服科瑞尼斯要塞。科瑞尼斯山比粟特山還要高，也非常險要，四面都是懸崖峭壁，只有一條既狹窄又崎嶇難走的小路通到山上，即使無人把守，部隊要從這條路上山也是十分困難的。部落的酋長科瑞尼斯（和山同名）和這個地區的許多官員都在這裡，他們聚集了大批部落戰士在山上據守。山腳下還有一深溝，部隊要攻山，必須首先填平這道溝。

科瑞尼斯自恃地勢險要，拒不投降。亞歷山大便決定攻山。他先令人砍樹，製造梯子，準備讓部隊沿梯子下到溝底。部隊分成兩部分，輪流幹活和休息，白天由亞歷山大自己親自監工，晚上則由托勒密等帶隊。分成三班，白天黑夜輪流趕工，製造好足夠的梯子後，接著讓人下到溝底，選擇一最窄的地方打樁，然後在密集的木樁上鋪上用柳條編的席子再在上面鋪上土，部隊就可以通過這樣的橋到達山崖下。

開始，山上的人還嘲笑他們白費力，但後來，眼看馬其頓部隊一步一步成功了，越過了深溝抵達山崖下，他們的箭已能射到山上，他們還修建了掩蔽工事，使山上投下的石、箭都傷害不了他們。這時，科瑞尼斯害怕了，派人來見亞歷山大，祈求派歐克西亞提斯上山談判。亞歷山大同意了。歐克西亞提斯上山後，竭力勸科瑞尼斯獻出山寨投降。他對科瑞尼斯說，在亞歷山大部隊的強攻下，任何險要都是擋不住的。他還現身說法，以自己爲例子來說明，只要科瑞尼斯對亞歷山大忠誠，亞歷山大也一定會守信義，善待他的。科瑞尼斯可能是感到他的確無力抵抗亞歷山大，而歐克西亞提斯的話也使他相信投降是他唯一可選擇的出路，於是他在歐克西亞提斯的陪同下，帶著一些親戚朋友下山來見亞歷山大。亞歷山大客氣地接待了他，並沒把他當作被迫投降的敵人，仍讓他當總督，管轄他原來管轄的地區。

科瑞尼斯也向亞歷山大顯示他的忠誠，亞歷山大的部隊在圍困山寨期間，因下了大雪和糧食匱乏，吃了不少苦。科瑞尼斯便從山裡的倉庫裡取出足夠部隊兩個月用的糧食和酒交給部隊，還把乾肉分發到部隊的帳篷裡。他告訴亞歷山大，他拿出的東西還不到他儲存的物資的十分之一。他的這一舉動使亞歷山大更信任他了。

現在只剩下卡塔尼斯和奧斯塔尼斯兩個部落酋長沒有投降了，亞歷山大派克拉特拉斯率兵去攻打他們，他自己則率軍去巴克特利亞。克拉特拉斯和卡塔尼斯、奧斯塔尼斯激戰一場，獲得全勝，打死了卡塔尼斯，活捉了奧斯塔尼斯，他們的部落兵，騎兵死了一百二十人，步兵死了一千五百人。粟特和巴克特利亞的戰事到此才宣告結束。克拉特拉斯也率兵到巴克特利亞，和在那裡的亞歷山大會合。

從西元前三二九年夏到西元前三二七年春，亞歷山大用了幾乎三年的時間，才最終征服了巴克特利亞和粟特地區。爲了取得勝利，他使用了一切他所能使用的手段，除反覆的軍事征討外，他還血洗當地許多村鎮，屠殺當地青年，製造一種恐怖氣氛；建立新的城市和要塞；拉攏當地部落首領；徵召當地青年入伍，組成新編的軍隊；甚至聯姻也成爲他達到政治軍事目的的手段。雖然最終勝利了，但爲此付出的代價是十分慘重的，在反覆的拉鋸戰中，不只是消耗了大量的人力和物力，而且嚴重挫傷了部隊的信心，打破了馬其頓軍隊戰無不勝的神話，更爲嚴重的是，戰爭的殘酷性引起了一連串的問題，激化了亞歷山大和部下的矛盾，釀成了一場又一場的悲劇。

「災難」

亞歷山大在建立他的大帝國的過程中，不僅要對外進行無休止的征戰，而且對內要不斷地平息各種不滿、怨憤甚至背叛。內部矛盾的產生和激化，原因是多種多樣的，有利益方面的，也有觀念方面的，有個人性格上的衝突，也有在根本制度上的分歧。這種內部的矛盾和衝突比對外戰爭更複雜，往往造成災難性的後果。這種「災難」在西元前三三〇年發生了一次，帕米尼歐和菲洛塔斯父子被處死。在西元前三二八年～西元前三二七年，在亞歷山大及其部隊在巴克特利亞和粟特地區艱苦征戰期間又發生了兩次，一次是克雷圖斯被殺事件，另一次是跪拜禮事件和卡利西尼斯的被捕。這兩次事件給亞歷山大及其將士的打擊和在心靈上造成的創傷是巨大的，悲劇性的。

西元前三二八年夏天，在緊張而又殘酷的征戰的間隙，為了鬆弛一下，亞歷山大在馬拉坎達舉行了一次歡宴。這次歡宴也是為慶祝馬其頓人的傳統的酒神節，每年酒神節，馬其頓人都要宴飲作樂。酒宴上不少人都喝醉了，一些人開始大肆吹捧亞歷山大，說什麼希臘歷史上的眾多英雄都不如亞歷山大，甚至說赫拉克勒斯都比不上他。除了這些阿諛奉承的話外，還有一個年輕人唱起小曲譏諷那些在波利提米塔斯河畔敗給斯皮塔米尼斯手下的將軍們，氣氛開始緊張起來，一些年長者和那些頭腦還清醒者

事後的情況，有多種說法。有人說，他因酒後殺害朋友，感到沒有繼續活下去的價值了，想一死了之。這好像不符合亞歷山大的性格。亞歷山大登上王位就帶有血腥味。另一種被多數史學家所記述的說法則較爲可信。他們說，亞歷山大殺了克雷圖斯後，躺到床上放聲痛哭，喊著克雷圖斯和他姐姐蘭妮絲的名字，蘭妮絲帶養過亞歷山大。他泣不成聲地說：「是您哺育我長大的，今天我成人了。可我又是怎樣報答您的恩惠呀！您親眼看著您的孩子們爲我打仗而犧牲。可現在呢？我卻親手殺死您的弟弟！」他一躺三天，不吃不喝。亞歷山大這種自責應當說是眞誠的，是出自內心的，他雖要神化自己，但卻也勇於承認自己是凡人，做了錯事，這是難得可貴的。但是馬其頓和希臘人現在正遠離故土、處於敵人的包圍中，如果任由他們的統帥這樣處於極度的悲傷中，是非常危險的。爲了部隊的安全，必須盡快讓亞歷山大從悲傷中解脫出來，因此，有的占卜師就勸告亞歷山大說，是酒神狄俄尼索斯出於復仇的憤怒而殺死了克雷圖斯，因爲亞歷山大破壞了神的誕生地底比斯，又沒有向他獻祭。在朋友們的極力勸說下，他開始吃東西。後來又對狄俄尼索斯進行了補祭。

有一個叫阿那克薩卡斯的詭辯家用另一種方式安慰亞歷山大。他一見亞歷山大傷心哀嘆，便哈哈大笑，接著大聲喊道：「看呀！這就是亞歷山大，全世界都在注視著的亞歷山大，就這樣躺在這裡，像個奴隸似的哭泣。難道你沒有聽說，宙斯的旁邊坐著公正嗎？不論宙斯辦什麼事，都要和公正一起辦，因而宙斯辦的一切事都是公正的。這也就是說，一位偉大的國王，其所作所為，不僅國王本人，而且全世界都應當認為是公正的。聽了這樣的話，亞歷山大得到很大的安慰，心靈平靜了。但阿那克薩卡斯的話，在有些人看來，是赤裸裸的阿諛之詞。亞歷山大欣賞這樣的話是一種不好的兆頭，一種專制的預兆。如果按阿那克薩卡斯的話來評價國王行為，那麼，不論國王做什麼，怎麼做，大家都只能說他做得對。

克雷圖斯和亞歷山大的衝突並不是個人之間的衝突，而是兩種觀念的衝突。克雷圖斯攻擊的不是亞歷山大個人，而是他逐漸擁有的無上的專制權力，是他逐漸拋棄馬其頓和希臘的傳統的行為。他不滿的是馬其頓的王權變成了亞歷山大個人的王權，像希臘人過去說波斯那樣，所有的人都成了國王的奴僕了。而亞歷山大所要維護的卻正是他個人的絕對權力，東方式的專制權力。實際上，要統治他的亞歷山大帝國，沒有這種專制權力是不行的。古代的一切大帝國無一例外，都是專制的、集權的。亞歷山大這樣做，在一定程度上，是適應了現實的需要。帕米尼歐父子和克雷圖斯被殺，說明維護舊傳統的貴族勢力失勢了。

在專制權力下，阿諛之風必能盛行，奸邪諂媚之徒也會大售其奸。但有一個人卻表現得與眾不同，大唱反調。這個人就是亞歷山大的老師亞里士多德的侄子卡利西尼斯，他不受約束的生活方式招來許多人的嫉恨，他們說他踱起方步來，就像在成千上萬人中只有他才是自由人似的。他對凱洛尼亞戰役的評說也招來了馬其頓人和亞歷山大本人的不滿，他說，這次戰役腓力之所以獲勝是由於希臘人內部的派別之爭，他還援引這樣一行詩：「天下紛爭日，賤民也稱王。」他的話使亞歷山大很生氣。但他仍不約束自己，他不時還對亞歷山大援引阿奇里斯對赫克托耳說的話：「遠比你勇敢的人帕特洛克勒也會死的。」他這樣說可能是好心，提醒喜歡冒險的亞歷山大要注意自己的安全，但聽在亞歷山大耳裡可能就成了另一種意思了。

亞歷山大和卡利西尼斯的矛盾在關於是否應向亞歷山大行跪拜禮的爭論中激化了。西元前三二七年春天，亞歷山大和羅克珊娜結婚不久，在巴克特拉舉行了一次不同尋常的宴會。亞歷山大讓出席宴會的人，就要不要向他行跪拜禮的問題，談談自己的意見。阿拉克薩卡斯搶先發表自己的意見。他說，承認亞歷山大是神遠比承認狄俄尼索斯和赫拉克勒斯是神更合理，因爲狄俄尼索斯是底比斯人，和馬其頓沒關係，而赫拉克勒斯也只是因爲是亞歷山大的父親，才和馬其頓有關係。馬其頓人把自己的國王當神崇拜是天公地道的，因爲百年後，馬其頓人是一定會尊亞歷山大爲神的。既然這樣，生時奉他爲神不是更合適嗎？由於會前就安排好了，立即有許多人表示贊同，主要是那些顯赫的波斯和米地亞貴族、大臣，而且他們就要在宴會上向亞歷山大行俯體膜拜的大禮。但是大多數馬其頓官員卻對阿拉克薩卡斯的話很反感，沉默不語。這裡有一個觀念問題。波斯人把俯體膜拜看成是表示尊敬的舉動，而並不一定是在神化某個人，但希臘人卻只在敬神時才行俯體膜拜的大禮。因此，希臘人卡利西尼斯站出來，發了一通長篇大論，酣暢淋漓地批駁阿拉克薩卡斯，他說，凡人所應當受到的尊崇和神所應當受到的尊崇是不同的，有清楚的界線的。最主要的區別就在於習慣上，人在神前匍匐禮拜以示尊敬，為了敬神，我們還可以在他們面前跳舞、唱讚歌。對一些神可以這樣去崇拜，對另一些神又可以那樣去尊敬。我們對英雄的崇拜也可以各有不同，但不能和對神的崇拜相提並論。因為，如果我們把二者混淆起來，用過分的禮拜把一個凡人捧上天，就等於用敬人的方法去敬神，就是把神貶為凡人，使神受到不應有的侮辱。假如有一個老百姓用不合法的手段取得了某種權利，要求人們對他像對王那樣崇拜，我想亞歷山大一定一刻也不會容忍的。同樣，如果一個凡人享受神才能享受的禮拜，或者允許別人這樣崇拜他，神也會發怒的。卡利西尼斯提醒亞歷山大，他雖然是公認的了不起的人物，勇士當中最英勇的勇士，國王當中最偉大的國王，統帥當中最英明的統帥，卻是腓力的兒子，是作為立憲君主，而不是作為專制暴君進行統治的。請他不要忘記希臘，他是為了希臘，才不避艱險，遠征異域，把亞洲併入希臘版圖。他問亞歷山大：「當你回希臘之後，你準備強迫全人類最愛自由的希臘人在你面前匍匐跪拜嗎？還是打算豁免希臘人，而只把這種污辱強加在馬其頓人頭上呢？或許，在這個問題上，你想把全世界分成兩半，叫希臘人和馬其頓人把你當人崇拜，只叫外國人用這種外國方式把你當神崇拜呢？」

卡利西尼斯說出了大多數馬其頓人想說而沒說的話，他們聽了很高興，亞歷山大卻十分生氣，但卡利西尼斯說得有理，同時也顧忌大多數馬其頓人的情緒，亞歷山大還是下令馬其頓官員以後無需向他匍匐禮拜。亞歷山大此令一出，一片沉寂。但隨後波斯籍的官員卻一個接一個地站起來，走到亞歷山大面前匍匐禮拜。而亞歷山大的一名近衛卻在一旁嘲笑一個波斯人俯拜的姿態難看，亞歷山大雖很氣憤，卻也沒有和他計較。

事實上，問題並不是要不要奉亞歷山大爲神，亞歷山大早就把自己看成神了，他不是把自己說成是宙斯、阿蒙等大神的兒子嗎？大神的兒子不是神也是半個神，馬其頓人不是也愛說亞歷山大是神的兒子嗎？不過，在亞歷山大那個時代，希臘人是常把一些顯要人物或英雄與神並列的。他們對神的崇拜和後來宗教中對神的崇拜是不同的。當這個問題在雅典討論時，德摩斯提尼說：「要是亞歷山大自己高興，就讓他做宙斯和波塞頓的兒子吧。」這可能是希臘人對這一問題的具有代表性的態度。

但是，希臘人、馬其頓人可以奉亞歷山大爲神，卻不願意奉他爲擁有絕對權力的專制君主，而亞歷山大之所以學習波斯宮廷的那一套禮節，要臣下對他行跪拜禮，可能有使自己有了神的外在表現的用意，更重要的是要強化自己的權力和地位，使自己成爲像波斯國王那樣的專制君主。卡利西尼斯說，馬其頓是個立憲君主制國家，而不是一個專制君主國家。這可能反映了馬其頓人、特別是馬其頓貴族的觀點。而這正是亞歷山大所要改變的觀念。亞歷山大在當時要進一步神化自己可能主要是形勢的需要，是當時政治和軍事的需要。當時，亞歷山大在政治和軍事上都處於一種困難境地，外部遭到敵人的頑強抵抗，有陷入游擊戰的泥坑而不能自拔之險，內部出現了最重要的將領的「叛變」、最有戰鬥力的部隊譁變，有眾叛親離之慮，在這種情況下，他需要神化自己來堅定部下對自己的信心，來排除各種離心力，根除臣下的不忠和叛變。也就是說，形勢，或者說，時代需要他正式成爲一個專制君主。

不久之後，發生了一件亞歷山大的一些年輕侍從陰謀謀殺亞歷山大的事件，牽涉到卡利西尼斯，甚至有人說這個陰謀是他策劃的。但並沒有什麼證據證明他參加了這起陰謀，他是被誣陷的，也有可能是亞歷山大要借機除掉他。

按照腓力的規定，凡馬其頓的貴族的子弟，一到青年時期，都要服侍國王。他們要緊隨國王左右；國王外出，他們要爲國王牽馬，扶國王按波斯方式上馬；國王狩獵，他們要陪獵；國王睡覺，他們要擔任警衛。在亞歷山大這樣的一些青年侍從當中，有一個叫赫摩勞斯。他喜愛哲學，曾拜卡利西尼斯爲師。有一次，他陪亞歷山大打獵，一隻野豬向亞歷山大衝過來，他搶先衝過去，一槍就把野豬刺倒了。亞歷山大慢了一步，連刺一下的機會都沒撈到。亞歷山大發火了，讓人當著赫摩勞斯的那些小夥伴的面鞭打他，並叫人把他的馬牽走。

赫摩勞斯認爲這是奇恥大辱，亞歷山大欺人太甚，此仇不報，他誓不爲人。他說服了他的幾個親密朋友和他一起行動。他們準備在他們當中的一人値夜班當警衛時，趁亞歷山大入睡後把他幹掉。

但事出意外，他們準備動手的那天晚上，亞歷山大一晚都沒睡覺，喝了一夜酒。

第二天，同謀者中的一個把他們的密謀告訴了他的密友，這個密友又告訴了另一人，最後，整個密謀都被托勒密知道了，托勒密報告了亞歷山大，亞歷山大就下令把所有參加這一陰謀的人都逮捕了。

據說，赫摩勞斯被捕後，一口承認陰謀是他搞的，因爲任何一個生來就自由的人是無法忍受亞歷山大的傲慢狂妄的，他還列舉了亞歷山大所做的種種壞事：菲羅塔斯如何蒙冤而死；他的父親帕米尼歐和其他一些人如何被非法殘害；酒宴上如何殺死克雷圖斯；把自己打扮成米地亞人的樣子，下令在他面前行跪拜禮；常常狂飲昏睡等等。他還說，他就是因爲無法忍受這一切，才打算解放他自己，同時也解放所有的馬其頓同胞。這一陰謀本來和卡利西尼斯無關，但是，另有一說，說陰謀者供認他們是在卡利西尼斯的教唆下做的。大多數史學家都認爲這是不眞實的。亞歷山大厭惡卡利西尼斯，而赫摩勞斯又和卡利西尼斯來往密切，便認爲這種壞事必然和卡利西尼斯有關。赫摩勞斯和他的同夥就在審判會上當場被石頭砸死了，而卡利西尼斯的結局，有好幾種說法，而且這些說法都出自事發在場的知情人。一說他是帶著腳鐐遊街示眾後病死的；另一說他是被嚴刑拷打後絞死的；還有一說說他被關了好幾年後，最後在印度被亞歷山大下令釘死在十字架上。

卡利西尼斯是個文人，他的地位遠不及帕米尼歐，也不及菲羅塔斯和克雷圖斯，但他是亞歷山大的老師亞里士多德的侄子，亞里士多德是當時聲望最高、影響最大的學者。他對亞歷山大處死他侄子一事一直心懷怨恨，他的這種情緒影響了當時和以後的一些文人對亞歷山大的評價。他們往往把亞歷山大說成是開始是個非常好的偉大國王、天神之子，而後來卻變成一個殺人如麻的暴君這樣一個前後完全不同的人。

的確，在巴克特里亞和粟特的三年裡，亞歷山大充分展現了他性格的多樣性，我們從他對反叛的巴克特里亞人和粟特人的殺戮，對整村整村青年的屠殺，從他毫不留情地殺害他的副手、他的大將、他兒時的親密夥伴、他的恩人或老師的親人，可以看出，他和許多帝王一樣，有殘暴的一面。不過，他的殺戮都是爲達到一定的目的而採取的一種手段，事實上，亞歷山大從一開始就是恩威並重，他毀滅底比斯，但對雅典卻多次顯示他的寬容，他毀滅推羅，卻善待投降者，甚至讓他們留任原職。他殘酷地處死了比修斯，但對同樣進行反叛的歐克西亞提斯和科瑞尼斯卻十分寬容，讓他們留任原職，管轄原來的地區。發威和施恩都是爲征服服務的。他的遠征，的確就是不斷的殺戮，但把他當成解放者歡迎的，不僅有希臘人、埃及人，也有其他民族的人，他們歡迎他把他們從波斯暴政下解放出來。遠征不僅是殺戮、破壞，遠征也是當時社會發展的催化劑，亞歷山大正是要通過遠征建立一個新社會，一個新世界。他已明確向被征服地區的人民表示，只要接受他的條件，凡是想和平生活的人都會得到和平和繁榮。他不只是破壞，他還在建設。他大興公益事業，發行統一貨幣。他建立了不少城池，還擴大了一些原有的城市，這些城市不僅起了殖民和要塞的作用，有的還逐漸成爲經濟文化中心，成爲希臘文化的傳播地。爲建立統一的大帝國，他打破民族的界線，任命了大批異族人負責重要的行政職務，招募了成千上萬的亞洲人加入他的軍隊，其中大部分是波斯人，也有其他民族的人。他有時還穿上波斯服裝，他娶了個亞洲姑娘做妻子，他要顯示他是一個世界帝國的國王，而不僅是馬其頓的國王。但是他這一征服世界、建立統一的世界帝國的意願是和希臘人馬其頓人的意願相左的，這也是內部矛盾激化，以至一而再、再而三地發生他的戰將、夥伴、親信被殺的悲劇的根本原因。他的一些戰將、夥伴、親信被他處死，看似偶然，是亞歷山大殘暴衝動的結果，其實含有一定的必然性。因為他們都不贊成亞歷山大去征服全世界，去建立世界帝國。亞歷山大要實現自己的理想就必然要清除他前進路上的各種阻礙，也必然要樹立自己的絕對權威，必然要神化自己，必然要使自己成為專制君主，這些人的被殺，就成了很自然的事了。

有人說，亞歷山大在建立他的帝國過程中，追求的是各民族的融合，在他頭腦中並不存在是使東方希臘化或者使希臘人、馬其頓人野蠻化的固定想法。這可能有點抬高亞歷山大了。他是作為征服者進入原波斯帝國的領土的，他基本上也是以征服者的身分進行統治的，他所征服地區必須接受他的條件，才有安寧和和平，當然，為了統治的需要，他的確不僅大力擴散和傳播希臘文化，也非常注意吸收其他文化，並加以利用。在宗教信仰上，他是有把不同的崇拜融合在一起的意圖，例如，他把埃及的阿蒙神和希臘人的宙斯合而為一，他既是宙斯之子，又是阿蒙之子。他也不排斥其他崇拜。在亞歷山大時代，在宗教信仰上並沒有強烈的排他性。古代基本上都是這樣，我們中國人的宗教信仰也一直是沒有強烈的排他性和唯一性的。在風俗習慣上，他也不排斥其他民族的習俗，他穿波斯服裝，提倡波斯禮節，按波斯儀式娶妻，特別是他提倡不同民族之間的聯姻，真有點民族融合的趨向。在統治方式上，他也保留了許多波斯帝國的原有的統治方法，他甚至在宮廷禮儀上也要完全採用波斯的那一套。他的官吏隊伍是多民族的，他的軍隊也成了多民族的。他的這一些做法，雖然可能只是爲了適應軍事和政治上的需要，但也反映了他對世界的一種新態度，這種態度完全不同於希臘人一貫的態度，不同於他老師亞里士多德的態度。他曾經形象地表述他的這種態度。他說，把所有的人都聚在一起，就像在宴會上衆客人輪飲的大酒杯，是他爲國王者的職責。顯然，他是有把世界連成一個不分彼此的、有共同利益的新世界的夢想。他所鼓勵和提倡的聯姻和風俗習慣的交流可能是通向他的新世界的一條重要途徑。四百年後，普魯塔克回顧這個問題時還充滿激情地說：「啊，澤爾士，愚蠢的傢伙，白費了那麼大的力氣要架橋把達達尼爾海峽聯通！一些聰明的國王把亞洲和歐洲連在一起的辦法，不是靠船隻和木筏，而是用聯姻手段和對子息共同的親情。」

普魯塔克對亞歷山大穿波斯服裝一事也極力讚揚，他說：「獵取獸類的獵人用鹿皮裝扮自己，獵取鳥類的獵人用羽毛裝扮自己，穿上紅衣服就要當心別讓公牛看見，穿上白衣服就要當心別讓大象看見，因爲這些顏色會驚動牠們，激怒牠們。當一個國王要軟化並馴服像動物一樣執拗的、準備決一死戰的民衆，便產生了一個念頭，披上他們傳統的外衣，採用他們通常的生活方式以平息他們的怒氣，抑制他們的發作。把他的親密行爲說成惡意，把他的理智個性說成殘暴可以說是一種罪過。簡單地改變一下制服便和亞洲取得一致，難道我們不應該讚賞他的這種高明嗎？在他用武器的力量征服了軍隊的同時，又用穿衣服的方式贏得了人心。」

我們在巴克特利亞和粟特看到的亞歷山大的確是冷酷無情的，但也是理智的，他的冷酷是達到他的目的、實現他的夢想的一種手段。

第十四章 征服印度

會師印度河

西元前三二七年春末，亞歷山大命令阿明塔斯率領三千五百騎兵、一萬步兵留守巴克特利亞，他自己則率軍開始了他早就計劃進行的征服印度之行。

關於印度，亞歷山大和他的智囊團幾乎一無所知，他們只知道，印度是波斯帝國最東邊的一個行省，是位於地球盡頭的一片神奇的土地。有一位希臘哲學家寫了一本獻給波斯國王看的書，書中敘述了作者有一次見到一個印度的怪物，其大如獅，其面如人，其尾能射出毒刺。這樣的海外奇談就是西方世界對印度的普遍印象。而且，亞歷山大想像中的印度，並不是整個印度次大陸，而只是印度河流域，再往東就是旁遮普，或稱五河之國。旁遮普的東邊不遠就是大洋，是世界的最東端。因此他認爲，占領了印度就占領了亞洲的最後的土地。他還認爲世界的南端也距離這裡不遠，印度河向南流入大海，這個大海就是世界的南端。

亞歷山大從巴克特利亞出發時，率領著一支約有二萬七千人到三萬人的軍隊，這支部隊和他從歐洲出發時人數上差不多，但在人員的成份上，已大不一樣，從歐洲出發時，亞歷山大率領的是一支完全由歐洲人、主要是馬其頓人組成的隊伍，而現在亞歷山大所率領的卻是一支包括不少亞洲人的具有世界性的隊伍，這正是亞歷山大建立他的世界帝國的反映。隨軍的還有各級官員、工程技術人員、科學家、商人和隨軍家屬等。非戰鬥人員的人數相當可觀，因爲，亞歷山大實際上是帶著他的戰時的國家行政中心在行軍。他的帝國的政治中心是流動的，是隨著他流動的，他在哪裡，他的國家的政治中心也在哪裡。他還隨軍帶來了來自埃及和腓尼基的水手和造船工匠，以便建立一支艦隊，利用印度河，水陸兩路進軍。亞歷山大率領的這支向印度進軍的隊伍，後來不斷得到希臘的援兵、印度和其他亞洲部隊的補充，據普魯塔克說，亞歷山大穿過旁遮普班師時竟有十三萬五千人之多。

亞歷山大先率軍沿原來的路線北上，越過興都庫什山，走了十天，到達了高加索亞歷山大城。該城是亞歷山大第一次進軍巴克特利亞時在帕拉帕米薩斯地區建立的。他撤換了這裡的不稱職的總督，並任命了一名近衛將領專管高加索亞歷山大城，爲增加城內居民數量，從附近地區召來一些人並讓部隊裡一些超過服役年齡的人定居城內。然後率軍到尼塞阿，向雅典娜獻祭，再轉向科芬河。當時印度西北部還處於分裂狀態，分屬幾個小王國，亞歷山大事先就派傳令官到印度河西邊的印度頭目太克西利斯等印度人那裡，叫他們盡早派人來迎接亞歷山大。太克西利斯和其他頭目，迫於亞歷山大的聲威，果然帶著印度人的最珍貴的禮物前來歡迎，並答應把他們所有的大象共二十頭獻給亞歷山大。

亞歷山大在這裡對敵情有了進一步的了解，決定兵分兩路。一路由赫斐斯申和坡狄卡斯率領，太克西利斯和其他印度頭目也劃歸這一路，朝印度河方向進入樸西勞提斯地區，也就是科芬河右岸地區，到印度河後，準備好渡河用具，等亞歷山大所部到達後，一同渡河。另一路由亞歷山大親自率領，進軍科芬河左岸地區，也就是阿斯帕西亞、古拉亞和阿薩西尼亞地區。兩路軍最後在印度河會師。

赫斐斯申和坡狄卡斯所率領的這一路軍進展順利，沿路所經過的城鎮，或被攻占，或降服，全被拿下。只有樸西勞提斯地區的總督阿斯提斯固守一城，拒不投降。赫斐斯申圍攻了三十天才攻下該城，殺了阿斯提斯，派印度人的一個頭目散迦亞斯接管該城，因爲這個人忠於亞歷山大，他是事先從阿斯提斯處逃到太克西利斯處的。

但亞歷山大親自率領的這一路線遇到了不少困難。部隊先沿科芬河岸崎嶇山路前進，過河後，亞歷山大爲加快前進速度，親自率領全部騎兵和八百名改爲騎馬的步兵，全速前進，而讓其餘的部隊在後以平常行軍速度跟進。這一帶的部族聽說亞歷山大率兵來了，有的逃到山裡，有的逃到防禦工事堅固的城市裡。亞歷山大進軍途中的第一座城市，雖然並沒費多大力氣就把該城的周邊部隊趕回城內，並成功地把城市圍困起來，亞歷山大卻在戰鬥中負了傷，一支箭射穿了他的胸甲傷了肩膀，托勒密和另一重要將領也負了傷。幸而傷得不嚴重。

這座城有兩道城牆，但有的地方不甚堅固。第二天，天一破曉，亞歷山大就令部隊選擇一段比較粗糙的城牆攻擊，很快就攻破了。部族兵又在第二道城牆抵抗了一陣，但在馬其頓部隊動用各種攻城器的攻擊下，終於頂不住了。大部分人衝出城，逃到距城不遠的山裡，沒能逃走的，都被抓住殺了。爲了洩憤，亞歷山大下令把這座城市夷爲平地。接下來兵臨安達卡，這座城不戰投降了。亞歷山大令克拉特拉斯和其他步兵指揮官留下，率領他們的部隊把這一帶不願主動投降的各城鎮都毀滅掉。

亞歷山大自己則率軍向攸阿斯普拉河前進，因爲，據說阿斯帕西亞總督就在那裡。但兩天後趕到時，那裡的部族聽說亞歷山大要來，卻都已逃到山裡去了。亞歷山大緊追不捨，一直追到山裡，追上後，對那些部族大加殺戮，逼得他們逃到更難進去的深山裡。

托勒密在一個小山頂上發現了阿斯帕西亞總督，看見他帶著一些衛隊。托勒密當時所率領的兵力雖比敵人少得多，他還是率部追擊敵人，後因山太陡，馬上不去，他就下馬徒步追擊敵酋。這個印度首領看見托勒密追近，便帶著他的衛隊掉頭作困獸之鬥。他用一根長矛刺穿了托勒密的胸甲，但沒能戳進肉裡，同時，托勒密一槍戳透了他的大腿，把他甩到地上，殺死後又搶走他的屍體。敵酋的衛隊見自己的首領死了，便四散逃跑了。但小山上的其他印度兵看見他們總督的屍體被馬其頓人搶走，悲憤交加，紛紛衝下山來，和馬其頓人展開了一場血戰。這時，亞歷山大所率騎兵已下馬徒步來到小山附近，立即投入戰鬥，經一番激戰才把印度人趕回山裡，把敵酋屍體拿了回來。

亞歷山大隨後率部穿越大山，下山後，占領了一個叫阿瑞迦亞斯的城市，進城後，才發現這是一座空城，居民不僅全跑了，而且把全城都燒成一片廢墟了。這時，克拉特拉斯也已成功地完成了亞歷山大交給他的任務，率部來到這裡與亞歷山大會合。亞歷山大考慮到這座城市雖已成空城，但位置很好，便令克拉特拉斯在四周再修一道城牆加強它的防衛能力。他還號召附近部族願意到城內居住者都搬到城裡居住，部隊裡超過服役年齡的也可以在城裡安家。亞歷山大又率部向另一座大山前進，據說這一帶的部族多數都逃到那大山裡躲藏。抵達大山後，亞歷山大下令就在山腳下紮營。

托勒密奉命帶領一些人馬徵集糧草和偵察敵情，他回來後，向亞歷山大報告說，他看見部族兵營地的煙火比馬其頓營地的煙火多得多，但亞歷山大認爲煙火的多少說明不了什麼問題，也許這是這一帶的部族搞的虛張聲勢的詭計。他留下一部分兵力在營地，自己帶上他自認爲已足夠的兵力朝敵方煙火處的方向去，到達距敵不遠可看到敵方煙火的地方後，他把部隊分成三部分，分別由近衛軍將領利昂那塔斯、托勒密和他自己率領。他率領的那部分軍隊向部族兵最多的地方挺進。

部族兵自恃人多，又占據著高地，沒把馬其頓軍隊放在眼裡，見開過來的馬其頓部隊人數不多，便立即從山上衝下來，在平原上展開了一場激戰。亞歷山大的作戰經驗豐富、訓練有素的軍隊很快就掌握了戰場的主動，壓倒了敵人。同時，托勒密也對占據著一座小山的敵人展開了進攻，他把部隊分成幾路縱隊向小山最容易突破的一點衝擊，而不是一線拉開，四面堵截。敵人想逃，也有路可逃。這裡的印度人是這一帶的部族中最勇猛善戰的，但在馬其頓人的猛攻下，還是抵擋不住，被趕下了山。在另一處，利昂那塔斯所率領的部隊也旗開得勝，打垮了對面的敵人。據托勒密記載，這次戰鬥，活捉的敵人就有四萬多人，繳獲的牛有二十三萬多頭。這些牛個大體壯，非常好看，亞歷山大挑了一大批最好的牛，派人盡快送回馬其頓，用於耕作。托勒密所記載的戰果，顯然過分誇大了。這是自吹自擂，而且沒有馬其頓一方的傷亡人數。有關亞歷山大遠征中的戰鬥情況，因基本上只有馬其頓人和希臘人的記載，而沒有波斯人和印度人的記載，都是一面之辭，都有意誇大馬其頓一方的勝利。遺憾的是，我們無法知道確切的情況。

接著，亞歷山大率兵向阿薩西尼亞人地區前進。他聽說，他們已經集中了二千騎兵、三萬步兵和三十六頭大象，準備和他大打一仗。這時克拉特拉斯完成了修築阿瑞迦亞斯城的任務，把重裝部隊帶來了，並帶來了攻城用的擂石器。

亞歷山大首先進軍這一地區最大的城市馬薩伽。部隊抵達城邊時，城裡的部族依仗從別處調來的七千名印度雇傭兵，趁馬其頓部隊正在紮營之機，飛快地衝出城來進行襲擊。亞歷山大考慮到在城根前打，敵人一潰退，就能很容易地逃進城去，因此他決定把敵人引到離城較遠的地方再打。他一見敵人衝過來，就下令部隊向後轉，向一座小山撤退，印度人以爲馬其頓人不敢接仗，爭先恐後地全速追擊，秩序大亂。亞歷山大立即令方陣兵調頭反擊，印度部隊被馬其頓人的突然反擊打得狼狽萬狀，急忙退回城裡，一路被消滅了二百來人。但亞歷山大攻城卻不怎麼順利。第一天，亞歷山大自己還被射中一箭，腳踝受了點輕傷。第二天，動用了擂石器，轟塌了一段城牆，但當馬其頓人從城牆缺口往裡衝時，卻遭到印度人的頑強抵抗，無功而返。後來面對城牆豎立起一座木塔，弓箭手從塔上向城內敵人射箭，才壓住了印度人的氣焰。但還是無法攻進城去。第三天，亞歷山大又把方陣調上來，從木塔和城牆豁口之間搭上的一架橋上往城裡衝，但結果卻由於將士們都搶著往前衝，橋上人太多，把橋壓斷了，許多人都從橋上掉了下來，印度人趁機反擊，亞歷山大只好停止進攻，鳴金收兵。第四天，亞歷山大又令人從另一架擂石器上往城牆上架起一架橋，如法攻城。印度人仍頑強進行抵抗，但由於他們的首領被一顆石彈擊中身亡，削弱了他們的鬥志，同時激戰中又有大批人倒下，傷亡嚴重，他們才不得不派代表來要求亞歷山大停戰講和。亞歷山大很欣賞這些印度雇傭兵的勇敢，很樂意接收他們，他當時就同意讓他們參加他的部隊跟他去打仗。於是，印度雇傭兵就帶著武器從城裡出來，在面對馬其頓人營地的一個小山上單獨紮營。但是，他們並不是眞的願意拿著武器跟著亞歷山大去打其他印度人，他們想趁黑夜溜走，去找他們自己的部族。亞歷山大得知他們的打算後，立即命令全軍出動，趁黑夜把他們團團圍住，一個不留地全部殺死了。亞歷山大越過興都庫什山、進入印度後，就不斷地進行這樣的慘絕人寰的大屠殺。對那些不歸附的部族，進行毀滅性的肆意殺戮，他的殘暴使人聞風而逃。印度雇傭兵只是想返回自己的部族就被他全部殺掉了。他實行這樣的殺戮政策，是要告訴印度人，不歸順的都難逃一死。

馬薩迦城由於大部分守軍離開了，很快就被亞歷山大攻占了。然後，亞歷山大就派部將科拉斯、阿西塔斯等分別率領一支部隊到巴濟拉和歐拉兩個城市去，他估計這兩個城市聽到馬薩迦被攻占的消息後，會主動投降。但他估計錯了。派到歐拉去的部隊，遭到城內居民的攻擊。而巴濟拉的居民，自恃城市建立在地勢險要的高岡上，四周工事堅固，也毫無投降之意。

亞歷山大得知他派出去招降的部隊都碰壁後，就親自率軍去巴濟拉。但後來又聽說歐拉城的頭目阿比薩瑞斯正派人到附近各部族，叫他們偷偷去歐拉城幫他們打仗，便改途去攻打歐拉。命令科拉斯在巴濟拉城外不遠處修建要塞，留下一些兵力駐守，使敵人不敢輕易出城和外面聯繫，利用外面的人力物力，他自己則帶領其餘部隊去和亞歷山大會合。巴濟拉城裡的部族見科拉斯已把大部分兵力帶走，認為有機可趁，便衝出城來攻擊留下的部隊，結果被打死五百多人，被俘七十多人，其餘的趕快逃回了城裡。歐拉城則被亞歷山大一攻而下。巴濟拉城居民聽到歐拉城被亞歷山大輕而易舉地拿下後，完全喪失了守衛自己城市的信心，半夜棄城逃走。其餘的部族也都相繼外逃。他們都不約而同地逃到一座叫阿爾諾斯的陡山裡。

這座當時叫阿爾諾斯的陡山，後來，為尋找它的遺址，不知讓多少地理學家、歷史學家和旅行家費盡了精力，但結果卻都失望而歸，沒能找到。直到一九二六年，探險家奧里爾·斯坦爵士，才發現現在名爲帕爾—薩的就是阿爾諾斯山。

阿爾諾斯由兩個陡峭的山脊組成，主峰高七千一百英尺，有一高五千英尺的垂直峭壁直下印度河，另一山脊更高，也有一垂直峭壁。兩座山脊成直角相合，被幽深的峽谷分隔開。印度河在這裡形成一彎曲的寬河道，幾乎是環繞著這個地方。阿爾諾斯，按希臘名所暗含的意思就是連飛鳥都不到的地方，可見其地勢之險要。山上有林木和泉水，有足夠一千人耕種的可耕地。但上山十分困難，只有一條人工開鑿的羊腸小路通到山頂。傳說赫拉克勒斯有一次曾企圖攻占該地也未獲成功。亞歷山大因爲這裡是拒不歸順的印度人一個很好的避難所，同時可能也有要超過他的祖先赫拉克勒斯的心理因素，決心要攻占這座陡峭的大山。

亞歷山大在進攻阿爾諾斯山寨以前，做了一些準備工作，他下令把馬薩迦和歐拉二城建成這一地區的要塞。任命近衛軍將領尼卡諾爲印度河西邊一帶地區的總督。這時赫斐斯申和坡狄卡斯也把另一叫羅巴提斯的市鎮建成要塞，並留下一部分軍隊駐守，然後率領大部分部隊到印度河，按亞歷山大的指示，想辦法在河上架橋，準備迎接亞歷山大的到來。

亞歷山大首先率部向印度河推進，沿途接受了樸西勞提斯城的歸順，又攻占了印度河沿岸一些小城鎮。抵達距阿爾諾斯山不遠的埃博利馬城時，亞歷山大讓克拉特拉斯率領一部分軍隊留駐這裡，負責從附近地區收集盡量多的糧草和其他物資，運到城裡儲存起來，準備長期供應部隊。他這樣安排，是因爲他考慮到，如果一時無法強攻下阿爾諾斯山，馬其頓部隊就可以以這座城市爲基地，對這座山寨進行長期圍困，把山上的敵人拖垮。

亞歷山大抵達阿爾諾斯山後，先讓托勒密率領一支輕裝精銳部隊，由幾個投誠的印度人帶路，沿著一條坎坷難行的小路上山，在敵人還沒發覺時，就占領了一個山上的據點。然後在據點周圍加修防禦工事，準備據守這裡，配合亞歷山大大部隊攻山。第二天，亞歷山大看到托勒密發出的信號，知托勒密得手，便立即把部隊調上來，但由於地勢太險要了，印度人又頑強抵抗，根本無法攻上去。印度兵見亞歷山大上不來，便掉頭攻擊托勒密，托勒密固守陣地，印度人也無法攻上去。

晚上，亞歷山大派了一個熟悉地形的投誠過來的印度兵給托勒密送去一封信，命令托勒密在亞歷山大率部到山腳下時，率兵從山頂向下衝，不要只堅守那個據點，要上下夾攻，使敵人腹背受攻。第二天破曉，亞歷山大就率兵來到托勒密偷偷上山的那個斜坡上，按計劃從這裡往上強攻，托勒密則往下衝。由於地面狹小，亞歷山大採用車輪戰術，一隊攻一陣再換一隊攻，從中午一直打到黃昏，亞歷山大的部隊才占領了斜坡和托勒密會師。但會師後一起攻打山寨卻仍然失敗了。

亞歷山大知道，山太陡太高，要攻上山是十分困難的，弓箭和擂石器也都失去作用，因爲無法投射到山頂。因此亞歷山大決定用土石塡平深谷。他下令士兵砍樹做木樁，塡土修築大土岡。第二天，使用投石器的人就可以在已修好的土岡上投石，擂石器也可利用土岡擂石了，築土岡的士兵也不怕印度兵的攻擊了，進度更快了，第三天，土岡就已遍布山頂。第四天，有少數馬其頓官兵攻占了一座和敵人山寨絕頂一樣高的小山頭。亞歷山大立即命令部隊把土岡向這座小山頭延伸，要用土岡把原有陣地和這個山頭連接起來。

亞歷山大的這種攻擊方法完全出乎印度人的意料，擂石器發出的石彈開始接連不斷地擊中山寨，印度人已喪失抵抗的信心，他們派了一名軍官來向亞歷山大請求停戰，說條件談妥，他們就交出山寨。這是他們的緩兵之計，想拖延到晚上散夥，趁天黑各奔自己的部族。亞歷山大發覺了他們的企圖後，將計就計，答應給他們充分時間撤退，同時也把山寨四周的巡邏隊撤走。等他們撤走後，亞歷山大立即親自率領衛隊七百來人登上那已撤出了的山寨，然後，發出信號，向那些正在撤退中的印度人發動攻擊，趁他們潰逃中大殺大砍，大部分被殲，另有一些人在驚慌中，失足掉下懸崖摔死。亞歷山大就這樣占領了連赫拉克勒斯都無法占領的這座大山。亞歷山大在山上獻了祭，留下一支波斯人的軍隊駐守，由不久前從比修斯逃到亞歷山大處投誠的西西科塔斯率領，然後率軍下山。

亞歷山大下山後，來到一個叫奈薩的城市，城市居民的首領阿卡菲斯率領一個由三十個頭面人物組成的代表團出城謁見，請求亞歷山大允許他們的城市仍按原樣獨立。阿卡菲斯說，他們的城市是酒神狄俄尼索斯征服印度後創建的，是爲了讓後人紀念他的遠征和勝利而創建的。他們還說，亞歷山大也在各地修建了許多城市，將來還要修建更多，從而證明亞歷山大比狄俄尼索斯創造了更多輝煌的業績。由於他們城市的創建者是狄俄尼索斯，所以他們城市的市民一直享有獨立，過著安居樂業的生活。

阿卡菲斯的話打動了亞歷山大，他很欣賞狄俄尼索斯曾遠征印度並建立了奈薩城的傳說，因爲這樣的傳說可以起穩定軍心的作用，可以證明亞歷山大的遠征是正確的。亞歷山大不過是在步希臘和馬其頓人所崇拜的英雄的後塵，而且，就像阿卡菲斯所說的，他創造的輝煌業績甚至超過了狄俄尼索斯。這一傳說和赫拉克勒斯沒能奪取阿爾諾斯山的傳說一樣，都可起提高亞歷山大的威信並進一步神化他的作用。他攻占了赫拉克勒斯都未曾攻下的大山，現在又在創造比狄俄尼索斯更輝煌的業績，希臘人、馬其頓人還有其他民族的人怎會不跟隨他去從事這樣偉大而崇高的事業呢？因此，亞歷山大答應讓奈薩居民繼續保持自由和獨立，但要求他們送給他三百名騎手和一百名官員。阿卡菲斯說，他們如果從城裡抽出一百名官員，城市就無法管理。亞歷山大聽他說得有理，就答應他們只送給他三百騎手。阿卡菲斯在如數把騎手送來時，把他的兒子和外甥也都送來了。

西元前三二六年春，亞歷山大和等候已久的赫菲斯申、坡狄卡斯在印度河會師了。赫菲斯申已在印度河上架好了橋，還造了許多小船和兩艘三十槳的大船。印度首領太克西利斯送來了許多禮物，其中包括二百銀泰倫特，還有獻祭用的牛三千頭、羊萬餘隻、大象三十頭。太克西利斯還派來七百名騎兵助戰。他還要把他的屬地、印度河和它的支流希達斯皮斯河之間的最大城市太克西拉獻給亞歷山大。亞歷山大在河邊向他經常祭祀的神獻了祭，舉行了體育和騎兵競賽。

希達斯皮斯河會戰

印度河，被亞歷山大和他周圍的人認爲，是除恆河之外的歐亞兩洲最大的河，河寬水深，很難架橋，由於缺乏當時人的記載，現在無從知道赫菲斯申怎樣造的橋，造的什麼橋。一般都估計他可能用船爲亞歷山大渡河造了一座浮橋。後來羅馬人就常用這種方法搭橋。不管如何，亞歷山大率領他的大軍順利地渡過了河，過河後，又按慣例進行了祭祀。然後率軍向太克西拉城進發。該城的總督太克西利斯帶著這一地區的頭面人物把亞歷山大迎接進城。

亞歷山大進軍印度以來，經過許多地方，見過無數的印度人，但他們的生活都很簡樸，並不像他們原先想像的那麼奇妙，那麼富有，馬其頓人開始懷疑有關印度十分富饒的傳說的眞實性了。但進入太克西拉城後，他們的疑惑煙消雲散了。太克西拉是個熱鬧非凡的大城市，集市繁華，宮殿巍峨，還有婆羅門開設的大學校。城裡充溢著一種令希臘人驚異的異國情調。男人們都穿一種特別白的亞麻布長袍，肩上披著一塊布作外衣，頭上還包著一塊，鬍子染成各種顏色，白的，黑的，紅的，紫的，草綠的，等等，五顏六色，稀奇古怪。印度女子個個貌美如花，大眼高鼻，能歌善舞，但她們一個個都用紗巾把全身包裹得嚴嚴實實的。一些婆羅門苦行僧旁若無人似的赤身裸體或臥或站或坐在街頭巷尾曬太陽。據說，有一天，亞歷山大和他的隨從在一些行走於草地上的苦行僧旁走過時，他們中的一個突然跺著腳對亞歷山大說：「亞歷山大啊！每人腳下都有一塊土地，我們同樣也踩著一塊，而你卻走遍了地球的大部分，自找麻煩還殃及他人，你製造的罪惡將大於你帶來的文明！好自爲之吧，年輕人，你已經三十歲了，已經進入壯年了，珍惜自己的生命吧！你很快就會死去，你死後所占的大地只不過足夠成爲你的葬身之地而已。」

這個婆羅門叫蘭克努斯，他後來參加了亞歷山大的遠征。他還曾形象地向亞歷山大講述如何進行統治。他將一塊皺縮的獸皮鋪在地上，請亞歷山大好好看著，他先沿獸皮的四邊走動，這時獸皮便四下翹起，然後，他立在中間不動，那獸皮也平穩不動。這時，他看著亞歷山大說：「陛下，你看懂了這獸皮的啓示了嗎？它是告訴你，你的帝國已經足夠大的了，你現在應該坐鎮在帝國的中央，而不要四處出征，這樣你和你的帝國也許才會長治久安。」

一些婆羅門甚至拒絕亞歷山大的邀請，他們堅持認爲，如果亞歷山大是天神之子，那他們也同樣是。亞歷山大現在面對的是一個完全陌生的世界，對於希臘人和馬其頓人來說，這些人太神秘莫測了，在酷熱的白天，馬其頓人幾乎無法赤足走路，而他們卻發現這些印度人居然能整天一動不動地赤裸著身體或站、或坐、或臥，有時甚至是在石頭上和釘子上！亞歷山大眞不知應怎樣來對待這樣的人民，這樣的國家，他其實對婆羅門的高深哲理，也心存疑懼，否則，就不會讓蘭克努斯參加他的遠征。要知道，在亞歷山大以前，沒有哪一個國王曾經或試圖征服過印度，亞歷山大自己對他征戰印度的後果，也沒有十分的把握。

太克西利斯渴望亞歷山大能盡快消滅他的仇敵波魯斯，他之所以投靠亞歷山大，一個很重要的原因就是想借亞歷山大之力打擊波魯斯。波魯斯的王國在希達斯皮斯河以東，他已經在河的東岸集結他的全部兵力，決心阻止亞歷山大過河。波魯斯已是亞歷山大征服印度必須集中力量打擊的主要目標，在這一點上，他和太克西利斯不謀而合，他也希望在出征波魯斯時，能得到太克西利斯的幫助。

亞歷山大在向波魯斯的轄地進軍前，把太克西利斯的轄地擴大了，並仍交給他掌管；他接見了前來謁見的印度山區各部族土司阿比薩拉斯的代表團。他還在太克西拉舉行了例行的祭典以及體育和騎兵競賽。任命菲利普爲這個地區的總督，留下駐軍和病殘人員。然後率領增添了五千名印度人的大軍進發了，五千名印度兵由太克西利斯和該地其他官員率領。同時，他派科拉斯回到印度河，把準備順印度河而下用的戰船分批運到希達斯皮斯河。

西元前三二六年六月初，亞歷山大率軍抵達希達斯皮斯河西岸，並在河岸紮營。在營地就可以看見對岸的波魯斯。波魯斯身材高大，騎在大象上，頗爲威武。他有二百來頭戰象，三百輛裝有彎刀的戰車，騎兵四千人，步兵三萬人。亞歷山大擁有的兵力和波魯斯差不多。亞歷山大的優勢在騎兵，但他的馬害怕象，害怕象的吼叫聲和所散發的氣味。這給亞歷山大出了一道難題。但先要解決的是如何過河的問題。

當時正值印度雨季，大雨連綿，所有的河流都水漲流急，這時渡河相當困難，何況對岸還有強大的敵人進行阻擊。波魯斯時時處於警戒狀態中，他在沿岸可以渡河的地方都派兵駐守，嚴防馬其頓軍隊過河。

在這種情況下，亞歷山大想出了一個分散敵人注意力、麻痹敵人、尋找機會突然渡河的策略。他自己帶領一支部隊，尋找和偵察可以渡河的地點，讓其餘的部隊分成好幾隊，一隊接一隊地向不同方向出動，整個河岸到處都有部隊活動，不是騎兵，就是步兵；他還命令他的戰船在河上來回游弋，讓一部分士兵將皮革拿到河邊往裡塡充乾草，擺出一副馬上要渡河的架勢，使波魯斯沒有任何喘息的機會，也讓他無法集中兵力防守一個地方。爲了製造一個偷渡的良機，他在夜間率領大隊騎兵在岸邊來回奔跑，高呼衝鋒口號，還用其他各種方法搞得人喊馬叫，一片喧囂，造成大軍馬上就要強渡的假象。波魯斯以爲敵人要渡河，就帶著他的部隊，包括象隊，隨著聲響的方向在對岸平行奔走。波魯斯就這樣被亞歷山大牽著鼻子日夜不停地隨著這邊的部隊東奔西跑，但幾天下來，什麼事也沒有，波魯斯不勝其煩，認爲對岸的喧嚷都是假的，馬其頓人根本無法過河，於是他再也不對對岸的喧嚷在意了，只在沿河布置一些偵察哨，而把大部隊，包括象隊，撤回營地。

亞歷山大一看波魯斯中計，馬上採取行動。他已經選擇好了渡河點。在距他營地十八英里的上游有一個樹木叢生的河岬，河道在這裡繞了一個大彎，河岬對面還有一個小島，島上也是樹木茂盛，從無人跡。岬角和小島繁密的樹木足以隱蔽他的渡河活動。爲了分散波魯斯的注意力，亞歷山大命令克拉特拉斯率領步兵八千人、騎兵三千人，包括印度兵五千人，留駐原地，大張旗鼓地作強攻姿態，掩護亞歷山大渡河。如果波魯斯把大部隊和象隊調去阻擊亞歷山大時，克拉特拉斯就可眞的率領部隊大規模地渡河。在那個河岬和營地之間，亞歷山大還布置了一支部隊，命令他們在看到印度部隊捲入戰鬥不得脫身時，立即分批渡河。亞歷山大的布置機動靈活，讓敵人虛實難測。亞歷山大本人親自率領一支挑選出來的包括一萬步兵、五千騎兵的精銳部隊，迂迴到選定的那個河岬處，準備渡河。

當晚暴雨傾盆，雨聲、風聲和隆隆的雷聲正好掩蓋了馬其頓人準備渡河的喧嚷聲，馬其頓人就在這黑夜的大雨中，把渡河的一切準備工作都完成了，船隻運到並安裝好，皮筏裝上了穀殼，仔細地縫好了。馬其頓人的活動，敵人毫無發覺。破曉時風雨停了，亞歷山大開始渡河，騎兵登上了皮筏，步兵上了船，亞歷山大自己和他的一些親密將領也登上了一艘三十槳的大船，其中有托勒密、坡狄卡斯、萊西馬卡斯和塞琉古。當他們繞過小島接近對岸時，岸上的敵哨才發現，立即飛馬向波魯斯報告。亞歷山大第一個下船登岸，隨後部隊也都陸續登岸，但這時，亞歷山大犯了一個錯誤，由於地形不熟，他們登上的其實不是對岸，而是河中的另一個島，這個島很大，以致亞歷山大誤以爲是對岸了。幸好島和對岸之間的水道不寬，平時本可涉水而過，但由於一夜大雨，河水上漲了，給涉水造成了很大的困難。最後找到一個可以渡過的地方，亞歷山大帶頭搶渡，河水深及人肩，馬只能露出頭，但還是成功地渡了過去。

過河後，亞歷山大立即率領五千騎兵全速前進，而讓步兵以行軍隊形在後跟進。這時，波魯斯派來阻擊的由他兒子率領的二千印度騎兵和一百二十輛戰車趕到了，但在亞歷山大騎兵的衝擊下，很快就潰退了，四百名騎兵陣亡，波魯斯的兒子也被打死。由於道路泥濘，戰車難於運轉，在戰鬥中毫無用處。

波魯斯聽到逃回的騎兵報告說，亞歷山大已率領全軍過河，他的兒子已陣亡，便決定率領全部兵力去和亞歷山大決一死戰。他留下幾頭大象和少數兵力駐守營地，對付對岸的克拉特拉斯，他自己率領四千騎兵、三百輛戰車、二百頭大象和步兵三萬人來迎擊亞歷山大。當來到一塊無泥濘的平坦而堅硬的沙地時，他讓部隊停了下來，因爲這裡便於騎兵的調動和衝鋒。他決定就在這裡和亞歷山大決戰。波魯斯把他的二百頭戰象放在第一線，一字排開，每隔一百米擺上一頭，想用這些大象來威懾亞歷山大的騎兵，大象之間、大象後面和大象兩翼部署了步兵。步兵和大象構成了波魯斯的中軍，步兵的左右兩翼各有二千名騎兵，在左右兩翼陣前各有一百五十輛裝有大彎刀的戰車。波魯斯的步兵在數量上要大大多於亞歷山大的步兵，而騎兵則少於亞歷山大的騎兵。

亞歷山大率領騎兵到達這裡時，看到波魯斯已擺好陣勢，立即令部隊停止前進，等待後面的步兵跟上來。當步兵很快就趕到與騎兵會合後，亞歷山大並沒有立即率領部隊進攻，而是讓他們就地休息。他自己則對波魯斯所擺的陣式進行了仔細的研究。他沒有大象，他的馬匹可能也害怕大象，因此他決定避開敵人的大象，不從中央突破敵陣。他的優勢在於騎兵，他親自率領大部分騎兵去攻擊敵人的左翼，令科拉斯率領另一部分騎兵到敵人右翼，在敵人右翼騎兵調往左翼攻擊亞歷山大時，他要率領他所部騎兵緊隨其後，從背後攻擊；令塞琉古等率領步兵方陣兵，居於中央，但先別投入戰鬥，等到敵人騎兵被打垮時再出動。

在行兵排陣上，亞歷山大顯然高出波魯斯一籌。亞歷山大先讓他的馬上弓箭手共約一千人衝向敵人左翼，以如雨點般的羽箭打亂敵陣，然後他自己親率精銳的近衛騎兵，趁敵陣紊亂之機，向其左翼猛攻。這一攻，擊中了敵人的要害，波魯斯不加思索就把所有的騎兵都調到左翼來迎戰亞歷山大。這是個致命的錯誤，正中了亞歷山大之計。右翼空了，科拉斯就從背後向敵人騎兵進行攻擊。波魯斯又不得不下令剛集中的騎兵兩面迎敵。在亞歷山大騎兵的猛烈攻擊下，波魯斯的騎兵被迫後退，向大象靠攏。印度的象倌趕忙趕著大象向前阻擊亞歷山大的騎兵。馬其頓的步兵方陣見敵方騎兵已亂，立即奮勇向前迎擊大象，很快就把大象包圍起來，從四面八方向大象和象倌投槍射箭。但大象左衝右撞，把密集的馬其頓方陣也撞亂了。波魯斯的騎兵這時又繞過來攻打馬其頓騎兵，但他們根本不是馬其頓騎兵的對手，很快又被打得退到大象邊。這時，亞歷山大的騎兵已集中成一整體，衝到哪裡，就給哪裡的印軍重大殺傷。而敵方的大象這時已被擠到一個狹窄的範圍內，很多象倌和大象已被打死打傷，大象已失去耐心，又無人駕馭，發起狂來，胡衝亂撞，不分敵我，踐踏破壞。受其傷害最大的，還是印度自己人，因爲他們夾雜在大象之間往後退，首當其衝。而馬其頓部隊，在外線，有迴旋餘地，大象衝來，他們就退，大象一逃，他們就追，並一直用標槍投射它們。後來大象精疲力竭了，不再猛衝直撞了，而是一面吼叫，一面像船似的慢慢後撤。這時，亞歷山大命令步兵把盾牌連接起來，形成一個密集隊形向前攻擊，而騎兵在外形成一個更大的包圍圈。印度兵只能從騎兵的空隙中往外逃竄。同時，克拉特拉斯也已率部過了河，並用他這支精神飽滿的部隊，頂替已經疲勞不堪的亞歷山大率領的部隊，攻擊四處逃跑的印度人。

激戰持續了八小時，據說，印度步兵死亡近二萬，騎兵約三千，戰車全部被毀，包括波魯斯的兩個兒子、當地的印度總督、大象和戰車部隊的指揮官、騎兵的所有指揮官等在內的許多重要將領都被打死，沒有被打死的大象也都成了馬其頓人的俘虜。這一傷亡數字，和所有亞歷山大遠征中的各次戰鬥的敵方傷亡的報導一樣，也是過分誇大了的，而馬其頓方面的損失又被大大縮小了，成爲微不足道的。事實上，既然戰鬥異常激烈，馬其頓一方，死傷也不會太少。

戰鬥最後以波魯斯投降而告結束，不過，馬其頓人所敘述的波魯斯的投降過程卻頗爲壯烈，波魯斯雖投降卻也保持了他國王的尊嚴，這是過去從來沒有過的。據阿里安的敘述，在這場戰鬥中，波魯斯的表現很出色，他不但是一位統帥，而且也是一名勇敢的戰士。他沒有像大流士那樣，在士卒面前率先逃命，而是相反，只要有人堅守陣地，他就繼續英勇作戰。亞歷山大即因他的英勇而生惺惺相惜之情，不忍殺他。亞歷山大先是派太克西利斯去勸降，但波魯斯一見太克西利斯，不容他開口，就衝過來殺他，太克西利斯只好退回來。但亞歷山大仍繼續派人去勸降，直到亞歷山大派了波魯斯的好朋友、一個叫邁羅斯的印度人去傳達亞歷山大的口信時，波魯斯才從容不迫地來見亞歷山大，見著亞歷山大後，也並沒有顯示絲毫畏怯，而是像一個勇士面對另一個勇士。亞歷山大首先開口問他，要他說出他希望怎樣對待他，波魯斯回答道：「亞歷山大，要像對待一個國王那樣對待我。」亞歷山大聽了後很高興，又說：「波魯斯，在我這方面，會像你希望的那樣辦；在你那方面，也提出你的要求吧。」波魯斯回答說，一切都已包含在這唯一的要求中了。

希達斯皮斯河之戰，亞歷山大東征的最後一次對陣戰，一場戰鬥過程異常慘烈，但結果卻出奇和平的戰役，就這樣結束了。亞歷山大讓波魯斯仍擔任原職，甚至還使他

度人才從游牧者變成了莊稼漢，甚至拿著武器打仗也是狄俄尼索斯教給他們的。事實上，這些傳說大都是虛構的，不過，西元前十二世紀前侵入印度的雅利安人卻與希臘人有著共同的血緣，希臘神話傳說中關於希臘英雄遠征印度的故事可能就是由雅利安人的入侵演繹而來。狄俄尼索斯和赫拉克勒斯遠征印度的故事也激勵亞歷山大繼續向東方前進。

亞歷山大留下他的副統帥克拉特拉斯，讓他帶領一部分軍隊幫助修建正在這一帶興建的城市及其防禦工事。他自己則率軍向波魯斯的王國東邊的一個臨近印度部族進發。亞歷山大侵入他們的地區後，整個部族都投降了。據說他在這裡一共占領了三十七個城鎮，當地居民最少也有五千多人。他把這一地區交給波魯斯管理。同時令太克西利斯返回他的轄地。

然後亞歷山大率軍向阿塞西尼斯河進發。這是印度河的另一條支流，在希達斯皮斯河東邊。這條河雖水流湍急，河床也較寬，亞歷山大還是率部乘坐皮筏和船渡過了河。過河後，亞歷山大留下了一支部隊來保護後面運送糧食和其他物資的部隊，派波魯斯返回他的轄區去招募最能打仗的印度人並把所有的大象都帶來。他自己則率領一支輕裝部隊追擊和波魯斯同名的波魯斯的侄子。這個波魯斯和他叔叔不和，得知他叔叔得到亞歷山大的信任和重用後，說服一些勇猛好鬥的部族和他一起逃跑了。亞歷山大一直追到希德拉歐提斯河，在沿途的適當地方，他都留下兵力駐守，以保證供應線的暢通，他在這裡派赫斐斯申率領一部分軍隊去追擊反叛的那個波魯斯，並下令把反叛的波魯斯所管轄的地區交給老波魯斯管轄，而希達斯皮斯河兩岸居住的那些獨立的印度部族也都由老波魯斯管理。他自己則率領部隊渡過希德拉歐提斯河，繼續向東進發。

這時，傳來消息說，有個叫卡薩亞的部族，聯合了鄰近的所有部族，作好了抵抗亞歷山大的一切準備，只等亞歷山大軍隊到來大戰一場。卡薩亞人勇敢頑強，不久前，波魯斯曾帶兵征伐他們，結果無功而返。他們的首府叫桑加拉（拉合爾），城防堅固，他們打算在城外打不贏就進城死守。亞歷山大知道這一情況後，立即率兵全速向卡薩亞人前進，第四天，到達桑加拉。卡薩亞人和他們鄰近的部族已在城外用車輛組成了三重防線。亞歷山大先令馬上弓箭手，在敵陣前沿來回馳騁，從遠處往敵陣射箭，阻止敵人衝出來，然後根據敵人只在車上射箭而不出擊的情況，親自率領步兵方陣，發動進攻，很快就攻破了敵人的第一道防線。第二道防線也沒能擋住亞歷山大方陣的攻擊，被迫撤退了，第三道防線沒作抵抗，就急忙撤進城內。城外的三道防線既破，亞歷山大便在城外四周紮營，把城圍困起來，城外有一湖，湖水很淺，亞歷山大估計敵人很可能從這裡突圍逃跑，便在湖邊設下重防。不出所料，印度人果然趁黑夜從這裡外逃，結果都被阻擊回去了。但要攻破城池卻並不容易，這時，波魯斯帶著所有的大象和五千印度兵趕來了，而亞歷山大也已把攻城用的擂石器安裝好，同時還派人挖牆腳，一切準備就緒，立即發動強攻，終於把這座城攻下了。據說斃敵一萬七千人，俘敵七萬人，而亞歷山大方只戰死了不到一百人，負傷的有一千二百人，其中有幾個軍官也負了傷。當然，這個雙方的傷亡數字和其他戰役的傷亡數字一樣，是虛假的，馬其頓人之所以這樣誇大自己的戰果，顯然是爲了鼓舞士氣，士氣一洩，亞歷山大的征戰事業就可能結束。

攻占桑加拉後，亞歷山大一方面招降或攻占臨近的部族，追擊逃跑者，另一方面派波魯斯率領所部去那些歸順的城市建立城防部隊，桑加拉則被他夷爲平地。然後他又率部進抵希發西斯河，打算渡過河去，征服恆河一帶，直到世界的東頭。但他的這一征服計劃，遭到了士兵們的強烈抵制，他們不幹了，拒不接受亞歷山大要他們渡河繼續前進的命令。

馬其頓士兵在希發西斯河河畔的抗命之舉，不是針對亞歷山大本人，而是針對亞歷山大的進一步的遠征。印度這片廣袤而又陌生的土地，使他們吃夠了苦頭，酷熱多雨的天氣，使他們中不少人染病身亡，沒完沒了的戰鬥，不僅使他們死亡不斷增多，而且使他們帶上無數的財富凱旋歸國的夢想破滅了，正像阿里安所敘述的：「馬其頓人看出，他們國王所進行的事業，只不過是一個苦差事緊接著一個苦差事，冒完一次險又冒另一次險。他們的情緒早已開始下降了。」他們還聽說，恆河流域的印度部族的人民，體格魁梧，勇猛善戰，而且他們有許多讓馬其頓人害怕的大象。不滿和恐懼終於使他們公然抗命了。他們不是反對亞歷山大做他們的統帥、他們的國王，他們反對亞歷山大帶他們繼續遠征，他們要求亞歷山大結束這場沒完沒了的遠征，帶他們回家。

亞歷山大在得知將士們的厭戰情緒後，還想說服他們。他把旅團長召集到一起，給他們講了很長一段話。他說：

「馬其頓同胞們，聯軍的同事們，我發覺你們現在不再願意以你們當初的那股熱情跟我去冒各種危險。我把你們召集到這裡來，是爲了說服你們繼續前進；不然就是我被你們說服，那咱們就向後轉。假如你們發現過去的一切都是徒勞或發現我個人有什麼不良動機的話，那我再多說也無益。不過，正是由於你們大家的辛苦，現在從赫勒斯滂海峽到高加索，從美索不達米亞到埃及，從塔內河彼岸到興都庫斯山，都已踩在你們腳下，連那些從未臣服於波斯帝國的地區也都屬於我們，印度河已在我們的國土上奔流，希達斯皮斯河、阿塞西尼斯河和希德拉歐提斯河也都是這樣，那麼，你們爲什麼不去把希發西斯河彼岸的各部族也併入咱們馬其頓帝國的版圖呢？你們爲什麼猶豫？是害怕那些剩下的部族把你們打敗嗎？明擺著現成的事實是：他們有的投降，有的逃跑後又被抓住，有的放棄他們的國家逃跑，留下國土任憑我們處理。我們已經把這些土地交給我們的盟國和主動歸順我們的人。

我認爲，一樁偉大的事業當然有它的最終目標，但一個有志之士的奮鬥卻不應有什麼界限。如果你們想知道，正在進行的這場戰爭的界限在哪裡，我可以告訴你們，我們到恆河和東海已沒剩下多少地方了。我向你們保證，東海是與赫卡尼亞海（裡海）相連的，因爲整個大地都爲海洋所包圍。我們的艦隊將從波斯灣起航繞到利比亞，把亞洲和非洲都掌握在我們手裡。如果我們現在就退縮不前，那麼，從希發西斯河到東海，以及從這一帶到赫卡尼亞海以北地區，將留下許多好戰的部族，我們已經占領但尚未鞏固的地區，也會受未占領地區的鼓動起來造反，我們得之不易的戰鬥果實就會付諸東流；到那時，我們就得從頭開始，承受更多的勞累，冒更多的險。馬其頓同胞們，聯軍同事們，最好大家堅持到底。只有不怕艱苦、敢於冒險的人才能完成光輝的業績。生時勇往直前，死後留芳千古，豈非美事？如果我們的祖先赫拉克勒斯在提任斯或阿戈斯停下來，不再前進，甚至在到達伯羅奔尼撒或底比斯時停下來，就不會得到至高無上的榮譽，也不會在今天被當作神來崇拜。即使是比赫拉克勒斯還高一級的神狄俄尼索斯，也曾經歷了千辛萬苦。我們現在已經越過了奈薩和阿爾諾斯山，連赫拉克勒斯都未能拿下來的阿爾諾斯山寨，我們都已拿下了，亞洲剩下的地方與你們已經占領的地方相比，只是個小數。如果我們當初只是坐守馬其頓，那我們能創造出今天已經創造出來的這些偉大而崇高的事業嗎？

當然，如果我只是讓你們歷盡艱險，而我自己則既不吃苦也不冒險，我就理應受到你們的厭惡，因爲你們千辛萬苦得來的果實卻都給了別人。但事實上我和你們苦累同受、禍患同當、福祿同享，讓你們去管理占領的土地，分享獲得的財寶。而且，當我們得到整個亞洲之後，我向老天起誓，你們所得到的將會遠遠超過你們自己的期望。到那時，我將把所有願意回家的人都送回家，那些願意留下的，我會讓他們受到那些回去的人們的稱羨。」

亞歷山大不愧是當時最博學的學者亞里士多德的學生，他的這番講話，說得頭頭是道，既以理服人，還以情動人。在一般情況下，他的這種講話是可以說服他的部下跟隨他去克服任何危難的，但這一次，亞歷山大的講話沒有產生預想的效果，他的部下無法理解他征服全世界的目的，他的講話也無法消除他們對家鄉的懷念和對前面未知世界的恐懼，但他們也不敢直接反駁他們的國王，因此，亞歷山大話一講完，會場一片沉寂，很長時間沒有一人說話。在這種情況下，亞歷山大一而再、再而三地說，如果誰有不同的意見，請說出來。但還是沒有人發言。就這樣沉默了很長時間，最後，科那斯鼓起勇氣說：

「陛下，我知道您不願意專橫地對馬其頓人發號施令，而要在徵得他們同意的基礎上才採取行動，因此，我才想說幾句話。不過，我不是代表我們在場的這些人說話，因爲我們這些人得到了比別人高的榮譽，得到了我們所付出的勞累的報酬，我們都已有權有勢，當然就更願意熱心地推動您的事業前進。我要說的話是爲全軍多數人說的，但我主要還是爲您考慮。我的這些話不僅對您當今有用，而且對您未來的事業也是十分有用的。爲了您的事業，我曾在一切艱難險阻面前始終如一地表現了無可爭議的勇氣，爲了您的事業，我覺得我不應當隱瞞我自己認爲是最好的意見。我認爲，正是因爲您已經帶領我們創造了許許多多極其偉大的業績，才應當把我們的辛勞和艱險規定一個界限。您自己知道，我們這些馬其頓人和希臘人出發時是多強大的一支隊伍，到如今只剩下多少。一些人無可奈何地在您新建的城市裡安家落戶，一些人戰死在疆場，一些人因負傷而殘廢，流落在亞洲各地，還有更多的人因疾病而喪生，當年出發時浩浩蕩蕩的大軍，現在已爲數有限了。而就是剩下的這些人，從精神到體力也都已消耗殆盡了。他們沒有一個不想念他們的親人和祖國，他們已不願意再跟隨您東征西討了。當這樣一支部隊的領袖是危險的，面對艱險，您會發現他們有氣無力，離心離德。現在最好您本人也回家，料理一下本土的事務。然後，如果您願意，您可以組織另一次遠征。大王陛下，當我們一切順利的時候，需要有自我克制的精神，好運氣不會永遠屬於我們。」

科那斯一說完，立即就有人叫好，許多人甚至流下了眼淚。科那斯說出了大家想說而沒敢說的話，他不僅提出了將士們要回家的願望，而且反駁了亞歷山大講話中的觀點。亞歷山大很不高興，就把會議解散了。第二天，亞歷山大又把這些人召集在一起，怒氣沖沖地重申他本人要繼續前進，但他卻不強制任何馬其頓人違心地跟他去。他說：「自然也會有自願跟隨他們的國王的人，至於誰要回家，誰就可以回去，回去後，還可以對他們的朋友說，他們自己回來了，而把他們的國王留在被敵人包圍的異域。」說完便逕自回到自己的帳篷裡，一連三天，不見任何人。他在等待將士們回心轉意，但官兵們似乎在和他較勁，整個軍營仍然是死一般的沉寂。這是亞歷山大一生中所遇到的最大的難題，按理說，他只能屈服，但這樣做與他的性格格格不入，他從未在任何困難面前後退過，因此，他可能明知在這種情況下，回兵是唯一的明智之舉，卻仍然舉行祭祀，意欲渡河。但在祭祀中，犧牲顯示了渡河不吉的徵兆。亞歷山大趁機下臺，向全軍公開宣布，既然神諭不宜渡河，他就決定班師回國。

全軍一聽到這一消息，立即歡聲雷動，許多人高興得哭泣起來，還有一些人來到亞歷山大的帳篷前為他求神賜福。他們稱讚他們的國王沒有被任何敵人打敗過，並在自己的部下面前認輸。

這件戲劇性的事件發生在西元前三二六年夏，亞歷山大的遠征就這樣令人意外地走到了盡頭。不過，亞歷山大停止進一步東進，也可能不完全是屈服部下將士的要求，因爲他還聽說，恆河地區是一片荒漠，這可能削弱了恆河地區對他的吸引力，亞歷山大雖充滿好奇心，但做事十分謹慎，他的一切征服行動都是經過精心準備的，他是不會毫無把握地貿然出兵一個完全不了解的地方的。同時，他這樣做，也許是爲了沿印度河而下，去征服更加重要的波斯灣一帶，他的所謂班師，並不是他的將士所理解的回家。

但是，不管如何，亞歷山大的東征結束了。他沒有到達他所認爲的世界的最東端，對於他來說，也許是十分遺憾的。爲了紀念他這空前的遠征，他讓全軍齊動手，修築了十二座大祭壇。十二座大祭壇既爲向奧林匹亞的十二位大神獻祭，感謝諸神保佑他一直戰無不勝，也是爲紀念他的遠征，紀念他的艱苦卓絕的業績。十二座大祭壇也是十二座紀念碑。在祭壇的周圍四處散放了一些比通常大得多的盔甲、馬槽和馬嚼子，作爲那些披掛騎馬來到這裡的軍人風貌的遺跡。亞歷山大親自登壇按慣例獻祭，然後舉行了體育競賽和騎兵操練。他把希發西斯河以西的旁遮普地區交給波魯斯管轄，自己則率部返回希達斯皮斯河。

第十五章 歸程

印度河上的航行

亞歷山大在他所征服的印度地區基本上沿襲了波斯人的統治，他的將印度分成三個省，是照抄波斯人的，他任命的行政官員也都是原來的官員，太克西利斯、波魯斯和克什米爾的阿比薩瑞斯等都仍擔任原職，統轄原來的地方。亞歷山大只是在一些戰略要地，建立了幾座新的城市，留下了一些移民。他並沒有任命馬其頓人來管理印度，讓原來的首領和執政者來進行管理，是亞歷山大統治印度的一個明智的措施，不過這種統治是建立在亞歷山大個人的崇高權威的基礎上的，沒有了亞歷山大，這種統治也就會隨之消失。亞歷山大在起程之前，召集印度各地的使節和土邦首領，宣布波魯斯爲他所占領的全印度的國王，所有的部族和城鎮都要聽命於他。波魯斯實際上成了亞歷山大個人的全權代表。這位昔日曾和亞歷山大在戰場以命相搏的對手，竟成了亞歷山大最信任的印度人。

亞歷山大是率部從陸路翻山越嶺來的，但卻選擇從水路返回，這是亞歷山大預定的計劃，他要趁回歸之便，征服和控制波斯灣。不過，他的部下可能也樂意從水路返回，對於那些跟隨亞歷山大來的馬其頓人來說，來程太可怕了。他們一路所遭受的磨難，特別是翻越興都庫什山時的那種死裡逃生的情景，令他們不寒而慄。爲了從水路返回，在希達斯皮斯河已準備了八十艘三十槳大船和許多運輸船、輕型船，加上在當地徵集的船，總共有一千多條船，由從馬其頓趕來的海軍司令尼阿丘斯率領。亞歷山大把全軍分成三路。一路由克拉特拉斯率領，沿希達斯皮斯河右岸行進；一路由赫斐斯申率領，沿希達斯皮斯河左岸前進，這是人數最多、實力最強的一路，二百頭大象也在這一路；他自己率領包括所有的近衛軍在內的一部分軍隊乘船順流而下。希達斯皮斯河流入阿塞西尼斯河，阿塞西尼斯河流入印度河，印度河直通大海。亞歷山大和他的部下可能都認爲，走這條水路是暢通無阻一帆風順的。他們誰也不會想到，這是一條充滿危險的可怕路。亞歷山大還命令印度河以西的總督、他的堂兄菲利普在大軍出發三天後率部跟進。

西元前三二六年十一月的一天黎明，艦隊開始起航了。亞歷山大按慣例祭神，並按照占卜師的建議祭祀了希達斯皮斯河河神。他登船後，站在船頭用一隻金杯把酒灑向河裡，祈求河神保佑，然後又向赫拉克勒斯、阿蒙以及他經常祭祀的那些神酹酒祭奠。做完這一切，他才下令號兵吹號起航。號角聲中，龐大的船隊井然有序地啓動了，輜重船、運馬船和各種戰船都按事先安排的順序向前駛進，船和船之間保持著一定的距離。河中，千帆競駛，百舸爭流，場面空前壯觀，成千上萬的槳板一上一下的擊水聲，水手的號子聲歌聲，組成了一個不同尋常的交響曲。兩岸擠滿了送行的、看熱鬧的，他們成群結隊地、載歌載舞地跟著艦隊行進，走了很遠才戀戀不捨地停了下來，目送著艦隊在遠處消失。

亞歷山大和他率領的部下就是這樣興高采烈地在河上航行。第三天，來到原定的赫斐斯申和克拉特拉斯所率部隊宿營的地方，艦隊靠岸停泊。三路大軍在這裡會合並停留了兩天。當隨後跟進的菲利普率部來到時，亞歷山大對下一步的行動作了布置，他令菲利普率部到阿塞尼斯河去，然後沿河前進；赫斐斯申和克拉特拉斯仍按原定路線前進，他自己也仍按原計劃乘船順流而下。

亞歷山大一路順利，河道也愈來愈寬，遇到可以停泊的地方，艦隊就靠岸停泊，補充給養。一路還接待了不少沿岸的主動歸順的印度部族，也有一些是抵抗失敗後才投降的。當亞歷山大接到報告說，前面的馬利亞人和歐克西德拉卡人是這一帶人數最多、最好戰的部族，他們已把老婆、孩子轉移到城裡，準備和亞歷山大大打一仗，他立即下令艦隊全速前進，以便在那些印度人還沒作好充分準備時趕到，打他們一個措手不及。船隊在亞歷山大的催促下，第五天就到達了希達斯皮斯河和阿塞西尼斯河的匯流處。出人意外的是，兩條大河匯合後，成了一條狹窄的水道，但流速卻因河道變窄而大增。河水奔騰呼嘯，形成許多可怕的大旋渦，掀起雷鳴般怒濤。亞歷山大雖然事先已得到了這裡河水險惡的報告，並已向部下通告了這一情況。船隊到達這裡時，水手們還是被震天動地的驚濤駭浪嚇呆了，停止了划槳，不知所措。駛入急流時，水手們才在舵手的指揮下盡力搖櫓。船身短的雖仍被水流衝得打轉，卻還能沿一條直線前進。船身較長的雙層排槳的大船，則被奔騰的浪濤沖得運轉失靈，互相衝撞，有兩艘沉沒。不少水手落水捲入急流中淹死。甚至亞歷山大乘坐的王船也在下沉，他只好跳入水中，奮力游上岸。幸好河道逐漸寬展，水流轉緩，船隊才避免了更大的損失。

船隊靠岸停泊後，赫斐斯申、克拉特拉斯和菲利普都率部來和亞歷山大會合，亞歷山大又對下一步行動作了新的布置。他令尼阿丘斯率船隊在陸上部隊出發前三天起航沿河下駛，自己這次沒有和船隊同行。他把其餘的部隊分成三部分，赫斐斯申率領一部分先於主力部隊五天出發；托勒密率領一部分在主力部隊出發三天後再開始跟進；

他自己率領部隊主力前進。他這樣安排是爲了使他自己率領的主力部隊中的人無法逃跑，因爲逃跑者會被前後的部隊抓住。這種情況說明，亞歷山大的軍心已嚴重不穩，因爲防止士兵逃跑已成了行兵布陣都必須考慮的一個重要問題。軍心不穩顯然是因爲士兵都渴望盡快回家，而現在亞歷山大卻要帶領他們去進行新的征討，而隨軍的印度士兵更不願亞歷山大率領他們去打自己的同胞。

亞歷山大親自率領主力部隊，選擇了一條敵人意料不到的路向實行自治的印度部族馬利亞人進軍，因爲這條路要通過嚴重缺水的地區而且特別難走。當亞歷山大來到馬利亞人避難的第一座城市時，馬利亞人根本就沒有想到亞歷山大會從這條路來，而且來得這樣快，他們毫無準備，許多人都在城外，也沒拿武器，被亞歷山大突然來襲，毫無抵抗之力，沒被殺死的，都急忙逃入城裡。亞歷山大立即令騎兵把城包圍起來，等待步兵到來再攻城。同時派坡狄卡斯率領一部分騎兵去包圍另一座城市，防止那裡的敵人逃跑。步兵來到後，亞歷山大立即攻城，印度人已失去了守城的信心，城池和要塞很快就被攻占了，要塞裡的二千印度人全被殺死，無一倖免。

坡狄卡斯趕到第二座城時，城裡的居民已逃亡一空。坡狄卡斯隨即率領騎兵對逃亡者進行追擊，被追上者都被殺死。

亞歷山大只讓部隊吃了飯，稍作休息，便連夜趕路，追擊馬利亞人。天亮時到達希德拉歐提斯河，見馬利亞人正在渡河，就趁機打死許多渡河者，並迅速渡河追擊已過河的馬利亞人。馬利亞人逃進一個有堅固工事的據點裡，亞歷山大一個衝鋒就把據點攻下了，除打死的外，據點裡的人全部被貶爲奴隸。

亞歷山大決心要征服全部馬利亞人，當他聽說有一些馬利亞人逃到一座叫波羅門的城市裡時，他立即率軍趕去圍攻這個城市。守城者進行了堅強的抵抗，馬其頓人一時未能攻下。馬其頓人已經厭煩了攻城奪寨，他們已沒有了當初的爭勝心，他們渴望的是回家。但亞歷山大的戰鬥精神卻有增無減，他身先士卒地第一個登上了城牆，冒著極大的危險，堅守在那裡。馬其頓官兵眼看主帥上了城牆，才心生愧疚，爭先恐後地往城牆上爬，終於把要塞攻下。

亞歷山大令部隊休息了一天後，又開始追擊其餘的馬利亞人。馬利亞人實行堅壁清野政策，亞歷山大所到之處，都是一座座空城，居民早已逃到更遠的荒涼地區去了。亞歷山大又令部隊沿河搜索，把躲到森林裡去的人抓住全殺光。亞歷山大追到馬利亞人的一個最大的城市，這裡本聚集了許多逃亡者，但在得知亞歷山大快來的消息後，城裡的人又棄城逃跑了。馬利亞人逃過希德拉歐提斯河後，停了下來，擺好陣勢，準備依仗高陡的河岸，阻擊亞歷山大過河。亞歷山大率領騎兵趕到馬利亞人設防的地方，立即驅馬涉水過河，馬利亞人看到亞歷山大率領騎兵衝過來，立即有秩序地、陣形不亂地往後撤，亞歷山大率領騎兵就追，馬利亞人見亞歷山大所率騎兵不多，調頭向亞歷山大逼過來。亞歷山大見敵人人多勢眾，隊形嚴整，自己率領的騎兵難和敵人對抗，便和敵人兜圈子，不讓印度部隊靠得太近。當亞歷山大的其他騎兵部隊和步兵主力部隊趕到時，馬利亞人又調頭逃跑，亞歷山大立即率兵在後緊緊追擊。馬利亞人最後逃進了一座設防的城市。由於部隊十分疲勞，亞歷山大沒有立即攻城，而只是把城包圍起來。

第二天，亞歷山大下令攻城，但馬其頓人戰鬥熱情不高，動作緩慢，亞歷山大十分生氣，當他看到那些搬梯子的人有氣無力、磨磨蹭蹭時，便奪過一把梯子，把它豎在牆上，一面用盾牌掩護著自己，一面迅速往上爬。只有三個馬其頓人跟著他。亞歷山大的近衛隊看到他們的統帥幾乎是孤身一人登上敵城、身陷險境時，慌忙蜂擁著也從亞歷山大爬的那架梯子往上爬，結果把梯子壓折了，爬在梯子上的人都摔下來了。此時，亞歷山大一人站在敵人城牆上，成了敵人集中攻擊的目標，亞歷山大不顧一切地跳進城中，與敵人展開近身肉搏，和他一起並肩戰鬥的只有三個人。亞歷山大雖然勇猛，他的三名戰士也捨命苦戰，但終是寡不敵眾，在敵人圍攻下，一個戰士中箭倒下了，亞歷山大也被一支箭射穿了胸甲，扎入肺部，頭上也被敵人打了一棒，雖負重傷，他仍浴血奮戰，但終因流血過多，頭暈目眩而倒下了。剩下的兩個戰士拼死抵擋著從四面八方射來的箭石，保護著他們的統帥。在國王陷身敵城、情況萬分危急的情況下，馬其頓人被激起了誓死保衛國王的戰鬥豪情，紛紛衝上前去，用各種辦法登城，跳到亞歷山大身旁，護衛著躺在地上的亞歷山大。城門也很快就被攻破了，馬其頓的部隊一股一股地湧進城裡，戰鬥很快就成了一場大屠殺，印度人被斬盡殺絕，婦女孩子也不放過。

亞歷山大傷勢嚴重，幸好找到一位醫生，把箭從亞歷山大身上取了出來，挖掉了傷口附近的肉，敷上了藥。但由於流血太多，亞歷山大身體非常虛弱，只能臥床休養。

亞歷山大一生據說負過八次傷，這是最後的一次，也是最嚴重的一次。不少人眼見他昏迷著從戰場上被抬下來，再沒見他出現，營地裡便流傳開他已傷重死去的消息。全軍陷入極度的悲傷中，哭聲一片。在全軍的心目中，亞歷山大是唯一能率領他們擺脫好戰的印度部族的包圍、順利返回故鄉的人，失掉了亞歷山大，就失掉了一切依靠和希望。他們雖已不願再跟隨亞歷山大東征，亞歷山大的威望和地位卻是無人能取代的。後來傳來消息說，亞歷山大仍活著，但大家都不相信。接著又有人給大家送來了一封亞歷山大的親筆信，說他不久就回營地。大多數人仍不相信，認爲信是亞歷山大的近衛和軍官們僞造的。軍營裡仍然人心惶惶。

爲了安撫人心，避免部隊裡發生騷亂，亞歷山大在身體稍爲好些時，令人將他抬到船上，然後乘船順流而下，來到部隊營地。他叫人把船的天篷掀開，好讓戰士們能看見他。但部隊仍不相信，認爲船上運的是亞歷山大的屍體。直到船靠近岸邊，亞歷山大向人群揮手致意時，他們才相信他們的國王仍然活著，並情不自禁地爆發出一陣歡呼聲，有的高舉雙手感謝蒼天，有的把雙手伸向亞歷山大，有的高興得淚流滿面。人們把亞歷山大抬下了船，近衛給他抬來了一副擔架，但他卻要人把他扶上馬。當大家看見騎在馬上的亞歷山大時，全軍歡聲雷動，經久不息。

亞歷山大這次涉險負傷，受到了他的一些摯友的責備，他們說，這樣狠勇冒險，是戰士的事，不是一個統帥應當做的。他們的責備是對的，這件事，也暴露了亞歷山大性格中的弱點，爲了達到目的，他往往不顧一切，甚至把自己的安危都置之度外。當然，亞歷山大也可能不只是逞個人之勇，他是想用自己奮不顧身的勇敢行動來鼓舞已日見消沉的士氣，但不管如何，作爲一個統帥，孤身犯險，如遭不測，便會斷送整個部隊。不過，亞歷山大卻聽不進他的摯友的話，他已不能容忍別人對自己行動的指責。他身邊已不缺阿諛奉承的人，有人見他聽了責備的話不高興，便上前討好地說：「亞歷山大，見義勇爲，此乃大丈夫。」這樣的話，亞歷山大感到十分中聽。

馬利亞人遭到沉重的打擊，倖免於難的馬利亞人不久派人來請降。歐克西德拉卡人的各城市和各地區的首領也來謁見，來謁見的還有其他一些重要人物，他們都帶著貴重的禮物。他們提出的投降的唯一要求就是繼續讓他們自由和自治。他們可以接受亞歷山大派去的總督，也可以向亞歷山大繳貢賦。亞歷山大讓他們送一千名部族的優秀人物來當人質。他們答應了，不僅如數送來了人質，還多送來了五百輛戰車和車手。亞歷山大留下了戰車，卻把人質打發回去了。任命菲利普爲他們的總督。

亞歷山大養傷期間，造了一大批新船，傷好後，又重新開始他順流而下的航行。沿途繼續接受一些部族的歸順，征服那些拒不歸順者，在戰略要地建立新城市，留下一些部隊駐守戰略要地。亞歷山大把阿塞西尼斯河和印度河的匯流處作爲他的堂弟菲利普轄區的邊界，給他留下一支包括有色雷斯部隊全部的足夠駐守全地區的部隊，還命令他在兩條河流的匯合處，修建一座城市，並在那裡創建船舶修造所。

亞歷山大的目的仍和他過去一樣，想用各種辦法來擴大征服地區並鞏固對所征服地區的統治，但無論是屠殺和懷柔，對某些印度人、特別是印度的婆羅門都不起作用，不少印度人的反叛都是由婆羅門煽動的。例如，穆西卡那斯，在亞歷山大大兵壓境下，投降了，亞歷山大讓他繼續享有主權，並派軍隊駐守其首府。但後來，在婆羅門的教唆下又反叛了，亞歷山大採取了極其嚴厲的手段懲罰反叛者，一些支援反叛的城市被夷爲平地，居民被販賣爲奴。穆西卡那斯和那些教唆他反叛的婆羅門都被押到自己的國土絞死。婆羅門是印度人的精神領袖，是古老的印度文明的代表者，是古代印度宗教的代言人。他們對不同的希臘文明抱有無法消除的敵視情緒。亞歷山大對以婆羅門爲代表的印度文明既敬又懼，因爲他難於把這兩種文明融合在一起，也無法使婆羅門屈服於他的統治。有這樣一個很難確定眞假的故事。亞歷山大捉住了十個被稱爲裸身大智者的印度哲學家，據說，他們對難題對答如流，亞歷山大可能想借機打擊一下他們，也可能是出於好奇，決定出幾道題讓他們回答，答錯者處死。爲了顯示公平，他讓一個年紀最大的裸身大智者做裁判人。

亞歷山大問第一個人的問題是：生者多還是死者多？答：生者多。因爲死者已不復存在。問第二個人的問題是：最大的獸在陸上還是在海上？答：陸上爲大獸，因爲海只是地球的一部分。第三個人被問什麼動物最狡猾，答：人尚未發現的動物。第四個人被問：「你爲什麼要煽動土王造反？」答：「因爲我希望他或是活下去，或是體面地死去。」第五個人被問：晝與夜何者長些？答：「晝長，但僅指一日而言。」亞歷山大對這一回答非常驚訝，印度人解釋說，對於難答的問題應當答以深奧的答案。亞歷山大接著問下一個人：一個人必須怎樣才能眞正被人敬愛？那個印度人回答：「此人必須非常威嚴但又不使人畏懼。」第七個人被問：一個人怎樣才能成爲神？答：「爲他人所不能爲。」亞歷山大問第八個人的問題是：生命與死亡，何者更堅強？這個人回答：「是生命，因爲生命將忍受極多的苦難。」最後一個人被問的問題是：人活多久最爲適宜？答：「活到死亡比生命看起來更稱心如意。」問完了，也答完了，亞歷山大轉向那個被指定做裁判的人，令他作出判決。這個印度人說，依他之見，回答得一個比一個糟。這些印度智者的回答，如果不評說錯和對，的確個個都閃耀著智慧的光芒。他們在面臨生死抉擇的關頭，仍從容不迫對答如流，他們的這種無畏態度，他們的睿智，可能也打動了亞歷山大。亞歷山大不僅把他們全都放了，還送了些禮物給他們。

亞歷山大派克拉特拉斯率領一部分部隊，包括大部分輜重隊、老兵、傷兵和大象，經阿拉科提亞人和扎蘭迦亞人的地區，到卡曼尼亞去。他自己則繼續在河上航行，來到帕塔拉地區，也就是印度河三角洲，發現這裡的城鎮和鄉村都空無一人，原來這裡的人得知亞歷山大要來，早逃走了。亞歷山大一面派部隊把逃亡的人趕回來，要他們照舊居住和生活；一面令人在帕塔拉城的要塞上修築工事，並在這裡修建港口和船塢。同時還派部隊到附近的沙漠地區去打井，以便使那些地方適宜於人們生活。顯然，亞歷山大是要把這裡作爲他的帝國的最東南的重要據點。

印度河在帕塔拉分爲兩條大河入海，亞歷山大帶著船隊裡的最好的水手，分別駕著一批一排半槳船、全部三十槳大船和一些輕快船從右邊的那條河下駛入海。由於附近的印度人都逃走了，找不到熟悉河道的領航員，船隊航行困難重重，起航的第二天，碰到了一場猛烈的暴風雨，河面上頓時巨浪滾滾，船隻被狂風巨浪拋上摔下、東搖西擺，大都被損壞，還有一些完全破碎了。幸好有一些在被毀前拉到了岸上，才避免了船隊全部毀滅的後果。亞歷山大修補好破損的船，又建造了一些新船，並派人抓了一些印度人做領航員，船隊又重新起航了，但在船隊駛入一處寬闊的河道時，遭到一股從海上吹過來的狂風的襲擊，在滔天的巨浪中，水手連槳都舉不起來，爲了避風，船隊在領航員的指引下，駛進了一條小河汊子。幾個小時後，令亞歷山大和他的部下大吃一驚的事發生了，他們原來停泊在水裡的船隻，現在被高高地擱在地上。這是海洋潮汐起落常有的情況，他們在地中海從來沒見過。過了一段時間，洶湧的潮水沖過來了，被擱淺的船隻又漂了起來，但那些未落平穩的船隻，或被潮水沖得互相碰撞，或被沖翻，損失不小。船隻修好後，駛到下游的一個島邊停泊，這個島很大，島上還有淡水，亞歷山大在島上祭祀了神，據他說，他祭的神都是阿蒙叫他祭祀的。然後他又驅船駛向大海，據他自己說，他要看看海外還有沒有其他國家。亞歷山大面向一望無際的海洋，可能認爲他已經到了世界的最南端了。他向海神波塞頓獻祭，祈求海神保佑他的海軍安全到達幼發拉底和底格里斯兩河的入海口。亞歷山大到達了他所認爲的世界的南端，在充滿了自豪感的同時，可能會爲自己沒能到達世界的東端而遺憾。他現在要真正考慮如何回去的問題了。他已經打發克拉特拉斯率領包括老、弱、殘在內的一部分軍隊從一條較安全的路返回了。他要考慮其餘的部隊如何回去了。

可怕的歸途

亞歷山大從海上回到帕塔拉後，爲了考察從哪條河道入海較安全，又組織船隊從另一條入海水道駛向大海。這次航行很順利，途經一個大湖，安全地到達大海。他讓船隻在海岸停泊，自己帶領一部分騎兵，沿海岸走了三天，視察部隊返航時附近陸地的情況，令士兵沿路打井，以便部隊返航時有淡水供應。他還另派了一支部隊到更遠的海岸上去視察和打井，完成任務後再返回。他自己率領船隊回到帕塔拉，在大湖處修建另外一個港口和其他船塢，並留下軍隊駐守。他又在這一帶徵集了全軍四個月的給養，爲返航做好必要的準備。

返航的時候到了。亞歷山大把部隊分成兩部分，一部分乘船沿海航行，由海軍司令尼阿丘斯率領，他們的航行不只是單純地要回去，而且負有開闢一條從印度河到兩河流域的航道的重任。在亞歷山大的腦海中，可能時時刻刻都在計劃如何擴大他的帝國和如何把他的大帝國連成一整體。因此這條航道的開闢對於他的帝國來說，具有極其重要的意義。亞歷山大自己不乘船，而是率領其餘的部隊沿海岸前進，既爲尼阿丘斯率領航行於海上的部隊挖水井、設糧庫，保證艦隊的後勤供應，又可征服沿途尚未歸順的部族，開闢一條陸地上的通道。

西元前三二五年九月，亞歷山大率部從印度河三角洲出發了，踏上了他的部下嚮往已久的歸程，跟隨他的部隊人數不多，可能只有一萬五千人左右，隨行的還有隨軍人員、商人、科學家、婦女和兒童。

尼阿丘斯率領的艦隊，包括約一百五十艘艦船、五千名水手和一些雇傭兵、弓箭手和投槍手，沒有和亞歷山大同時出發，因爲當時正颳西南季風，不適宜航行。他們等到十月東北季風到來時，才啓程返航。

亞歷山大率部離開帕塔拉後，走了很遠的路，來到阿拉比亞斯河。這裡有一個長期獨立的印度部族歐瑞坦人，亞歷山大打算給他們一個突然襲擊，打垮並征服他們。他讓赫斐斯申率領一部分部隊留守，自己率領一支精兵去襲擊歐瑞坦人。他渡過水少河窄的阿拉比亞斯河，連夜行進，天亮時越過了沙漠的大部分，接近了有人跡的地區，然後他讓步兵以行軍序列前進，而自己則率領分成許多中隊的騎兵，分別出擊，以便在最短的時間內掃蕩盡量多的地區。抵抗的歐瑞坦人不是被騎兵砍殺，就是被活捉。後來進抵歐瑞坦人的一個最大的村莊，亞歷山大覺得這個地點很好，將來一定會繁榮，便讓赫斐斯申負責在這裡建一座新的亞歷山大城。

亞歷山大繼續率軍向迦德羅西亞和歐瑞坦人的邊界前進。歐瑞坦人和迦德羅西亞人已經聯合起來，在亞歷山大必經的峽谷入口紮營，擺好了打一仗的陣勢，但一聽說亞歷山大來了時，大部分人卻又都臨陣逃跑了。歐瑞坦人的頭目只好前來投降，並代表他們全族表示歸順。亞歷山大讓他們把歐瑞坦人都召集起來，叫他們放心回家，保證不會傷害他們。亞歷山大派阿波羅發尼斯當歐瑞坦人的總督，派近衛軍官利昂那塔斯爲當地駐軍司令，撥給他一部分軍隊。令他在這裡建城，並爲即將路過這裡的艦隊提供其必需的給養。亞歷山大就是這樣，不斷地征服新的地區和部族，建立新的城市。

隨後，亞歷山大率軍向迦德羅西亞（南俾路支）前進，所經過的地區大都是沙漠。沙漠裡生長著許多沒藥樹，樹幹上產一種樹膠。沙漠裡還產一種甘松根，又多又香。隨軍的腓尼基商人非常熱衷於收集沒藥樹樹膠和甘松根。他們讓騾子馱上這些東西走。沙漠裡還生長其他一些奇怪植物。但亞歷山大的部隊行進在這樣的沙漠裡，逐漸陷入困境。路途坎坷，供應難籌，特別無法忍受的是，部隊常常找不到飲水。部隊人馬不得不利用夜間趕路，以避開白天令人難熬的酷熱。每晚長途跋涉在離海很遠的地方。因爲迦德羅西亞沿海完全是一片荒漠，亞歷山大曾派人到海邊考察一下，看看那一帶有沒有淡水和其他必需品，結果令人失望，那裡淡水奇缺。這樣就使亞歷山大原來的計劃落空了，因爲他本來計劃沿海邊走，一路視察現有的海港，並盡可能地爲海軍創造一些方便條件，如，挖井、準備拋錨的地方等。後勤供應組織的周到是亞歷山大軍事勝利的重要條件，但現在後勤供應陷入困境，亞歷山大不僅無法給他的海軍提供必需的物資，他自己率領的部隊也嚴重地缺糧缺水。

糧食的匱乏已使糧食的分配無法正常進行。亞歷山大來到迦德羅西亞境內的一處糧秣較充足的地方，弄到了一些食物。他下令把這些食物包紮起來，貼上蓋有自己圖章的封條，分配給各運輸隊，讓他們運到海邊去。飽受飢餓之苦的士兵，甚至警衛，竟在運送途中，劃開加封的給養包，把食物分吃了。他們實在餓極了，已顧不上考慮這種行爲是否會受到國王的懲罰了。亞歷山大知道後，饒恕了這些犯法的人，並派部隊到各處去盡量多弄一些糧食，只要是可以吃的，如椰棗和羊，都盡量多收買一些。

但是，這只是困難的開始，更可怕的歸途在後面，對於某些人來說，歸途將成爲不歸之路。到迦德羅西亞的首府還有一段漫長得令人生畏的路。從歐瑞坦地區出發，到最後到達迦德羅西亞首府總共走了整整六十天，多數人都認爲，亞歷山大的部隊在亞洲所經歷的一切苦難加起來，也比不上他們在這段行軍路上所遭受的罪。事前曾有人告訴亞歷山大這條路非常難走，從來沒有誰率領部隊走過這條路。有一個女酋長從印度逃跑時走過這條路，倖存者只有十二人；居魯士曾到過這裡，企圖侵入印度，結果由於一路荒無人跡，全軍損失了絕大部分。據說，亞歷山大聽了這樣一些傳說後，反而激起了要和居魯士一比高低的鬥志，毅然決定走這條路。尼阿丘斯說，亞歷山大走這條路，是因爲海軍艦隊距這裡不遠，他可以有望得到海軍給他提供的給養。不管出於何種原因，亞歷山大走這條路是一個完全錯誤的決策，使原來一直組織得很好的後勤工作陷於癱瘓，使部隊遭受了不必要的嚴重損失。

在迦德羅西亞沙漠，夜晚的溫度也在三十五度以上，白天更熱如火爐。巨大的流動沙丘使部隊不斷改變行軍方向，沙土既深又燙，踩在上面就像受火刑，每邁出一步都非常艱難。酷熱和乾渴使大批人馬倒下了，特別是隨軍的婦女和兒童，死亡的非常多。馱運重物的牲口大都因疲勞、乾渴而倒斃了，沒有倒斃的也被部隊士兵殺了吃肉，然後報告說牠們是累死的或渴死的。亞歷山大雖然知道士兵殺牲口吃肉，也只能假裝不知道，因爲他知道大家都參與了這種犯罪活動。在這種極端困難的情況下，軍隊的團隊精神也減弱了，病號和累壞了躺倒的人，無人照顧了，甚至沒有人扶起他們前進。

這段路上的有些災難完全出乎意料。迦德羅西亞這樣一個乾旱地區，在季風吹來時，卻又暴雨成災。有一天，部隊好不容易找到一條有水的小溪旁宿營，半夜，沒見天下雨，小溪卻突然暴漲，洪水排山倒海般湧來，隨軍的婦孺大多被山洪席捲而去，亞歷山大用的帳篷連同裡面的一切也都蕩然無存，殘存的牲口竟被一掃而光。戰士們好不容易才擺脫了洪水，保住了性命，但除了武器外，什麼都沒有了，有的甚至連武器也丟了。這次洪水造成的災難可能不比沙漠小。

亞歷山大在這可怕的歸途中，在極端困難的情況下，顯示了作爲一個偉大統帥應有的品質，和將士們同甘共苦，以身作則。在沙漠中行軍，亞歷山大和戰士們一樣，徒步前進，忍受著乾渴和酷熱。有一次，一支找水的部隊在一個小得可憐的水坑，費了很大勁才淘出一點點水，然後他們飛快地跑回來，把盛在頭盔裡的那點水送給國王，亞歷山大接了過來，向他們表示感謝；他雖渴得要命，卻毫不猶疑地當著全軍的面，把那點水潑在地上。他這一潑，贏得了全軍的歡呼，大家心情振奮，好像都喝到了亞歷山大潑出的那點水。

亞歷山大不只是和將士們一樣忍受著同樣的苦難，而且能在看似無望的絕境中，保持信心，臨危不亂，想方設法把部隊帶出困境。這支艱苦行進在沙漠裡的軍隊，後來迷路了，狂風把一切可顯示方向的標誌都吹得模糊不清了，在茫無邊境的大沙漠裡，看到的只有沙丘沙岡，嚮導也不知應往哪裡走。這時亞歷山大顯示了他的傑出才能，他親自帶領一些人前去探路，走到了海邊，並在海邊的砂石下面找到了清新的淡水，這眞是救命之水，於是，亞歷山大派人把全軍都帶了過來。部隊就沿海岸走了七天，一路都有水喝。後來，嚮導認出了路，部隊便又向內陸行進。

西元前三二五年年底，爲了慶祝征服印度和勝利班師，亞歷山大在卡曼尼亞舉行了盛大的祭神活動和體育及文藝比賽。祭祀海神波塞頓、祛邪者阿波羅和赫拉克勒斯，向主神宙斯謝恩。慶祝活動持續了好幾天，以致後來有人說，慶祝活動好像成了酒神節的尋歡作樂。

慶祝結束了，尼阿丘斯奉命率領艦隊駛向底格里斯河。西元前三二四年初，亞歷山大派赫斐斯申率領大部分軍隊、運輸隊和象隊經卡曼尼亞沿海去波斯，他自己則帶領輕裝步兵、近衛騎兵沿著通向波斯境內的帕薩伽代城的道路前進。就在六年前，他們第一次進入波斯，現在他們從印度返回這裡，心中肯定充滿了自傲、喜悅和不可一世的自豪感。但亞歷山大的腦海中，除了自豪感，可能正在考慮如何鞏固他的帝國和進行新的征服活動。

第十六章 亞歷山大之死

帝國的統治

亞歷山大帝國是個奇怪而又特殊的國家。它沒有一個確定的疆域，它的國土在不斷地膨脹擴大，按照亞歷山大的設想，世界有多大，他的帝國也應有多大。它也沒有一個眞正的中央政府，亞歷山大遠征印度期間，波斯地區就沒有一個統一的領導，以致各地的總督能自行其是，胡作非爲，因爲亞歷山大沒留下任何總管或「首相」之類的官員來負責監視總督或處罰他們的錯誤或惡行。一切都由亞歷山大本人作主，他只用一小部分人來處理政事，而這些人卻大都沒有職銜，只有少數幾個人有，而又名不副實。如，希臘人、卡爾迪亞的攸米尼斯任國務大臣，亞歷山大最好的朋友赫斐斯申掛主要任務是徵收各種省內稅。西部各省的總督和埃及與東部各省的不同，他們一般都有軍權，這是因爲這裡的人民並沒有完全屈服，他們常造反，亞歷山大正是考慮到這點，才讓總督有軍權，好帶兵去鎮壓造反者。

由於亞歷山大帝國實際上沒有一套完善的中央管理機構，一切都由亞歷山大決定，一切都聽命於亞歷山大，而亞歷山大常年征戰在外，而且主要精力在軍事方面，有時就放鬆了對政務的管理，特別在遠征印度期間，一些省的總督和將領因亞歷山大不在而任意胡爲、玩忽職守、侵呑公款、敲榨勒索，地方的管理陷於無序狀態，以致亞歷山大返回後不得不進行整頓 除總督管理地區外，帝國還有一部分地區是由帝國間接統治的。這些地區並不受帝國政府的直接控制，它們在事實上或法律上保持了獨立或自治，或是亞歷山大聽任它們實行阿契美尼德王朝特許和承認過的法規，或是征戰時的措施不足，使各省的控制形同虛設。

有一些省只是名義上的，實際上並沒有被亞歷山大征服。卡帕多西亞省和亞美尼亞就是這樣的。前者於西元前三三三年在亞歷山大進軍途中被征服的，派去了一名總督，而這個總督不久就死了，它也在西元前三三二年擺脫了馬其頓統治。而亞美尼亞，亞歷山大只是在西元前三三一年派去了一名總督。這個總督根本就沒有權，因爲阿契美尼德王朝的總督還一直在那裡。

有一些地區只是名義上屬於某個省，實際上卻仍由原來的首領統治，它們實際上是獨立的。如帕夫拉戈尼亞，他們唯一的義務是應徵召集軍隊；比提尼亞為保持自己的獨立多次打退總督的軍事進攻。小亞細亞南部有一些小城鎮也千方百計爭取或保持自己的獨立。而在安納托利亞的大部分地區，總督毫無權威。

還有一些根本不屬總督管轄的地區，它們實際上並不屬於帝國，如錫普爾和昔蘭尼加。錫普爾保持著自己的城邦和君主，昔蘭尼加和亞歷山大有聯盟關係，西元前三三一年亞歷山大前往錫瓦綠洲時，昔蘭尼加曾派大使隨同前往。這兩地後來在西元前三二三年～三二一年劃分省分時，都沒有劃進去。在腓尼基，除西頓外，各城邦也都保持各自的君主和機構，不過，它們必須上繳捐稅，提供部隊。它們的處境和小亞細亞的希臘城邦有點相似。

印度的情況比較複雜，亞歷山大的統治方式在這裡充分顯示了其多樣性。隨著征戰的進展，印度先後被分為三個省：西元前三二七年的上印度河省、西元前三二六年的中印度河省和下一年的下印度河省。但每個省內卻又還有許多保持獨立的小王公。太克西利斯的情況就很特殊，他的小城邦曾一度劃歸中印度河省，西元前三二四年總督菲利普死後，他接任總督，有城邦君主和總督的雙重身分，不過軍權卻由一個馬其頓人掌握。克什米爾的阿比薩瑞斯的王國和波拉斯的王國則不屬於任何省。阿比薩瑞斯要向上印度省的總督繳納捐稅，而波拉斯在自己的王國內扮演亞歷山大個人代表的角色，是個未掛名的總督。

亞歷山大之所以在某些地方實行間接統治，交給原來的執政者和首領管理，是因爲這樣做比硬派馬其頓人要好得多。實際上這也是亞歷山大拉攏被征服地區上層人士的一種手段，取得他們的支持，對於穩定帝國的統治是十分重要的。

希臘諸城邦既不同於帝國的省區，也不同於那些間接統治地區，是帝國的一個特殊部分。理論上說，希臘諸城邦和亞歷山大是盟約的關係，各城邦是馬其頓的盟邦，保持著一定的自由和獨立。但各城邦要爲亞歷山大提供軍隊，繳納貢稅，馬其頓在希臘駐軍，對那些不馴服的城邦可用武力制服，亞歷山大還常用詔書干涉城邦的內部事務，把他個人的意圖強加於各城邦。科林斯同盟只是亞歷山大的傳聲筒，只能按照他的利益行事。如，西元前三三二年亞歷山大下詔扭轉希俄斯的局勢，希俄斯島曾在西元前三三三年被波斯人奪回，後一直操縱在由寡頭政治執政者手中，亞歷山大下詔由科林斯同盟長老會議按照同盟章程審判了這些政治寡頭。又如，西元前三三一年安提柯戰勝了斯巴達的阿基斯三世後，讓同盟決定如何處置斯巴達，長老會議作出決定後，立即向亞歷山大作了彙報。沒有亞歷山大的同意，同盟是不能做任何事的。各城邦通行的法令都是參照亞歷山大的詔書制定的，亞歷山大的詔書就是法律，對於各城邦的立法機構具有約束力。

亞歷山大帝國是個軍事帝國，不僅它的不斷擴大的領土依靠軍事征服，帝國的統治和管理也依靠軍隊。帝國的軍隊除跟隨亞歷山大去遠征，去征服新的地區外，還要負責維持地方秩序。各省都有一支由馬其頓士兵和希臘雇傭軍組成的駐防部隊。直到西元前三二五年，亞歷山大出於謹慎，下令解散了由各省總督自行徵召的希臘雇傭軍。這些駐防部隊，一部分駐紮在各省的首府的軍營中或孤立的要塞中，一部分駐紮在希臘城邦中。他們已不只是作戰的軍隊，也是維持治安的警察。有些駐防軍還要負責保衛各戰略要道的暢通。

亞歷山大爲了進行有效的統治，不僅任命一些亞洲民族的上層人物爲各級地方行政官員，而且招募大量亞洲青年參加他的軍隊。招募亞洲人參加他的軍隊，當然，主要目的還是軍事性的，補充他的兵源不足，如，他招募伊朗人組建了一支步弓箭手部隊和一支馬弓箭手部隊，這兩支部隊在印度的戰爭中就發揮了很大的作用。他還把亞洲人編入他的輔助部隊。但招募亞洲人參加他的軍隊也有政治目的，其一是這樣一來，或多或少可以掩蓋一下他的軍隊是一支純粹侵略軍的本質；其二，大量亞洲人在他的軍中，在一定程度上，可以起人質作用；其三，這和亞歷山大要建立一個統一的世界帝國的目的是一致的，或者說，這是建立他的世界帝國的措施之一。在出征印度前，亞歷山大決定在東部各省招募三萬伊朗青年，他要求這些青年不只是學習軍事，而是要他們學習希臘語，接受馬其頓式的訓練，顯然，他是要讓他們接受希臘、馬其頓文化，這和他後來讓他的部下娶亞洲女子爲妻的目的是一樣的，他要使東西民族融合，要用希臘、馬其頓文化來改造亞洲人。

亞歷山大在遠征的同時，建立了許多以他的名字命名的城市。這是一項頗爲人稱道的事，雖不如他的軍事征服那樣輝煌，卻也在歷史上留下了深深的痕跡。按照普魯塔克的記載，亞歷山大一共建立了七十座亞歷山大城。這個數字顯然誇大了，可能把一些軍隊駐地和一些軍事移民區也當成城鎮了。亞歷山大到底建立了多少亞歷山大城，現在我們已無法得到一個準確的數字了。但距七十這個數字可能也不會太遠。這確是亞歷山大在軍事成就之外的另一項傑出成就。這些亞歷山大城除埃及的外，基本上都在底格里斯河以東。大部分這樣的城市的建立是爲了保證馬其頓能對該地區進行有效的統治或管理，因爲建立城市既可實行軍事移民，又可使人口的居住集中。一般都認爲，這些城鎮有三項功能：軍事防衛、使游牧部族定居下來和經濟管理。從長遠的觀點看，一些城鎮的確起了這樣的作用，有的後來還成了重要的工商業中心。但亞歷山大的最初目的，和他毀滅一些城市一樣，是軍事性的。例如，西元前三三〇年，亞歷山大先後在阿富汗高原地區建立了四座城鎮：亞歷山大—赫拉特城、德蘭吉亞的亞歷山大城、阿拉霍西亞的亞歷山大城和高加索的亞歷山大城，其目的顯然是爲了控制這一地區、保持交通要道的暢通，爲遠征印度作準備。特別是高加索的亞歷山大城處於三條大道的交叉點，從長遠的觀點看，這裡有可能成爲一個商貿中心，但當時亞歷山大是把它作爲一個南下進攻印度旁遮普的理想基地城鎮的。又如，錫爾河（藥殺水）畔的亞歷山大城，據阿里安的敘述，亞歷山大建立這個城鎮是爲了保衛邊界、抵禦對岸的蠻族入侵，必要時還可以攻打徐西亞人。亞歷山大遠征到哪裡，他就把城鎮修建到哪裡。在埃及、在波斯、在克特里亞、在粟特、在印度，到處都有亞歷山大城，這些城鎮不僅起了支援他遠征的作用，也爲控制所征服的地區做出了貢獻。亞歷山大可能也有透過這些城鎮來傳播希臘、馬其頓文化和促進當地經濟發展的用意，不過，隨著他的突然去世，他的這些用意大都落空了。儘管如此，有些亞歷山大城、特別是埃及的亞歷山大城，在以後的歷史中，在相當長的時期內，都是經濟文化的中心。亞歷山大不只因他的遠征、他的蓋世軍事成就而不朽，也因他的亞歷山大城而留芳百世。

亞歷山大由於一生忙於軍務，他在政治管理方面做的工作不多，也沒多少創造性。在他遠征印度時，他的帝國的高級官員由於他不在而實際上處於各自爲政的狀態下，他們熱衷於充當割據一方的諸侯角色。亞歷山大離開已五年了，誰也沒有料到亞歷山大會生返，他已經死在印度的謠傳被許多人信以爲眞。亞歷山大的安全返回，在帝國造成很大的震動，引起一片大混亂。他發現他所委任的許多希臘人、馬其頓人和蠻族人的高官完全辜負了他的信任，不僅沒有盡職盡責，反而爲非作歹。他的總角之交、財政總管哈帕魯斯，窮奢極欲，竟爲他寵愛的女人修建廟宇，聽到亞歷山大歸來的消息，席捲大量金錢財寶，帶著六千名雇傭軍逃回希臘；在埃及的財務總監犯下了好幾樁暴行；移居到巴克特里亞的希臘人和馬其頓人因重返家鄉無望而怨憤滿腔，揚言要暴動；上印度省總督菲利普被發動兵變的雇傭兵殺害；一些省分的總督和相當一部分將領或互相攻訐，或作奸犯科。亞歷山大果斷地、雷厲風行地進行了一場大清洗，對那些營私舞弊、殘酷欺壓民眾的不忠官員實行了最嚴厲的制裁。一些腐敗的官員被處死，其中包括三個總督：克連德爾、西塔西斯和米底亞人的統帥巴爾亞克斯。前二人是因搶劫廟宇、盜劫古墓和對居民橫徵暴斂而被處決的，巴爾亞克斯則是由於公開稱王被殺。被處死的高官還有發動暴亂的阿爾克西斯和阿爾達尼斯、搶劫蘇薩廟的赫拉康等。哈帕魯斯逃到希臘，煽動雅典人叛變，不久就被自己的護衛殺死。

亞歷山大無情的懲處毫無疑問也出現了錯殺無辜者的情況，但正是透過這種嚴厲的手段，才使各省的秩序得以穩定。就像他在征戰中曾經殺害了許多無辜者一樣，在管理他的帝國中，爲達到安邦定國的目的，爲建立他所設想的理想的統一的國家，他也是不擇手段的。應當說，他懲處的不少人是罪有應得的。在懲治犯罪者的同時，亞歷山大一方面對總督空缺的省分派去可靠的人接替，解散了各地總督擅自召編的軍隊，恢復了帝國對各地駐軍的統轄；另一方面，他在自己周圍建立了一個絕對忠於他的近衛軍官集團，共有八人，其中利昂那塔斯、赫斐斯申、萊西馬卡斯、克拉特拉斯、塞琉古、托勒密和培索是亞歷山大過去挑選的，他們或是亞歷山大久經考驗的老朋友，或是屢立戰功的年輕將領，樸塞斯塔斯則是新增的。他作戰英勇，曾用盾牌救過亞歷山大的命。亞歷山大賜給他近衛軍官這個表示榮譽和信任的頭銜，是要委任他擔任重要的波斯省的總督。亞歷山大到波斯省後，發現他所任命的總督已死，歐克西尼斯自行承擔起總督的責任，但許多波斯人控告他曾洗劫廟宇和皇陵，還無故處決了許多波斯人。亞歷山大立即下令把他絞死了，並正式任命樸塞斯塔斯爲波斯總督。這不僅是因爲他絕對忠誠可靠，而且因爲他熱心於東方生活方式，易於被波斯人接受。後來事實證明，亞歷山大的這一決定是對的。和其他馬其頓人不同，樸塞斯塔斯一當上波斯省總督，立即換上米底亞服裝，學習波斯話。在其他許多方面，也仿效波斯人的作風。他的這些表現，既贏得了亞歷山大的讚賞，也讓波斯人感到滿意。

未完的夢

亞歷山大重返波斯，曾去波斯古都帕薩爾加德參觀了居魯士的陵墓。墓碑上鐫刻著這樣的話：「人啊，不論你來自何方（因爲我你終歸要來的），我，居魯士，是波斯帝國的締造者。不要吝惜這一小塊供我葬身之地吧。」但陵墓除金棺和一長凳外，已被洗劫一空。金棺也已被打開，居魯士的遺體被扔到外邊。亞歷山大目睹墓碑上的話和陵墓的慘象，心靈受到很大震動，不可一世的偉大君主居魯士，死後竟連保存遺體的地方都沒有！人世的變化何等無常！他命令阿里斯特布魯斯負責把陵墓恢復原狀，修好後在墓室門上蓋上禦璽印記。

這時，西元前三二四年春，亞歷山大又碰到一件使他心靈受到震動的事。在印度投奔他的印度婆羅門、哲人卡蘭努斯病了。其實他竝沒有什麼大病，可能是水土不服，他一天天消瘦了，而又不接受任何治療。亞歷山大來看他，他竟要求亞歷山大讓他現在就死去，讓他用印度習慣的火葬方式死去。如果亞歷山大不答應，他就不得不用其他方式結束生命。無論亞歷山大怎樣勸說，卡蘭努斯都不改變主意。亞歷山大只好滿足他的要求，令托勒密負責按他的要求爲他準備火葬的柴堆。火葬的這一天，亞歷山大令他的部下組織了一個大規模的儀仗隊，一些人全副武裝，另一些人則手拿各式各樣的香火準備往柴堆上放。卡蘭努斯頭戴印度式的花環，坐在轎子上，來到火葬場。送葬的印度人唱著聖歌。在登上柴堆前，卡蘭努斯對馬其頓人說，他們應大擺一天筵席。最後送給亞歷山大的卻是一句很不吉利的話：「我很快就會在巴比倫再見到你。」這句話後來常被人引用。說完，卡蘭努斯就在眾目睽睽之下莊嚴地登上了柴堆，隨即火點燃了，並向卡蘭努斯致敬，號兵吹響了喇叭，戰士大聲吶喊，大象也大聲吼叫。卡蘭努斯在烈焰中怡然自若，毫無畏縮之態。

卡蘭努斯自請去死和他死前說的話，並沒影響亞歷山大向他預定的目標前進，或者說，並沒動搖他要建立一個統一的理想帝國並繼續征服未征服地區的決心，他的這種決心是任何困難和挫折都改變不了的。西元前三二四年，他只有三十二歲，年富力強，他的事業也正如日中天，在這樣的時候，他根本沒想到他的路快走到盡頭了，他的日子不多了，他的帝國也很快就會如同曇花一現一樣土崩瓦解。他當時所想的是如何鞏固和建設他的帝國和制訂新的征服計劃。他的帝國是個多民族國家，各民族之間不僅語言風俗各異，發展水平相差懸殊，而且缺乏溝通，相互敵視。希臘人、馬其頓人看不起亞洲人，在他們眼中，亞洲人都是蠻族，他們不願長期待在亞洲，他們最大的願望是衣錦返鄉。亞洲人也把歐洲人看成占領者、侵略者。亞歷山大爲了使他的帝國融爲一體，爲了打破民族之間的隔閡，爲了進一步拉攏波斯貴族、大流士的舊臣，

的國王，他只能信任和重用馬其頓人；而亞歷山大卻認爲，他不僅是馬其頓的國王，也是波斯人的國王，因此他娶亞洲姑娘爲妻，穿波斯服裝，委任亞洲人擔當大大小小的官職，組建一支多民族的軍隊。亞歷山大的這種新姿態，這種要建立民族融合的統一帝國理想，和希臘、馬其頓的傳統思想是格格不入的。遭到非議和抵制是理所當然的。當他徵召的三萬巴克特里亞青年來到蘇薩時，馬其頓人不高興了，憤憤不平了。這三萬巴克特里亞青年年齡一般大，穿馬其頓服裝，按馬其頓軍訓制度進行訓練，亞歷山大稱他們爲他的「繼承人」。這引起了馬其頓人嫉恨，聯繫到亞歷山大其他背離馬其頓傳統的做法，他們覺得亞歷山大好像正在千方百計準備在將來把馬其頓人踢開。他們對波斯省總督樸塞斯塔斯，在亞歷山大的鼓勵下，不論在服裝上還是語言上，處處仿效波斯的行爲感到氣憤。令馬其頓人無法接受的還有亞歷山大進行的騎兵改革，他把在印度作戰時只作爲輔助部隊的波斯騎兵和裝備最好、待遇最高的近衛騎兵編在一起。此外，他新建立了一個以波斯騎兵爲主的騎兵第五團，這個騎兵團裡有不少波斯貴族子弟，任命巴克特里亞貴族希斯塔斯皮斯爲該團的指揮官，給他們配備的武器是馬其頓長矛，而不是「蠻族人」用的標槍。

亞歷山大從印度返回後，又有了一個強烈的願望：一定要沿底格里斯河和幼發拉底河航行到波斯海，看看這兩條河的入海口，如同視察印度河河口那樣。他還要看看附近的大海。爲此，他令赫斐斯申率領大部分步兵去波斯灣，他自己則率領一部分部隊，乘船沿埃拉亞斯河駛向大海。沿波斯灣海岸駛至底格里斯河河口，再逆流而上，到達赫斐斯申紮營的地方，和赫斐斯申會合後，來到底格里斯河邊的歐皮斯城。在歐皮斯城，亞歷山大把馬其頓部隊召集在一起，宣布解除所有超期服役或因殘廢而不能繼續服役者的軍職，遣送他們回家。答應在他們離開之前，發給他們每個人許多錢。亞歷山大還說，他們回家之後，肯定會成爲鄉親們所羨慕的人。這樣就會鼓動其他馬其頓人踴躍參軍，不畏艱險，熱情地跟隨他亞歷山大去打江山。亞歷山大讓該復員的復員回家，還答應給他們許多錢，本是對這些人的關懷，是很正常的事。亞歷山大以爲他這一決定，一定會使大家對他感恩戴德，進一步穩定軍心，提高他的威信。但事情的結果完全出乎他的意外，馬其頓人對他們國王的種族融合政策、對他拉攏並重用波斯貴族、對他大量招募亞洲人參加他的軍隊的種種做法早就滿懷怨憤，他們認爲，他們的國王變心了，不要他們了。長期積存的不平之氣一下爆發了。他們大聲向他呼籲，要求他乾脆把他們這些人都從軍隊中清除出去，請他在他的「老頭子」（阿蒙，帶有輕蔑意味的稱呼）的幫助下繼續打他的江山。亞歷山大聽了這些話，勃然大怒，作爲一個擁有無上權威的帝國君主，他怎能容忍部下對他如此不敬。他立即從講臺上跳了下來，令衛兵把帶頭擾亂軍心的人抓起來，一共抓了十三個人。亞歷山大下令把他們押出去處決。在場的人個個目瞪口呆，全場鴉雀無聲。他們被亞歷山大這種東方式的君主作風鎮住了。不過，眞正使這場反叛行爲得到平息的，不是他的這種高壓手段，不是殺了幾個人，而是他的非凡的口才。有不少偉大統帥有非凡的口才，亞歷山大是其中的佼佼者。他在處死了帶頭鬧事者後，又重新登上了講臺，向士兵們講了很長的一段話。他的話是這樣開頭的：「馬其頓同胞們！現在我想對你們說的，並不是要阻擋你們回家。就我個人而言，你們願意到哪裡去就可以到哪裡去。但是，你們應當想想，假如你們就這樣走掉，那你們究竟算是怎樣對待寡人的呢？而寡人又是怎樣對待你們的呢？」接下來，他用他父子兩人的業績來回答自己提出的問題。他說，是他父親腓力，把他們從流浪漢變成文明人，從別的部族的奴隸和順民變成別的部族的主子。他的父親降伏了色雷斯、雅典、底比斯，成了全希臘的最高統帥。他父親的成就是偉大的，但和他自己的成就比起來就顯得渺小。他列舉了他的所有的征服活動，他說，他把自己的勝利果實都交給了他們，從金銀財寶到陸地海洋都成了他們的。他繼續說：「你們有的當了地方長官，有的當了近衛軍官，有的當了隊長。而我，除了這一身紫袍和這一頂王冠，從這些戰鬥中又爲自己贏得了什麼呢？什麼也沒有！……我同你們吃一樣的飯，睡一樣的覺。不，我沒有一次像你們當中的奢侈者那樣揮霍過一頓飯。我還知道，我每天都比你們早起，爲的是讓你們安安靜靜地在床上多睡一會兒。」他還講道，他所受的苦和累比他們中的任何人都多，他身上的傷疤也比誰都多。他做的一切都是爲了他們，爲了他們的榮譽，爲了他們的財富。「不論誰犧牲了，他的死都爲他帶來了榮譽，舉行隆重的葬禮，在家鄉豎立銅像，父母受到尊敬，還豁免一切捐稅和勞役。」

他在氣憤之極卻又很有說服力的演說的最後說：「現在，我本要把你們當中那些不能再參加戰鬥的送回家鄉，成爲鄉親們羨慕的人。但是，既然你們都想走，那你們就都走吧，……你們回到家鄉後，告訴鄉親們，就說他們自己總算回家了，但把國王扔下了，把他扔給你們曾經征服過的野蠻部族去照顧。當你們當眾宣布這件事時，毫無疑問，這在人世間一定是無上光榮的；在老天看來，這也一定夠得上是虔誠無比的。你們走吧。」

講完話，亞歷山大跳下講臺，回到王宮，一連兩天沒有露面，不見任何人，第三天，他召集他的波斯親信，著手籌建一支由波斯人組成的軍隊。馬其頓人本已被亞歷山大的話所感動，現在聽到亞歷山大眞的要用波斯人來取代他們，非常難堪，他們雖對亞歷山大有意見，但他們對他還是愛戴的，他們屈服了，跑到王宮門口懇求寬恕，他們還說要把搞騷動的教唆者和帶頭叫喊的人交出來，聽任亞歷山大處置。亞歷山大出來接見了他們。他們解釋說，馬其頓人傷心的是，亞歷山大讓波斯人當了他的親戚，稱波斯人爲「亞歷山大的親戚」，容許他們吻他，而馬其頓人反而沒有這個權利。亞歷山大在聽了他們的解釋後說：「可我把你們也都當成我的親人哪！以後我就這樣稱呼你們。」於是，馬其頓人紛紛上前對亞歷山大行吻禮，一場突然而又猛烈的騷亂就這樣被亞歷山大以過人的口才和權術平息了。馬其頓人徹底屈服了，和波斯人一樣，對亞歷山大卑恭屈膝了，他們過去堅決反對波斯人向君主行的吻禮，不僅接受了，還以能向亞歷山大行吻禮爲榮了。亞歷山大完全像一位東方君主，可以爲所欲爲了。

亞歷山大平息了馬其頓人的騷亂後，祭神謝恩，接著大擺宴席。亞歷山大自己坐在中間，圍坐在他四周的是馬其頓人，往外是波斯人，再往外就是按功勞和地位排列的各族代表。亞歷山大和圍坐他四周的人用同一只大杯喝酒，在他開懷暢飲時，希臘的占卜者和波斯的僧侶做祈禱的準備。亞歷山大祈求幸福，並特別爲帝國內部的馬其頓人和波斯人之間的和諧和友誼祈禱。參加宴會的據說有九千人，他們一起灑了奠酒，一起唱了勝利之歌。

歐皮斯的宴會完全化解了亞歷山大和馬其頓人之間的隔閡。宴會的形式表明，帝國是以亞歷山大爲唯一中心的，而馬其頓人也占有高出其他民族的優越地位。宴會還表明，波斯人現在也成了亞歷山大帝國的重要支柱，馬其頓人和波斯人之間的關係已不是征服者和被征服者之間的關係，他們都是亞歷山大的臣民，都效忠於亞歷山大。帝國內的種族矛盾將讓位於社會矛盾。

有的歷史學家對亞歷山大在宴會上的祈禱評價非常高，甚至認為是人類思想上的一次革命的標誌，因為他的祈禱反映了他期望希臘人和蠻族人之間和平及團結的理想。這種理想是他的老師亞里士多德所不可想像的，在亞里士多德眼中，亞洲人是天生的奴隸。而亞歷山大在這方面卻正好和他老師形成了鮮明的對比。亞歷山大的理想從一開始就是要建立一個世界帝國，一個統一的和諧的世界帝國，早在小亞細亞時期，他就任命亞洲人為地方總督。為了他的帝國的和平與繁榮，他顯然很樂意讓所有的民族都參加他的帝國政府。

宴會後，大約有一萬左右的老兵和傷殘者在平靜的氣氛中自願啓程返回馬其頓，亞歷山大給他們每個人都發了全餉和賞金，讓他們把妻子和孩子留下，免得回家後，這些異族妻子和她們的孩子與家中的妻子、孩子發生矛盾。許諾替他們照顧留下的孩子，讓他們的兒子成為用馬其頓方式進行武裝和訓練的戰士。他派克拉特拉斯護送他們回去。

克拉特拉斯護送退伍老兵返回馬其頓後，按照亞歷山大的命令，接替了安提柯的職務，當了希臘聯盟的副盟主。安提柯則奉命率領新徵召的士兵到波斯。亞歷山大之所以用克拉特拉斯取代安提柯，是因爲安提柯長期和亞歷山大的母親奧林匹婭斯不和。奧林匹婭斯不僅仍風流成性，而且以太后身分，肆意妄爲，干擾安提柯政務，引起安提柯的不滿。安提柯給亞歷山大寫信，抱怨奧林匹婭斯性情粗魯，脾氣暴躁，愛管閒事，干擾他的政務。而奧林匹婭斯也寫信向亞歷山大控告安提柯，說安提柯狂妄自大、甚至把賜給他高位的恩人都忘了。還說他忘乎所以，一心想凌駕於一切馬其頓人和希臘人之上作威作福。亞歷山大無奈之下，只好把安提柯調離。

西元前三二四年秋天，亞歷山大的好友、他最爲信任的部下赫斐斯申在埃克巴塔那病死了。當時亞歷山大正在觀看體育競賽，得到赫斐斯申病重的消息，趕忙去看他，而看見的已是死人。赫斐斯申之死給亞歷山大的心靈造成了極大的悲痛，一連三天，一點東西都不吃，整天躺在床上哭泣，愁眉苦臉，一言不發。赫斐斯申的葬禮極其豪華，讓死者享受了空前的殊榮。亞歷山大下令在巴比倫給赫斐斯申造了一個極大的火葬台。要東方各國同時舉哀。赫斐斯申所率領的部隊仍以他的名字命名。爲了紀念他，亞歷山大又倡議舉行了成千上萬人參加的體育和文藝比賽。

西元前三二四年冬，亞歷山大從哀悼赫斐斯申的悲痛中恢復過來後，率兵掃蕩了蘇薩和埃克巴塔那之間拒絕俯首稱臣的科薩亞人。科薩亞人是山寨居民。敵人來時，他們就轉移走，敵人一走，他們就又回來。但亞歷山大這次征伐，雖在數九寒天進行，有許多困難，卻把科薩亞人趕跑了，並隨即在該地的各重要位置上建了一些城鎮。

西元前三二三年，亞歷山大回到闊別了八年之久的巴比倫後，計劃以此地作他的帝國首都。許多國家都派來使節祝賀他成爲亞洲之王。有利比亞的，有來自義大利的布拉提亞、盧卡尼亞和提瑞尼亞的，還有衣索比亞的和歐洲西徐亞的，卡科頓人、凱爾特人和伊比瑞亞人也派來了使節。他們除表達修好之意外，有的還請求亞歷山大仲裁他們之間的糾紛。有些使節所代表的國家和民族是希臘人和馬其頓人從來沒有聽說過的。有人說正在日益強大起來的羅馬也派來了使節，不過羅馬人從來沒有提起過這件事。各國使節雲集，不只是使亞歷山大本人，而且連他的部下，都感到他確實像是所有的陸地和海洋的主宰。

然而，亞歷山大並沒就此停止他的擴張，他永不滿足，他還有著更爲宏大的計劃。他要到裡海（也叫赫卡尼亞海）去探索一下，看看它和什麼海相連，這是他早在出征印度前就已經有了的計劃。他要去看看裡海是否和黑海相連，圍繞印度的那個海的海水是不是流入裡海。據說那裡有一個神密的阿馬宗女人國。赫拉克勒斯曾到過那裡，還把阿馬宗女王的腰帶帶回了希臘。位於阿馬宗女人國附近的科拉西尼亞國的國王曾親自對亞歷山大說，如果亞歷山大要去征服那一帶，他願當嚮導，亞歷山大回答說，等征服印度以後，他將率領全部兵力去征服裡海和黑海一帶。現在是實現這一願望的時候了，他派人帶領造船工人到赫卡尼亞去，命令他們在赫卡尼亞的森林裡採伐木材，修造戰船，爲他將來出征裡海作準備。

亞歷山大還有一個在南面擴張的計劃。他要征服阿拉伯半島、衣索比亞和利比亞大部分地區。西元前三二四年，亞歷山大曾派他的總督進行過試探性的征戰，結果都大敗而歸。不過亞歷山大是從不在困難面前退縮的，他要征服阿拉伯等地區，控制波斯灣和阿拉伯海的計劃並沒有放棄。爲實現他的這一計劃，他開始擴充海軍，把他已有的戰船都調到巴比倫來，讓人在巴比倫地區砍伐樹木，建造一批新船，從腓尼基和其他沿海地區招來水手，在巴比倫附近開闢一個可容納一千艘戰船的大港口，港口裡修了船塢。他還疏浚巴比倫地區的各條運河，建立一個可靠的灌溉系統，在波拉帕斯運河的下游、波斯灣處建立一座新亞歷山大城。正像阿里安所記載的：「亞歷山大的計劃是使波斯灣沿海地區及島嶼成爲其殖民地，因爲他認爲該地區將來可以像腓尼基那樣富庶。他擴充海軍實際上是針對阿拉伯人的，理由是所有各部落中，只有阿拉伯人沒有向他派遣使節。照我看來，事實上是他總想征服新的領土。」阿拉伯吸引亞歷山大的還有這裡的財富，這裡生產的各種香料，當然這一地區海岸寬廣，有許多天然良港，沿海島嶼繁榮興旺，也是使亞歷山大十分垂涎的。這一切，使亞歷山大一直想圍繞阿拉伯半島進行一次新的遠航。

在巴比倫，亞歷山大建立了一支全新的軍隊。原來完全由馬其頓人組成的步兵方陣軍，改變成了有三分之二的波斯人參加的多民族混合軍隊，整個方陣軍分成十個小組，每個小組由四個使用馬其頓武器的馬其頓人和十二個使用波斯弓箭或標槍的波斯人組成，由馬其頓人指揮。由於大量招募波斯人參加軍隊，解決了兵源不足的問題。同時亞歷山大的軍事改革也進一步提高了軍隊的戰鬥力，新編的方陣成爲輕型部隊和重型部隊的混合體，具有火力強和衝擊力大兩種優勢。亞歷山大期望，他經過兩年時間（西元前三二四年～前三二三年）建立的這支馬其頓人和波斯人親密相處的全新的部隊，可以幫助他去實現新的征服計劃。

除了要北上征服黑海和裡海一帶和南下侵占阿拉伯等地外，亞歷山大在西元前三二三年還有一個征服地中海西部地區的計劃。這個計劃是在亞歷山大死後，在他的文件中發現的。「計劃中提議，在腓尼基、敘利亞、奇里乞亞和錫普爾建造一千艘比三層槳戰船還要大的戰艦，以便進攻迦太基人和生活在利比亞和伊比利亞沿海的各民族，進攻鄰近的沿海地區，直至西西里島；沿利比亞建造一條大路直至海格立斯石柱，並在精心選擇的幾個地方建造港口和兵工廠，以備遠征之用；建造六座雄偉的神廟，每座造價爲一千五百泰倫特；最後還要新建一些城鎮，將亞洲部族移居歐洲，將歐洲部族移居亞洲，以形成精神一體化和通過民族通婚產生友好的關係和親密的聯繫。」有

「預言家，預言家，預言最好的事，才是最好的預言家。」

這些預言家又勸亞歷山大別往西走，要往東走。亞歷山大根本不相信他們的話，懷疑他們有私心。他不僅去了巴比倫，而且是直接往西去的，而不是往東繞圈子去的。有人說，就是因爲亞歷山大沒有聽從神諭，走上了死亡之路，才在他功業輝煌和眾望所歸時死去。

人的生死是自然的事，但在古代，中外都一樣，一位偉大人物的生死似乎都是老天安排的，神安排的，事前都有一些徵兆。亞歷山大出生就有一些顯示他不平凡的一生的預兆，他的死也在事前出現了種種預兆。有一位希臘占卜家曾爲赫斐斯申和亞歷山大兩人殺牲問卜，兩人都顯示大凶的預兆。印度哲人卡蘭努斯死前也曾對亞歷山大說，他們很快就要在巴比倫再見。

亞歷山大的確是位性格極其堅強的偉大人物，他在知道這些有關他的凶兆後，仍然不知疲倦地工作。接見各地代表，處理繁雜的國事，日理萬機。他甚至還在爲新的征服計劃的實現作準備。他派出了一個探測隊去測定黑海和大洋的關係，組織了各種沿阿拉伯半島航行的探險隊，有些船隻直下波斯灣，還有一些從埃及出發前往紅海。不過，有關亞歷山大不吉利的預兆仍不斷出現。在幼發拉底河入海口有兩個小島，亞歷山大給其中一個取名爲伊卡拉斯，與愛琴海上的一個島嶼同名。據說伊卡拉斯是希臘建築師和雕刻家代達拉斯的兒子，他父親在他背上用蠟貼上兩個翅膀，囑咐他靠地面低飛，千萬別飛得太高，但他沒把父親的話當回事，飛得太高，太陽把蠟曬化，翅膀掉了，他從高空掉到一個島上，摔死了。這個他摔死的島就被人叫做伊卡拉斯島。亞歷山大給島取這樣一個名字可能又是個不祥之兆。還有一件說法不一的事。說有一次亞歷山大在巴比倫附近的運河航行，他親自掌舵，忽然吹來一陣風，把他的帽子吹落到水中的一根蘆葦上，一名水手游過去把它拿了回來，但在往回游時，害怕把帽子弄濕，就把它戴在頭上。有的預言家又預言這事不吉利。還有人說，取回帽子的是塞琉古，這件事預兆亞歷山大之死和把其帝國留給塞琉古。

有一天，亞歷山大正在處理政務時，突然感到口渴，便起身離座去另一房間喝水，這時，不知從什麼地方進來了一個陌生人，竟坐到亞歷山大的寶座上，波斯護衛由於波斯禮法的限制，也沒有上前把他拉下來。亞歷山大親自審問了這個人，但他除了說自己是一時心血來潮外，再也供不出什麼。這事當然有點奇怪，不排除有人故意製造事端，擾亂軍心。而占卜家們卻又說這件事預兆著要出大事。

終於出大事了，亞歷山大病了。根據隨駕日記的記載，亞歷山大得病的前一天晚上，曾和他的親近近衛軍官邁狄亞斯一起飲酒作樂，後來離席去洗了個澡，又睡了一會兒，醒來後，又和邁狄亞斯一起吃了飯，然後喝酒到深夜，接著，停止狂飲去洗裡，一心追求光榮顯赫。他採取行動時英明果斷，即使在昏暗迷茫中，也從不猶豫；情況明朗時，則更是目光炯炯、成竹在胸。對部隊，從裝備訓練到調動指揮，都異常精明巧妙。他善於鼓勵士氣，使全軍感到前途光明。遇有艱險則身先士卒，衝鋒陷陣，一往無前。在勝負難分、成敗不定之際，他能當機立斷，大膽行動。他能急中生智掐算如神，常使敵人措手不及，束手受擒。他對敵人的陰謀詭計經常保持高度警惕，絕少陷入圈套。他言必信、行必果。他在金錢問題上，對自己一貫苛刻，對別人則十分大方。他的品德崇高，人世罕見。」

阿里安對亞歷山大的評述是可信的，雖評價很高，卻並沒有神化他。但這一評述集中在對他的性格和軍事才能方面，對他作爲一個帝國的統治者的除軍事以外其他方面的才能和作爲卻毫無評述，對他的不足和錯誤也沒涉及。阿里安甚至認爲他的錯誤並不是什麼了不得的問題，而且認爲他是所有國王中唯一對自己的錯誤表示悔恨的。其實亞歷山大顯然有其不足的一面，如性格上的暴戾、狂妄和酷嗜權力；作爲國王精力只集中在征戰上，而疏於國家的管理。英國歷史學家赫·喬·韋爾斯就認爲亞歷山大缺乏創造性。他在他的巨著《世界史綱》中寫道：

「他很少創新。他使大多數的波斯省分的組織保持了原狀，任命了新的或保留了舊的總督；道路、港口、帝國的組織依然和他的更偉大的前輩居魯士留下的一樣。在埃及，他只是把舊的省長換成了新的；在印度，他打敗了波拉斯王，然後又讓他握有在初見他時所擁有的同樣的權力，只是被希臘人稱為一個總督而已。」

這都是事實，但這並不能證明亞歷山大沒有創造性，亞歷山大只有這樣才能集中力量進行征戰，才能在如此短的時間裡建立如此大的帝國，有得必有失，軍事上的無比輝煌，是和他政治上相對無為連在一起的。亞歷山大有不少關於他的大帝國的設想，甚至病重時仍在考慮他的帝國的進一步發展。由於他的突然去世，他的建立一個民族融合的統一的世界帝國的理想才成為一個破碎的夢。事實上，他在政治上的無為正顯示了亞歷山大不同凡響的政治智慧，因為，他在被征服地區的統治，只有和傳統的統治階級聯合才能實現。

拿破崙曾說：「亞歷山大最讓我感到羨慕的地方，不是他的那些戰役，而是他的政治意識，他具有一種能夠贏得人民好感的藝術。」亞歷山大具有把他的政治、經濟、文化目標和他的軍事目標連接在一起的政治家的智慧。他並不是一味地靠武力征服，他開始時就把自己打扮成解放者，在埃及他又成了阿蒙神之子，在波斯他好像是波斯國王，他後來甚至打出為大流士三世復仇的旗號，他在印度成了印度土王的朋友，讓他們當地方總督，他娶亞洲王室之女為妻，凡此種種，顯示了他作為一個政治家的智慧和胸懷。正是由於他的這些措施，他的統治地位才基本上取得了被征服地區人民的認同。當然，征伐、屠殺和鎮壓也仍然是他建立和維持他的帝國的主要手段，他的帝國是個軍事帝國，是靠軍隊作支柱的。

無可否認的是，亞歷山大是無與倫比的希臘文明所孕育的偉大天才，他的非凡的征服，使希臘文明在更大範圍內傳播，使東西方文明的交流和融合發展到一個新的高度，開創了一個新時代。這個時代歐洲人稱之爲希臘化時代。不幸的是，亞歷山大死在他的偉大征服計劃的實施過程中，後果是災難性的，他的征服計劃、他建立世界帝國的計劃夭折了，他的帝國也隨著他的死去而四分五裂了。

第十七章 亞歷山大帝國的崩潰及其後繼者

亞歷山大的死亡對於亞歷山大的帝國來說是致命的。亞歷山大死得太突然了，他既沒有留下任何遺言，也沒有留下任何遺書。誰來繼承亞歷山大的王位呢？這是個亞歷山大生前從未考慮過的問題，而又是必須立即解決的問題。一個君主國沒有合法的繼承人，就會崩潰，因爲死去的君主所留下的權力眞空，無法得到及時的塡充，必然招來各方勢力對這最高權力的爭奪。龐大的亞歷山大帝國是由亞歷山大一人決定一切的，現在突然成爲無主的了。問題的嚴重還在於，亞歷山大沒有一個副手，行政上根本沒有一個完善的政府，沒有首相，軍事上沒有副統帥。帕米尼歐曾是副統帥，但早被亞歷山大處死了，克拉特拉斯有副統帥之名，無副統帥之實。亞歷山大生前可能想讓赫斐斯申做副統帥，並曾給於他首相的頭銜，儼然有成爲亞歷山大之下的第二人的樣子，卻又早死了。實際上，赫斐斯申不死，也沒有主持全局的權威。

亞歷山大生前爲了樹立自己的絕對權威，有意不讓任何將領權力過大。現在沒有了主，又沒有任何人作得了主，亞歷山大的屍體還陳放在寶殿中，各軍團的將領便就國王的繼承人問題展開了激烈的爭論。當時，可供選擇的繼承人只有兩人，一個是腓力二世的庶出之子、亞歷山大的同父異母兄弟阿里代奧斯，是個生性愚鈍的人，另一個還沒出世，還在羅克珊娜的子宮裡。據說亞歷山大死時，羅克珊娜曾當著眾將領的面指著自己的肚子說，亞歷山大帝國有繼承人了，亞歷山大聽了才合上了眼。爭論的結果，決定立阿里代奧斯爲王，號腓力三世；同時決定，如果羅克珊娜生了兒子，就宣布亞歷山大這個遺腹子爲王。兩個月後，羅克珊娜生了個兒子，取名亞歷山大，並被宣布爲國王的合法繼承人。亞歷山大最年長的密友坡提卡斯被選定爲攝政王。

決定了王位繼承人後，將領們才開始商討和安排亞歷山大的安葬問題。在坡提卡斯的主持下，爲亞歷山大打造了一個金棺。金棺裡除安放亞歷山大的遺體外，還放有王冠、權杖和國王生前常用的武器和黃金寶座。還用黃金、寶石等打造了一輛極其豪華的運靈車。這輛運靈車要用六十四頭騾子拉。金棺和靈車都打造好了，可以安葬了，但葬在哪裡卻又決定不下來。每個將領都想把亞歷山大的遺體葬在自己所管轄的地區，因爲他們聽說，有神諭說，亞歷山大的遺體埋在哪裡，那裡就會得到幸運，得到福祉，永遠也不要擔心會被破壞。一年以後，亞歷山大的靈柩才從巴比倫運到埃及亞歷山大城，安葬在以他自己的名字命名的這座城市裡。凱撒和奧古斯都先後在亞歷山大城參謁過亞歷山大陵墓，但隨著時間的推移，亞歷山大的陵墓在哪裡，成了一個至今都沒解開的不解之迷。

諸將雖立亞歷山大的遺腹子亞歷山大四世爲國王，卻並沒能解決亞歷山大的至高無上的權力由誰來繼承的問題。一個吃奶小孩只是個擺設，輔佐他的人也沒有統治全國、領導全軍的權威。坡提卡斯雖是攝政王，並不能指揮各地的將領，就是在馬其頓，他也作不了主。作爲母后的羅克珊娜，是外族人，在馬其頓沒有一點勢力。王太后奧林匹婭斯有強烈的權力欲望，也並不支持羅克珊娜母子。亞歷山大死後各將領之間的協定很快就被撕毀，統一的帝國立即陷於混亂之中，亞歷山大時的團結一致向外發展、進行擴張轉變成亞歷山大的諸將領之間的一場混戰，一場爭奪統治權的內戰。龐大的帝國在這場內部混戰中四分五裂，亞歷山大的親人們在混戰中一個接一個地死於非命，他的整個家庭都毀滅了。羅克珊娜在亞歷山大死後不久就把亞歷山大的另一個妻子、大流士的女兒殺害了，但她本人雖貴爲太后，也在西元前三一一年和她的兒子、亞歷山大四世一起被殺害了。奧林匹婭斯曾一度在馬其頓掌權。她譴責這個人或那個人謀害了她的親愛的兒子亞歷山大，盛怒之下她殺了腓力三世的傻瓜兒子夫婦、安提柯的兒子、卡山德的兄弟和其黨羽百餘人，她甚至把亞歷山大死後才死去的他的部下的屍體挖掘出來，來追查亞歷山大的死因。她後來被她所殺害的人的家屬殺死。亞歷山大家庭的毀滅的一個重要原因是亞歷山大沒有爲自己培養接班人，在這方面他和他父親有天壤之別。腓力爲培養亞歷山大費盡了心機，眞的是高瞻遠矚。其實，腓力也是英年突然去世，他死時也只有四十六歲，但由於有亞歷山大這個接班人，他的事業得以繼續下去。亞歷山大相比之下，在這方面是短視的，他根本沒有想到爲他的事業、爲他的帝國培養繼承人，結果，他一死，他的家人便一一死於非命，更不要說他的事業了。一個君主國，特別是一個專制君主國，沒有繼承人，分裂、崩潰是不可避免的。

當然，亞歷山大帝國也被這場內部混戰毀滅了。亞歷山大一死，帝國的政治中心又回歸到馬其頓，爭奪最高統治權的鬥爭圍繞對馬其頓控制的爭奪展開。西元前三二三年，也就是亞歷山大去世的這一年，塞琉古率領騎兵部隊，進入馬其頓，參加攝政王坡提卡斯驅逐埃及總督托勒密的戰役，然而，到埃及後，他又參與刺殺坡提卡斯。西元前三二一年，馬其頓帝國分裂，由亞歷山大的將軍們分別割據帝國的各行省。安提柯繼坡提卡斯爲馬其頓攝政；托勒密爲埃及總督，兼據利比亞和阿拉比亞地區；塞琉古成爲巴比倫總督。但這不是爭奪最高統治權內戰的結束，而是新的混戰的開始。西元前三一九年，波利佩孔繼安提柯爲攝政，隨後，安提柯的兒子卡山德、托勒密、塞琉古以及另一個亞歷山大的大將安提柯等聯合起來，反對波利佩孔。安提柯獲勝後，與塞琉古反目，塞琉古在西元前三一六年投奔托勒密，成爲托勒密手下的一員大將。西元前三一二年塞琉古和托勒密大敗安提柯的兒子德米特里，塞琉古捲土重來，回到巴比倫。後來安提柯派大將尼加諾和德米特里從東西兩面夾擊巴比倫，但未能把塞琉古趕走。西元前三〇五年塞琉古在巴比倫稱王，建立塞琉古王國，並逐步將其國土擴展到伊朗東部，最遠到印度。同年托勒密在埃及稱王，建立托勒密王朝。安提柯則控制了愛琴海、東地中海和除巴比倫尼亞之外的全部近東地區。形成群雄割據、三足鼎立之勢。但各割據勢力之間的戰爭仍連綿不斷，此分彼合，彼分此合，從陸上打到海上，再從海上又打到陸上。西元前三〇二年，安提柯重新建立大希臘聯盟，安提柯成爲新的希臘同盟的盟主。但在這時，塞琉古從巴比倫尼亞侵入小亞細亞，托勒密進攻敘利亞，色雷斯總督利西馬科斯占領小亞細亞西部地區。西元前三〇一年，塞琉古和利西馬科斯的聯軍在小亞細亞的伊普蘇斯大敗安提柯和德米特里父子倆，安提柯戰死。塞琉古把勢力擴展到敘利亞和巴勒斯坦，而托勒密則占領了敘利亞南部。此後，塞琉古王朝和托勒密王朝之間開始了長期的連綿不斷的戰爭。西元前二九四年，德米特里在馬其頓稱王。西元前二八五年，德米特里又一次敗於塞琉古，並被塞琉古擒獲。他的兒子安提柯（和祖父同名）繼承王位，控制馬其頓和亞歷山大帝國的歐洲部分。龐大的亞歷山大帝國崩潰了，被亞歷山大的將領的內訌打碎了，分裂成了三大塊和一些小塊。這三大塊是三個新的國家，而不是亞歷山大帝國。亞歷山大建立統一的世界帝國的理想，猶如一場美妙的夢，曇花一現，破碎了。不過，這些建立在亞歷山大帝國境內的新國家或王朝，不僅全是由亞歷山大的部將、而且都是馬其頓人建立的，而且，除了未能保持統一外，他們基本上也仍然實行亞歷山大所實行的那一套。在某種意義上，可以說，只不過是一個大的馬其頓帝國分成了一些小的馬其頓國家而已。亞歷山大要向世界傳播希臘文明、要把不同的民族融合的理想在這些新的國家裡得到進一步的貫徹，亞歷山大所開創的所謂希臘化時代，並沒有隨著帝國的崩潰而中斷，而是繼續向前發展。

統治埃及的托勒密是亞歷山大的親信和最有才能的將領之一，他建立的托勒密王朝，完全仿效亞歷山大的榜樣，自稱是古代法老的繼承人，按照埃及的傳統，模仿法老運用至高無上的權力進行統治。西元前三〇四年披上「救星」的神聖稱號，把自己神化，西元前二九〇年立自己的妻子貝勒奈西爲埃及王后，西元前二八五年立自己的兒子托勒密二世爲共同攝政和繼承人，建立起一個王位可以和平過渡的家族統治體系，避免了如同亞歷山大帝國那樣突然崩潰的命運。

托勒密家族對埃及的統治不僅維持了兩個多世紀，而且曾使埃及重新恢復活力，強大一時。托勒密是個智慧超群的政治家，他不斷地招募希臘雇傭軍，同時建立了一支艦隊，使自己成爲東地中海的主人。他將亞歷山大親自建立的亞歷山大城定爲自己的王國的首都，使它既是抵抗外來侵略的基地，也是地中海最重要的商業港。後來亞歷山大城發展成希臘化時代最大的城市，既是商業中心，也是文化科學中心。托勒密在這裡建立了「繆斯翁」（Museum），獻給女神繆斯（muses），實際上是當時世界上的第一所大學，是一個有學問的人們的學院，主要從事研究和記述，但在一定程度上也從事教學。托勒密還在這裡建立了一個大圖書館。托勒密是亞歷山大的繼承人中最有學問、也是最重視文化科學的，就像亞歷山大支持亞里士多德進行科學研究一樣，托勒密也吸引和支持學者到亞歷山大城來進行學術活動。在近一個世紀中（約西元前三世紀），東地中海是埃及的海，它控制了從希臘到敘利亞，從愛琴海到尼羅河三角洲的廣大水域。托勒密王朝還曾一度占領了巴勒斯坦和南敘利亞。他們的艦隊還駛進紅海，從印度洋到達達尼亞海峽，從西西里島到敘利亞，海上到處都是埃及的艦隊，這使托勒密王室聚斂起大量的財富。

托勒密及其繼承人在埃及的統治完全埃及化了，在一定程度上，可以說，與其說馬其頓人統治了埃及，還不如說埃及在政治上征服和併呑了托勒密王朝。馬其頓人對尼

位衰落後，它的商業的繁榮和中心地位也不復存在。非洲的亞歷山大城和亞洲的安蒂奧克城等取代了希臘的位置，成了新的商業和政治中心。希臘很快就衰落得無力自保了。爲了自衛，希臘諸城邦又開始互相結盟。西元前三〇〇年過後不久，開始形成了兩大聯盟，分別位於科林斯灣的兩側，南側的叫亞加亞聯盟，北側的叫埃托利亞聯盟。每一個聯盟有一個聯盟議事會，由各城市成員的代表組成，有權制訂共同有關的法律。聯盟的行政和軍事權由一個將軍掌握。每年一選。在亞歷山大帝國崩潰後，在普遍實行君主專制政體的情況下，希臘人仍堅持這種過去曾建立過的聯盟，顯示了希臘人對他們傳統的民主制度的痴迷。但和過去的類似的聯盟的結局一樣，由於雅典和斯巴達都拒不參加，由於聯盟之間的互相敵視，聯盟並不能挽救希臘，希臘基本上仍處於馬其頓的控制之下。如果說，亞歷山大帝國是希臘外部極盛的反映，那麼，帝國的崩潰也就宣布了希臘的最終衰亡。正如美國伯恩斯教授和拉爾夫教授合著的《世界文明史》所說的：「西元前三二三年亞歷山大大帝之死，在世界歷史的發展中構成了一條分水嶺。昔曾繁榮一時的希臘文明，現在結束了。當然，舊的制度和生活方式不會突然不見，但亞歷山大的一生把舊秩序割裂得那樣深刻，以至於要它原封不動地恢復起來，已是不可想像的了。由於亞歷山大的征服，文化的融合和民族的混同，完成了把希臘人在西元前五至四世紀黃金時代許多的理想推翻掉的任務。一種以混合希臘和東方因素爲基礎的新型的文明出現了。」

這個新的歷史時期，被歷史學家稱爲希臘化時期，這個名稱並不很確切，因爲它並不是希臘文明的單向的擴展，而是希臘和東方兩種文明的混合，是希臘和東方的互相影響。這個新時代的出現和亞歷山大帝國是分不開的，正是亞歷山大的遠征和他的一系列政策促進或加速了這一時代的到來。從某種意義上說，這也許是亞歷山大對人類歷史的最大貢獻。亞歷山大給當時的人民帶來了全新的世界國（world state）的概念，希臘人，無論是柏拉圖、蘇格拉底還是亞里士多德都只有城邦的概念。由於亞歷山大的征服，由於亞歷山大帝國的建立，「亞歷山大去世以前，尤其是在他去世以後，人們有時間對他進行考慮時，關於一個世界性的法律和組織的想法在人們心目中已是一個切實可行的概念了。」（《世界史綱》）亞歷山大在他死後的希臘化時代，仍是世界秩序和世界統治權的象徵和體現。他的那些裝飾著赫拉克勒斯和阿蒙神的神聖象徵物的頭像，出現在那些自認是他的後裔、能當他的繼承人所鑄的錢幣上。這種世界國的概念是和專制政體連在一起的，亞歷山大帝國是君主專制政體，分裂後的各個有由馬其頓人統治的國家也都是君主專制政體。古典的民主政治思想被專制主義所代替，是希臘化時代的一個顯著的特點。這既是東方的影響，亞歷山大的統治逐漸專制化就是如此，也是統治像埃及和波斯這樣的大國的需要。

當然，這一時期也是希臘文化廣泛傳播的時期。希臘文化的傳播在亞歷山大帝國以前就開始了，但正是亞歷山大的征服和亞歷山大所實行的諸如建立移民城市、鼓勵民族融合、開闢新的航路等政策，使希臘文化的傳播更快更廣了，亞歷山大的征服使埃及和波斯在帝國崩潰後仍由馬其頓人統治，這些馬其頓王都曾接受希臘文化的薰陶，說的也是阿提卡人的希臘語，雖然有點不同。馬其頓人使用希臘語處理政府事務；馬其頓人與希臘人通商；馬其頓人很有興趣地閱讀希臘書籍。阿提卡希臘語成爲所有有教養的人必須掌握的語言，甚至廣大人民，他們的傳統雖不是希臘人的，但也願意有一些希臘文化。在亞歷山大城的猶太人聚居區中，人們不得不將希伯來語的《舊約》譯成希臘語，以便那些受過教育的人閱讀。雖然東方的國民有可能學不到純正的希臘語，但在大城市以及在自地中海兩岸的西西里和南義大利直至東方的廣大地區，阿提卡希臘語已成了日常語言。除語言外，希臘的生活方式、思想、藝術和法律也廣泛傳播，一直到羅馬時代。

新時代是個經濟發展的時代，有人說，其規模之大僅次於近代的商業和工業革命。發展的原因很重要的一點就是亞歷山大的征服。這一征服取得了兩個有利於經濟發展的後果，一是打通了由印度河至尼羅河的廣大的貿易地區；二是使波斯帝國收藏的大量金銀進入了流通的渠道，價格提高了，投資和投機都有所增加。當然，發展的另一重要原因是政府大力促進商業和工業，作爲增加國家財政收入的手段。經濟的發展特別表現爲大量城市的崛起，這些新興的城市，諸如埃及的亞歷山大城、敘利亞北部的安蒂奧克和底格里斯河上的塞流西亞等，無一不呈現一片繁榮景象，貿易增長，生產擴大，巨額財富積累，居民不斷增多。有錢的人以奢侈豪華的生活爲榮。阿里安在《亞歷山大遠征記》裡責備亞歷山大仿效東方奢華習尚是昏聵行爲，現在是有錢人的時髦了。事實上，奢侈成爲時尚既是經濟發展的結果，也是經濟發展的一個原因。城市裡聚集了來自四面八方的人們，熙熙攘攘，生財有道，一擲千金。由於城市裡聚集著各種各樣的人，而且有搬進來的，也有遷出去的，形形色色的思想和彼此各異的習慣相互滲透，結果文化的地位躍居種族之上。

在文化上，由於交通條件的改善，不同地區的交往日益頻繁，哲學界的犬儒學派居然宣稱：「讓這個世界成爲你的城市吧。」人們開始有了「人類居住的世界」的概念。這和亞歷山大要建立世界帝國也不無關係。在藝術上，希臘時代所尊崇的樸素和中庸，被藝術上的鋪張、崇尚奢侈和放蕩無節制所取代。以前簡樸的多立斯式和愛奧尼亞式的神廟，現在讓位給奢華的王宮、高貴的官邸，和象徵權力與財富的豪華的公共建築和紀念碑了。亞歷山大城的大燈塔就是一個典型的例子。塔高三百七十英尺（相當於三十層高的摩天大樓），有三間小屋和八根圓柱，支撐著頂上的燈。

在科學上，這一時代是西元十七世紀以前科學史上最光輝的時代。有人認爲，沒有這個時代的一些大城市的科學家的發現，現代的許多成就也將是不可能的。亞歷山大帝國崩潰後的幾個世紀科學之所以異常發展的原因，一般都認爲有三個，或者說，有三個引人注意的原因：一是亞歷山大本人曾對科學研究的發展給於財政上的鼓勵，他不僅對亞里士多德的研究給於多方面的支持，而且他組織了一個科學考察團隨遠征軍進行科學考察。二是迦勒底和埃及科學與希臘人的學問的融合，對知識研究產生了新的刺激。三是對奢華舒適生活的空前的興趣和追求，和對實際知識的要求，促使人去解決沒有秩序的和不能滿意的現狀的問題。

「唯有偉大人物所具有的萬鈞之力能將歷史衝開一個明顯的缺口，並把人類引上嶄新的道路。」（小查爾斯．亞歷山大．羅賓遜：《亞歷山大大帝》）亞歷山大就是這樣的一個偉大人物，他所建立的帝國雖由於他的去世而崩潰了，但卻開闢了一個新時代，這個新時代，並不是希臘文明的衰落階段，而是希臘文化與近東的迦勒底文明和埃及文明融合而成的新的社會和文化。後來的羅馬人正是在全面吸收希臘化文明的成果的基礎上才創造了羅馬文明。

亞歷山大帝國是一個特殊的帝國，實際上只是亞歷山大建立他的帝國的一個尚未完成的過程，被人注意的不是帝國本身，而是亞歷山大的遠征，是他的建立世界帝國的理想。一方面，他的無比輝煌的軍事成就鼓舞了一些想步其後塵用武力去建立世界霸權者，他的部將和繼承人托勒密和塞琉古就是這樣的人，近代的拿破崙也是其中的一個，他崇拜亞歷山大，同時也想像亞歷山大那樣建立他的世界帝國。另一方面，亞歷山大的大馬其頓的理想，他的關於世界的思想或理想，產生了深遠的影響，很快就鼓舞著斯多葛哲學學派去宣揚人類皆兄弟的學說。這種思想後來又被聖保羅發展為一種「既非希臘人也非猶太人，既非野蠻人也非游牧民，既無限制也非全無約束」的理想世界。這有點像中國古代的「大同世界」的理想。無論中外多麼不同，人的嚮往總有共同之處。人類至今仍在向這種大同世界前進，不過現在大多數人認為，達到這樣的理想世界的途徑，不是暴力，不是強權，而是和平，是互相的理解和寬容。

國家圖書館出版品預行編目資料

亞歷山大帝國／夏遇南 著；-- 第一版.
-- 臺北市：大地, 2004〔民93〕
面；　公分-- （History；6）

ISBN 986-7480-18-X（平裝）

1. 希臘—歷史、公元前500-262年

740.2137　　　　93018876

History 06

亞歷山大帝國

作　　者：夏遇南
創 辦 人：姚宜瑛
發 行 人：吳錫清
主　　編：陳玟玟
美術編輯：黃雲華
出 版 者：大地出版社
社　　址：台北市內湖區內湖路2段103巷104號1樓
劃撥帳號：0019252－9（戶名：大地出版社）
電　　話：(02)2627－7749
傳　　真：(02)2627－0895
E-mail：vastplai@ms45.hinet.net
印 刷 者：普林特斯資訊有限公司
一版一刷：2004年11月
定　　價：280元

大地

大地

大地

壹
大地

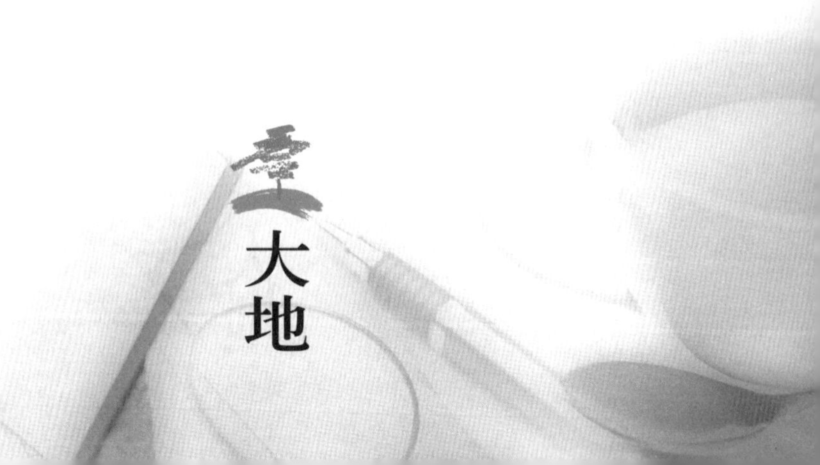